〈3판〉

회계입문

이 재 실

교육과학사

저자 서문

본서는 표지의 서명과 같이 회계를 처음 접하는 이들을 위한 입문서이다. 서점가에서 흔히 볼 수 있는 회계원리라는 입문서는 생각보다 많은 이론과 부분적으로 전문적인 내용을 다루고 있다. 실무를 처음 접하는 회계관련 종사자와 학문으로써 회계학을 접하는 입문자에게 쉽게 다가올 수 있도록 경주한 본서는 관련 각종 자격증시험의 기초부터 2급 이상의 내용을 학습의 수월성을 고려하여 적절한 도표를 이용하여 다루고 있다.

아직도 우리나라에서는 전공자가 아니면 회계학을 멀리서 바라보는 정도의 학문으로 생각하는 것이 일반적이다. 선진국의 대학에서는 각종 사회활동의 투명성 제고를 위한 수단으로 회계 입문에 대한 과목을 교양필수 과목으로 선정하여 실사회생활에 최소한의 도움을 주고 있다. 그러나 우리나라는 아직도 이러한 시스템의 정비나 사회적 인식이 요원한 실정이다.

한편 많은 선배 학자들이 이 학문을 이해하기 쉽게 학습할 수 있도록 노력하여 왔다. 저자인 본인도 이러한 점을 숙고하여 집필하였으나 앞으로도 계속적인 고민을 반영하여 수정을 해, 보다 이해하기 쉬운 학문으로 소개해 나가고자 한다. 또 빈번한 회계처리방법(회계기준)과 용어의 변경도 한몫하여 다가가기 어려운 학문으로 보이고 있는데, 한국채택국제회계기준 도입 후 점차 안정화되어가는 추세여서 이러한 기우는 없어질 것으로 생각된다.

회계는 business language라고 정의되기도 한다. 즉 언어의 학습은 학습자 스스로 반복 학습하여 일정 수준에 도달하듯이, 이 학문도 문제의 반복 풀이에 의해서 습득이 아닌 체득이 된다는 점을 강조하고 싶다. 단순히 읽고 이해하면 만사형통이 아니라는 것이다.

본서는 회계를 처음 접하는 이를 위한 것으로 전체 12장으로 구성하여, 재무제표(포괄손익계산서, 재무상태표)가 작성되는 과정과 필수적인 회계처리에 대한 각론, 재무제표 분석 등의 기초지식을 정리하여, 실사회에서 회계 관련 정보를 습득하였을 경우, 생소함이 없도록 집필해 보았다.

그 동안 본서 제3판을 내는 과정에서 도움을 주신 세무회계학과 교수님들의 조언과 조교의 노고에 고맙게 생각하며, 마지막으로 교육과학사 한정주 사장님과 이주표 부장님의 적극적인 지원으로 본서가 빛을 볼 수 있었다. 이러한 점에서 다시금 감사라는 단어를 떠올려 본다.

2026년 1월 회기동 연구실에서
저자

목차

제10장 금융자산 / 305

제11장 자본 / 329

제 1 장

회계의 기본개념

1. 회계의 의의
2. 회계의 기초
3. 재무보고를 위한 개념체계

제1장 회계의 기본개념

1. 회계의 의의

1) 생활 속의 회계와 기업회계

우리들은 매일 일상생활에서 경제활동을 하고 있다. 가계를 생각해 보면, 매월 수익과 동시에 지불되는 주거비, 광열비, 식비, 교통비 등과 같은 지출과의 균형을 고려하여 효용의 극대화라는 목표를 달성하기 위해 다양한 경제활동을 수행하려 한다. 이를 위하여 매일 수입과 지출을 기록하는 것이 중요하다고 하겠다. 따라서 그 기록을 위해 가계부(금전출납부)를 사용하곤 한다. 가계부는 앞으로 배울 회계의 한 종류라고 할 수 있다.

영리활동을 하는 기업도 마찬가지로 매일 기록하는 것이 중요하다. 경영자는 기업을 효율적으로 경영하기 위하여 기업의 경제활동에 관한 기록을 필요로 하고 있다. 기업의 경우, 가계부와 비교해 보면, 그 경제활동의 양과 종류가 방대하여 보다 고도로 정리된 기록체계를 필요로 한다.

이러한 경제활동에 관한 기록체계를 부기(book - keeping)라고 하며, 구체적으로 기업의 경영활동을 통하여 발생하는 재화와 채권, 채무 등의 경제가치 변화를 계산, 기록, 정리하는 과정을 의미하며, 회계정보의 생산적 · 기술적인 측면을 담당한다. 회계(accounting)는 부기를 통해 확보한 회계정보를 인식 · 측정 · 식별하여,

기업의 이해관계자들이 합리적인 의사결정을 할 수 있도록 기업에 관한 유용한 정보를 보고하는 모든 과정을 포함한다. 따라서 회계는 부기라는 용어보다는 광범위한 개념이어서 이론적 체계를 갖고 있으며 합리적 지식체계가 필요한 정보시스템으로서 과학적인 측면을 갖고 있다고 할 수 있다.

2) 회계의 목적

회계의 주된 목적은 정보이용자가 한정된 자원을 효율적으로 배분하기 위하여 합리적인 의사결정에 유용한 정보를 제공하는데 있다. 제공자와 이용자(이해관계자) 입장에서 보면 **회계의 역할**이라고도 할 수 있는 것으로 다음 두 측면으로 요약할 수 있다.

우선 일상의 경제활동에 의한 재산의 변동을 조직적이고 체계적으로 기록함에 의해서 기업의 재산관리 및 경영자(제공자)의 경영 의사결정에 유용하며, 경영자의 수탁기능을 수행하는데 도움이 되는 측면이다. 그리고 기업의 경영성과와 재정상태 등을 명료하게 함으로써 기업의 이해관계자 즉 이용자의 경제적 의사결정에 유용한 정보를 제공한다는 측면이다.

기업의 경영성과와 재정상태 등에 대하여 기업의 경영자뿐만 아니라, 주주, 투자가, 금융기관 등의 채권자, 종업원, 특히 세금을 징수하는 정부, 지방자치단체 등도 많은 관심을 갖고 있다. 이러한 사람이나 단체를 기업의 **이해관계자**라고 한다.

3) 회계의 분류

회계의 분류기준은 다양하게 있다. 우선 기장방법과 그 체계의 차이에 의해서 단식부기와 복식부기로 나뉜다. 그 차이를 요약하면 〈단식부와 복식부기〉와 같다.

단식부기는 일정한 원리원칙보다는 현금의 수입과 지출을 기초로 기입하는 회계처리방법으로, 일정 재산(금전)의 변동에 의한 잔액(결과)에 관해서 〈현금출납장〉과 같이 **현금주의**(금전의 수지)에 입각하여 기록하는 것이다. 따라서 기업의 경제활동 전체를 파악할 수 없다. 일정 재산(금전) 이외에 채권, 채무, 비품 등의 재산에 대하여 실제로 일일이 조사해야만 한다.

〈단식부와 복식부기〉

	단식부기	복식부기
기록 (기입/기장)	필요한 거래사실을 결과적 측면 중심으로 장부에 기록	거래사실을 체계적으로 원인과 결과 두 측면으로 분석하여 장부에 기록
오류 발견	기장 오류 발견이 어려움	자기검증시스템으로 오류 발견이 용이
원리/원칙	주관적, 임의적으로 거래사실만 기록	객관적 원리/원칙에 의하여 기록

이와는 달리 **복식부기**는 기업이 거래를 통해 발생하는 모든 재산의 변동과 손익에 관하여 항상 두 가지 측면으로 기록하는 시스템이다. 이 방법에 의하면 현금, 채권, 채무 등 재산의 잔액(결과)과 매입, 매출 등의 영업활동에서 발생하는 모든 재산의 변동(원인)을 계속적 · 체계적으로 파악할 수 있다. 일반적으로 회계라고 하면 이 복식부기를 전제로 한다.

〈현금출납장〉

일자	설명	금액			비고
		수입	지출	잔액	
2014. 1. 1	전월 이월	2,000,000		2,000,000	
1. 3	아들 용돈		200,000	1,800,000	
1. 6	학원비		400,000	1,400,000	
1. 9	식료품		150,000	1,250,000	
1.11	의복		100,000	1,150,000	
1.15	정기예금		400,000	750,000	
1.17	월급	3,500,000		4,250,000	
…	…	…	…	…	
	차월 이월			1,500,000	

그리고 일반적으로 회계정보의 제공자가 영리 또는 비영리를 목적으로 단체(기업, 조직 등)를 운영하는가를 기준으로 〈회계의 분류〉와 같이 영리회계, 비영리회계로 분류된다. 영리회계는 의사결정에 유용한 정보를 누구(기업내부나 외부 이해관계자)에게 제공하느냐에 따라서 재무회계, 관리회계, 세무회계로 분류된다.

경영자와 같은 기업내부 이해관계자(internal users)뿐만 아니라 외부 이해관계자(external users)에게도 회계정보를 제공하는 회계가 재무회계이며, 경영자를 포함한 기업내부 이해관계자에게만 회계정보를 제공하는 회계가 관리회계이다. 외부 이해관계자 중에서도 조세법에 의하여 조세의 부과와 징수목적에 유용한 정보를 세무당국에 제공하는 회계를 세무회계라고 한다. 본서에서는 재무회계를 중심으로 전개한다.

비영리회계는 전술한 바와 같이 비영리를 목적으로 하는 단체의 회계로서 정부회계, 지방자치단체회계, 학교법인회계, 의료법인회계 등을 일컫는다.

〈회계의 분류〉

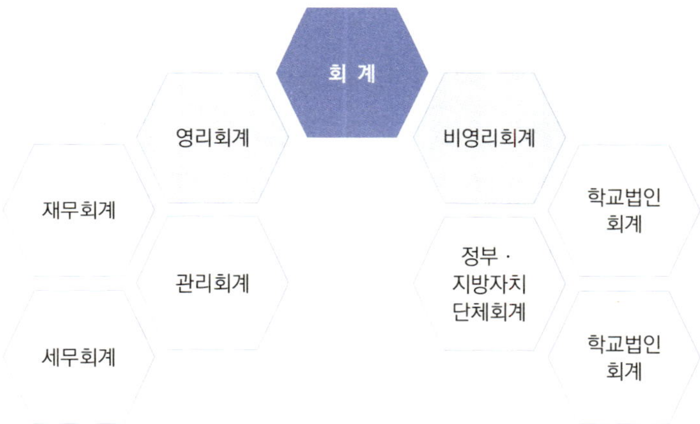

2. 회계의 기초

1) 일반적으로 인정된 회계원칙

회계담당자가 기업에서 발생한 거래나 기타 사건의 영향을 측정·보고할 때 반드시 준수해야 할 기본적인 원칙이 있다. 회계담당자의 주관적 판단 등으로 중대한 오류나 부정을 초래할 수 있으므로 사회적 합의에 의한 규제가 필요한 것이다. 그리고 기업의 이해관계자들은 다양하고 서로 상충된 정보욕구를 가지고 있어 이러한 이해관계를 조정하기 위해서도 보편적이고 신뢰성 있는 회계정보를 제공하기 위한 도구로써의 원칙이 필요하다. 이러한 필요성으로 일반적으로 인정된 회계원칙(generally accepted accounting principles: GAAP)이 존재한다. 따라서 재무회계는 일반적으로 인정된 회계원칙에 의해서 일반목적의 재무제표를 작성하여 회계정보이용자들이 필요로 하는 공통적인 정보를 정기적으로 보고하게 되어있다. 또한 기업이 작성·공시하는 재무제표가 일반적으로 인정된 회계원칙에 따라서 측정·보고된 것인지를 확인하는 회계감사제도도 있다.

일반적으로 인정된 회계원칙은 현재 우리나라에 대표적으로 두 기준이 존재한다. 상장기업에 적용되어 준수해야 하는 한국채택국제회계기준(Korean International Financial Reporting Standards: KIFRS)과 비상장기업에 적용되는 일반기업회계기준이다. 비상장기업도 한국채택국제회계기준에 의해서 재무재표를 작성하여 공시할 수 있다.

2) 회계의 약속사항

회계를 습득함에 있어 기본적으로 구성되는 몇 가지 약속사항이 있다. 우선 회계에서는 그 주체를 결정하여야 한다. 이것은 기업실체(회계보고단위)라고 일컬어지며, 누가(어느 단체/조직) 회계를 실행하는가 또는 보고대상 및 보고범위를 결정하는 문제이다. 회계보고단위는 여러 주체가 있다고 할 수 있지만, 회계를 가장 필요로 하는 곳은 해당기업이므로 해당기업이 회계단위라는 전제이다. 여기서 중요한 것은 기업과 그 기업을 소유하는 기업주와 구별해야 한다는 것이다. 예를 들어, 특정의 개인(기업주, 점주)이 기업(개인기업)을 영위한다고 가정해 본다. 이때 어떤 자산이 개인에게 속하는가, 기업에 속하는가라는 구분을 해야 할 필요가 있다. 회계는 기업실체가 대상이므로 기업의 재산이나 기업의 거래가 회계의 대상이 된다.

또한, 회계에서는 **회계기간**(회계연도)을 설정해야 한다. 경영자는 기업을 청산 또는 경영활동을 중단할 의도가 있거나, 경영활동을 계속할 수 없는 상황에 처한 경우에 청산기업을 가정하여 재무제표를 작성하고 주석에 별도로 공시해야한다. 이를 제외하고 기업의 경영활동은 계속된다는 **계속기업**을 가정하여 재무제표를 작성한다. 따라서 회계에서는 1년이나 1개월 등, 일정 회계기간을 인위적으로 설정하여 정기적으로 그 결과를 정리하여 **기간별 보고**하기 위한 기초를 제공한다. 회계기간의 시작을 **기초**, 그 끝을 **기말**이라고 한다. 현재의 〈회계기간〉을 **당기**, 당기의 바로 전의 회계기간을 **전기**, 당기의 바로 후의 회계기간을 **차기**라고 한다.

〈회계기간〉

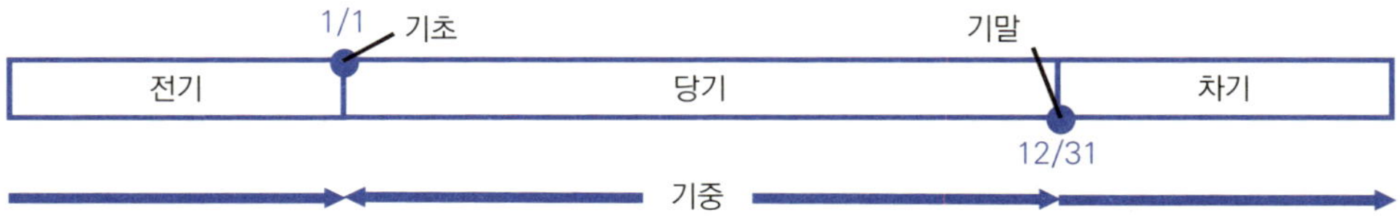

그리고 현금의 수취나 지급이 아직 이루어지지 않았지만 당해 기간에 이미 수익이나 비용이 발생(경제적 거래나 사건의 발생)한 경우로서, 미래에 수취 또는 지급 예정인 금액을 자산과 수익 또는 부채와 비용으로 인식하는 **발생기준**(현금흐름표는 현금기준)으로 인식 하여 처리한다는 점에 유의하여야 한다.

이러한 약속사항을 근거로 회계처리가 이루어지고 재무제표가 작성되며, 회계에서는 이를 **기본가정** 또는 **기본전제**라고 한다. 한국채택국제회계기준에서는 계속기업의 가정을 명시하고 있으며, 다른 가정은 명시는 되어 있지 않지만, 암묵적 ·

상식적으로 전제되고 있다. 일반기업회계준에서는 기업실체, 기간별 보고, 계속기업의 가정을 명시하고 있다. 그리고 복식부기의 성립요소의 하나인 발생기준은 당연히 전술한 두 기준의 근간이기도 하다.

참고로 회계에서는 기록에 있어서 **화폐단위**(금액)로 표시한다. 수량이나 물량으로 기록하는 것은 회계 본래의 역할은 아니라고 할 수 있어 보조적 역할이라고 할 수 있다.

〈회계의 기본가정〉

기업실체 가정	기간별 보고 가정	계속기업 가정	발생기준
business entity	periodicity	going concern	accrual basis
기업을 소유주와는 독립적으로 존재하는 회계단위로 간주하고, 기업 자체의 관점에서 경제활동을 측정, 보고해야 한다는 것	기업실체의 존속기간을 일정한 기간 단위로 분할하여 기간별로 재무제표를 작성함	한국채택국제회계기준 기업은 그 목적과 의무를 이행하기에 충분할 정도로 장기간 존속함	기업실체의 거래나 경제적 사건이 기업에 미치는 영향을 현금의 유출입 시점이 아니고, 당해 거래 또는 사건이 발생한 시점에 인식하는 것

3) 회계정보 이용자(이해관계자)

회계정보 이용자는 투자자, 채권자, 경영자, 고객, 종업원, 정부기관 등이 존재한다. 이 중 경영자만 내부이해관계자이고 나머지는 외부이해관계자이다. 이 이해관계자들은 투자의사결정에 대하여 효율성을 높이고 경영자의 수탁책임 이행을 감사하고 경영자보상계약 체결과 집행에 이용하며, 기업의 고용 안전성과 급여 지급능력을 평가하는 데 이용한다. 한편, 조세징수, 기업의 사회적 책임 이행과 감시·통제를 위해서도 활용된다. 또한 이를 이용한 이용자들이 행동(의사결정)한 결과는 재확인되어 다시 기업의 경영활동에 영향을 미친다.

투자자는 회계정보를 이용하여 대상기업의 유가증권 평가와 경영자 수탁책임 이행을 감사인을 통해 감시한다. 채권자는 기업에 대한 신용제공 여부판단과 신용조건의 결정에 활용하고 거래관계의 유지나 확대 여부를 결정함에 있어 회계정보를 활용한다.

경영자는 과거 의사결정의 결과 평가, 미래 재무상 이익 · 현금흐름의 예측, 신규자금 조달의 필요성 분석, 자금 조달방법의 결정, 기업의 인수 · 합병, 배당정책의 수립, 기업파산 및 정리절차의 집행 등에 활용한다. 반면, 종업원은 고용의 안전성과 급여 지급능력의 평가에 참고한다.

정부 및 공공기관은 조세징수, 독과점 및 초과이윤의 감시, 관급공사 및 납품계약의 체결, 공공산업의 요금수준 통제, 주식의 상장과 폐지, 기업의 재무보고 규제, 금융기관의 부실 가능성 감시에 이용한다.

고객은 제품원가의 분석, 미래 제품가격 변동의 예상, 제품에 대한 사후 서비스 제공능력 평가에 참고로 한다. 기타 이용자들은 언론기사 작성, 업종별 통계자료의 수집과 분석, 기업의 환경보존활동과 사회공헌활동의 감시, 연구 자료의 수집과 분석을 위하여 이용한다고 볼 수 있다.

3. 재무보고를 위한 개념체계

1) 개념체계란?

이미 설명하였듯이 기업실체에 대한 적절한 측정과 보고를 위해 일반적으로 인정된 회계원칙을 제정하여 실무에 적용하고 있다. 이 원칙은 다수의 실질적인 권위 있는 지지를 받는 회계기준으로서, 기준제정기구, 감독기관 및 실무계의 적법한 수용과 지원을 받고 있다. 그러나 새로운 형태의 거래가 출현하여 그 거래를 측정과 보고하기 위한 회계기준이 미처 제 · 개정되어 있지 않은 경우라도 회계담당자는 회계처리의 방법과 절차를 찾아 거래를 기록하여야 한다. 이러한 경우에 기존의 회계기준과 일관된 개념과 방침을 제시하는 재무보고를 위한 개념체계(conceptual framework)를 통해서 그 새로운 형태의 거래를 측정 · 보고할 필요가 있다.

따라서 개념체계는 회계기준의 근본골격으로 회계기준의 근간역할을 한다고 할 수 있다. 물론 추후 기준제정기관(한국회계기준원)이 제·개정할 때에도 이를 바탕으로 적정성을 판단하여 일관성 있는 지침을 제공한다. 그러나 개념체계의 내용이 특정 회계기준과 상충되는 경우에는 회계기준이 개념체계에 우선한다.

그리고 재무보고를 위한 개념체계는 재무보고의 목적, 유용한 재무정보의 질적 특성, 재무제표의 작성과 표시를 위한 개념체계(2장)로 대별된다.

2) 일반목적재무보고의 목적

개념체계에서는 재무정보이용자를 투자자, 채권자, 자금제공자, 기타 정보이용자(종업원, 고객, 정부와 유관기관 등)로 구분하고 있다. 따라서 일반목적재무보고(general purpose financial reporting)의 목적은 현재 및 잠재적 투자자, 대여자 및 기타 채권자 등의 자원제공자가 기업에 자원을 제공하는 것에 대한 의사결정을 할 때 유용한 재무정보를 제공하는 것으로 정의하고 있다. 그러므로 이 목적에 따라 작성된 재무제표는 대부분 정보이용자의 공통적인 정보수요를 충족시킨다.

이 일반목적재무보고의 목적은 개념체계의 기초를 형성하고 있어, 개념체계의 다른 구성요소(회계정보의 질적특성, 재무제표의 요소, 재무제표요소의 인식 및 측정 등)는 이 목적으로부터 논리가 전개된다.

3) 재무제표의 질적 특성

〈회계정보의 질적 특성〉(qualitative characteristics)이란 재무제표를 통해 제공되는 정보가 이용자에게 유용하기 위해 갖추어야 할 속성을 의미하며, 근본적 질적 특성과 보강적 질적 특성이 있다.

목적적합성(relevance)은 의사결정 시에 정보가 있으면, 없는 경우와 비교하여 보다 유리한 차이가 있음을 의미한다. 목적적합한 재무정보는 정보이용자의 의사결정에 차이가 나도록 할 수 있다. 정보는 일부 정보이용자가 정보를 이용하지 않기로 하였거나 다른 원천을 통하여 이미 이를 알고 있었다고 할지라도 의사결정에 차이가 나게 한다.

목적적합한 회계정보는 예측가치와 확인가치를 가져야 하며, 정보이용자의 경제적 의사결정에 영향을 미치면 정보로서 중요성을 갖는다. 정보가 정보이용자들이 미래 결과를 예측하기 위해 사용하는 절차의 투입요소로 사용될 수 있다면 그 재무정보는 **예측가치**를 갖는다. 재무정보가 과거 평가에 대한 피드백을 제공하여 확인하거나 변경시킨다면 **확인가치**를 갖는다. 정보가 누락되거나 잘못 기재된 경우 특정 보고기업의 재무정보에 근거한 정보이용자의 의사결정에 영향을 줄 수 있다면 그 정보는 **중요성**을 갖고 있는 것이다.

〈회계정보의 질적 특성〉

<table>
<tr><th></th><th>질적 특성</th><th>근본적 질적 특성 요소</th></tr>
<tr><td rowspan="6">근본적 질적 특성</td><td rowspan="3">목적적합성</td><td>예측가치</td></tr>
<tr><td>확인가치</td></tr>
<tr><td>중요성</td></tr>
<tr><td rowspan="3">표현충실성</td><td>완전성</td></tr>
<tr><td>중립성</td></tr>
<tr><td>무오류</td></tr>
<tr><td rowspan="4">보강적 질적 특성</td><td colspan="2">비교가능성</td></tr>
<tr><td colspan="2">검증가능성</td></tr>
<tr><td colspan="2">적시성</td></tr>
<tr><td colspan="2">이해가능성</td></tr>
</table>

표현충실성은 정보가 나타내고자 하거나 나타낼 것으로 기대되는 거래나 사건을 충실하게 표현해야 한다는 것을 의미한다. 즉, 측정대상인 속성과 측정치의 일치도를 의미한다. 이러한 표현을 하기 위해서는 서술에 완전성과 중립성이 있어야 하며 오류가 없어야 한다는 것이다. **완전성**은 필요한 기술과 설명을 포함하여 정보이용자가 서술되는 현상을 이해(의사결정에 필요한 판단)하는데 필요한 모든 정보를 제공해야 한다는 것을 의미한다. **중립성**이란 재무정보의 선택이나 표시에 편의

가 없어야 한다는 것을 의미한다. 무오류는 현상의 기술에 오류나 누락이 없고 정보를 생산하는데 사용되는 절차의 선택과 적용시 절차상 오류가 없음을 의미하며, 모든 면에서 완벽하게 정확하다는 것을 의미하지는 않는다.

보강적 질적 특성은 그 자체로서 유용성을 갖는 것은 아니지만 근본적 질적 특성을 가진 정보의 유용성을 더욱 보강시켜주는 역할을 한다. 비교가능성은 정보이용자가 항목간의 유사점이나 차이점을 식별하고 이해할 수 있게 하는 질적 특성이다. 검증가능성은 정보가 나타내고자 하는 경제적 현상을 충실히 표현하는지를 정보이용자가 확인하는데 도움을 준다. 합리적인 판단력이 있고 독립적인 다른 관찰자가 어떤 서술이 충실한 표현이라는데 의견이 일치할 수 있다는 것을 의미한다. 적시성은 의사결정에 영향을 미칠 수 있도록 의사결정자가 정보를 적시에 이용 가능하게 하는 것을 의미한다. 이해가능성은 이용자가 정보를 쉽게 이해할 수 있어야 한다는 것을 의미한다. 정보를 명확하고 간결하게 분류하고 특징을 묘사하며, 표시하면 이해가능하게 된다.

4) 유용한 재무보고에 대한 원가제약

원가는 재무보고로 제공할 수 있는 정보에 대한 포괄적인 제약요인이다. 재무정보의 보고에 원가가 소요되고 해당 정보 보고의 효익이 그 원가를 정당화한다는 것이 중요하다. 즉, 정보이용자에게 혜택이 정보제공에 소요되는 원가를 초과해야만 정보가 경제적 재화로서 가치가 있다는 것(보고 원가<이용 효익)이 원가제약이다. 목적적합하고 충실한 표현의 재무정보를 보고하는 것은 정보이용자가 확신을 가지고 의사결정을 하는데 도움이 된다. 이러한 정보는 자본시장이 효율적으로 기능하도록 하고 경제 전반적으로 자본비용을 감소시킨다.

연습문제

01 다음 중 회계의 가장 기본적인 기능에 속하는 것은 어느 것인가?

① 측정과 전달
② 재무제표분석
③ 수탁책임 평가
④ 내부통제

02 다음 중 복식부기의 특징을 바르게 나열한 것은?

• 차변과 대변(원인과 결과)	• 지출기록
• 현금주의	• 대차균형의 원리

① 지출기록, 현금주의
② 차변과 대변(원인과 결과), 대차균형의 원리
③ 현금주의, 대차균형의 원리
④ 차변과 대변(원인과 결과), 현금주의

03 다음 중 회계와 재무제표에 관한 설명으로 가장 올바르지 않은 것은?

① 회계는 재무적 정보의 제공을 목적으로 한다.
② 회계정보이용자는 손익계산서를 통하여 기업의 일정기간 동안 경영성과에 대한 자세한 정보를 알 수 있다.
③ 회계는 정보이용자에 따라 내부보고를 목적으로 하는 재무회계와 외부보고를 목적으로 하는 관리회계로 구분된다.
④ 회계정보의 이용자는 주주, 채권자, 거래처 등이 있다.

04 다음은 회계에 관한 설명이다. 가장 옳지 않은 것은?

① 회사 경영활동에 관심을 갖는 다양한 이해관계자의 합리적인 의사결정을 위해 재무정보를 생성하고 전달하는 것을 '회계'라고 한다.
② 단식부기는 일정 재산의 변동(결과)에 관하여 기록하는 것이다. 그래서 기업의 경제활동 전체를 파악할 수 있다.
③ 기업의 경영성과와 재정상태 등을 명료하게 함으로써 기업의 이해관계자에게 의사결정 시에 도움이 되도록 하는 것은 회계의 목적 중 하나이다.
④ 회계정보의 유형에 따라 주로 외부의 이해관계자들에게 재무정보를 제공하는 것을 '재무회계', 경영진과 같은 내부정보이용자들에게 경영활동을 계획하거나 통제하는 데 유용한 정보를 제공하는 것을 '관리회계'로 분류한다.

연습문제

05 다음은 회계분류, 회계정보 이용자에 대한 설명이다. 틀린 것은?

① 회계정보의 이용자가 영리 또는 비영리를 목적으로 단체를 운영하는가를 기준으로 영리회계, 비영리회계로 분류된다.

② 복식부기는 영업활동에서 발생하는 모든 재산의 변동 원인을 계속적, 체계적으로 파악할 수 있다.

③ 회계정보 이용자는 투자자, 채권자, 경영자, 고객, 종업원, 정보기관 등이 있다. 이중 경영자만 내부이용자이고 나머지는 외부이용자이다.

④ 조세 부과와 징수 목적에 유용한 정보를 제공하는 회계를 세무회계라고 한다.

06 다음 중 특정 거래나 사건을 재무제표에 포함시키는 것을 가리키는 것은?

① 인식　　② 측정

③ 전달　　④ 보고

07 다음 중 재무제표 요소의 화폐금액을 결정하는 것을 의미하는 것은?

① 인식　　② 측정

③ 전달　　④ 보고

08 다음 중 발생주의 회계를 정당화시키는 회계의 기본가정은 어느 것인가?

① 기업실체　　② 기간별보고

③ 계속기업　　④ 화폐단위

09 다음 중 기업의 존속기간 동안 회계담당자가 임의적인 일정시점과 기간을 택하여 재무제표를 작성하는 데 그 근간은 어느 것인가?

① 기업실체　　② 기간별보고

③ 계속기업　　④ 발생주의

연습문제

10 다음 문장 중 (　　) 속에 들어갈 적절한 용어는?

> 회계는 기업의 이해관계자에게 그들의 (　　　　)에 유용한 (　　　)를 식별, 인식, 측정, 전달하는 모든 과정을 포함한다.

① 기업, 재무상태　　② 기업, 경영성과
③ 이익, 정보　　④ 의사결정, 정보

11 다음 문장 중 (　　) 속에 들어갈 적절한 용어는?

> 회계담당자가 기업에서 발생한 거래나 기타 사건의 영향을 측정·보고할 때 반드시 준수해야 할 기본적인 원칙을 (　　　　)라고 한다.

① 개념체계　　② 현금주의
③ GAAP　　④ 발생주의

12 다음 중 재무회계에 대한 설명으로 적절하지 않은 것은?

① 수시로 보고하는 보고서를 작성한다.
② 회계원칙(기준)에 따라 재무제표를 작성한다.
③ 기업의 외부이해관계자에게 의사결정을 위한 유용한 회계정보를 제공한다.
④ 기업경영에 있어서 일정시점의 재무상태와 일정기간의 경영성과를 파악하는 것이다.

13 다음 중 재무회계의 주된 목적으로 적절한 것은?

① 수탁책임의 이행 여부평가
② 기업의 재무상태와 경영성과의 평가
③ 경영방침 수립 및 계획
④ 회계정보이용자의 의사결정에 유용한 정보 제공

14 다음 중 현행 우리나라의 상장기업에 적용되는 일반적으로 인정된 회계원칙은?

① 일반기업회계기준　　② 기업회계원칙
③ 국제회계기준　　④ 한국채택국제회계기준

연습문제

15 다음 중 외부정보이용자에게 합리적 의사결정을 할 수 있도록 정보를 제공하기 위한 회계는?

① 세무회계 ② 원가회계
③ 관리회계 ④ 재무회계

16 다음 사항들은 재무회계정보의 보강적 질적 속성들이다. 이 중에 동종업종의 두 개의 기업이 전혀 다른 회계처리방법을 적용하여 재무제표를 작성하였다면, 어떤 질적 속성의 손상되었다고 할 수 있는가?

① 검증가능성 ② 비교가능성
③ 이해가능성 ④ 적시성

17 다음 사항들은 재무회계정보의 근본적 질적 속성들이다. 이 중에 정보이용자의 원래 기대 및 예측치를 확인 또는 수정함으로써 추후 의사결정에 도움을 주어 목적적합한 정보가 되도록 한다는 질적 속성은?

① 중요성 ② 예측가치
③ 확인가치 ④ 무오류

18 재무정보는 목적적합성과 표현충실성을 갖췄을 때 유용하다고 한다. 이중에 표현충실성과 관련이 없는 것은?

① 중요성 ② 완전성
③ 중립성 ④ 무오류

19 다음 중 정보이용자가 항목 간의 유사점과 차이점을 식별하고 이해할 수 있게 하는 질적 특성은?

① 목적적합성 ② 비교가능성
③ 표현충실성 ④ 이해가능성

20 기업은 중요한 유형자산 등의 보유현황을 주석에 추가적으로 공시하거나 부속명세서를 작성하여 제시하여야 한다. 이는 다음 중 어느 질적 특성을 반영한 것인가?

① 일관성 ② 중요성
③ 완전성 ④ 중립성

연습문제

정답 및 풀이

1. ①
2. ②: 지출기록을 중심으로 현금주의(현금수지)로 기록하는 것은 가계부와 같은 단식부기의 특징이다.
3. ③
4. ②: 단식부기는 결과만 기록하는 시스템으로 기업 전체의 경영활동을 파악할 수 없다.
5. ①: 회계정보의 작성자가 영리 또는 비영리를 목적으로 단체를 운영하는가에 따라 영리회계, 비영리회계로 분류된다.
6. ①
7. ②
8. ③
9. ②
10. ④
11. ③
12. ①: 수시로 보고서를 작성하는 것은 관리회계의 특징이다.
13. ④: 가장 주된 목적은 외부정보이용자에게 의사결정에 유용한 정보를 제공하는 것이다.
14. ④
15. ④
16. ②: 이 경우, 같은 업종임에도 기업 간의 비교가 불가능하다.
17. ③: 근본적 질적 특성 중 목적적합성은 예측가치와 확인가치, 중요성이라는 요소를 갖고 있다.
18. ①: 중요성은 목적적합성의 한 요소다.
19. ②
20. ③

제 2 장

재무제표 구성요소

1. 재무상태표
2. 포괄손익계산서
3. 자본변동표
4. 현금흐름표
5. 주석
6. 재무제표의 연계관계

제2장 재무제표 구성요소

구체적으로 회계정보가 어떠한 것이 있는지 다시 말해서, 재무제표의 종류, 내용 및 형식에 초점을 두고 설명한다. 재무제표는 의사결정에 유용한 정보를 제공하기 위한 그 핵심적인 수단으로 다음과 같은 것이 있다. 자산, 부채, 자본을 표시하여 기업의 특정시점의 재무상태를 보여주는 재무상태표(대차대조표)와 수익, 비용, 이익을 표시하여 일정기간의 경영성과를 보여주는 포괄손익계산서(손익계산서)가 있고, 일정기간의 자본변동 내역을 보여주는 자본변동표, 일정기간의 현금흐름에 관한 정보를 제공하는 현금흐름표가 있다. 그리고 주석은 각 재무제표 항목에 대한 상세한 질적 · 양적 설명이나 정보를 보여준다.

1. 재무상태표

재무상태표(statement of financial position, balance sheet)는 특정시점 현재 기업의 재무상태에 관한 정보를 제공하는 재무보고서라고 할 수 있다. 따라서 자산구조는 자산의 구성내역, 자본(재무)구조는 부채와 자본의 구성내역을 보면 알 수 있다. 기업의 경제적 자원인 자산은 기업 자본의 활용내역을 보여준다. 자본은 광의의 자본과 협의의 자본으로 설명된다. 광의의 자본은 그림 〈재무상태표의 기본요소 구성과 회계등식〉의 부채와 자본의 합계액에 해당하는 것으로, 경제적 자원에 대한 청구권을 의미한다. 한편, 협의의 자본은 소유주 청구권에 해당되며 소유주 지분을 의미하기도 한다. 부채는 채권자 청구권 또는 채권자 지분이라고도 한다. 그리고 이 재무상태표로 기업의 유동성(liquidity), 장기지급능력(long-term solvency), 재무위험성까지 알 수 있다.

〈재무상태표의 기본요소 구성과 회계등식〉

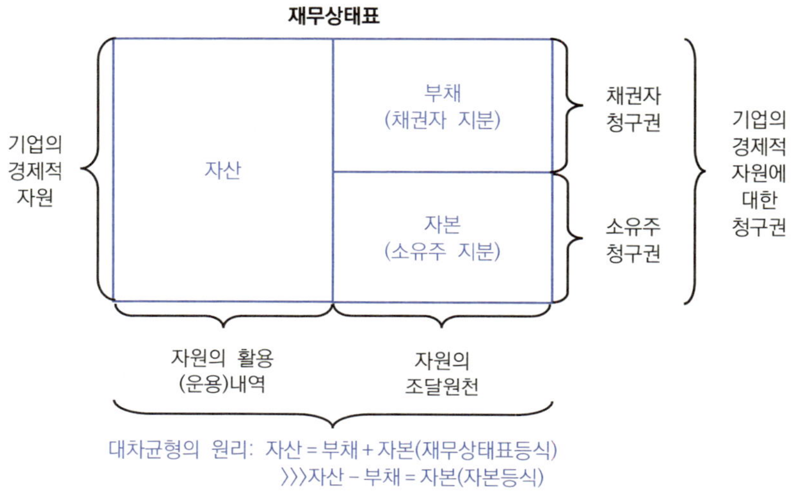

1) 재무상태표등식과 재산법

전술한 바를 구체적으로 설명하면, 기업은 수익창출에 필요한 자금을 소유주(투자자)와 대여자(채권자)로부터 조달하여 수익창출에 필요한 자원을 취득한다. 이때 투자자와 대여자는 기업에 자금을 대여한 대가로 기업이 취득한 자원에 대한 청구권을 갖는다. 예를 들어, 커피숍을 운영하는 소유자가 출자액 3억 원과 은행으로부터 차입한 1억 원으로 영업을 시작하였다고 가정한다. 이 커피숍은 보유자원 4억 원의 자금에서 가게 전세대금으로 2억 원, 커피머신 1억 원, 원두 구입 등에 1억 원을 사용하였다. 한편, 소유주 청구권은 3억 원, 채권자 청구권은 1억 원이다. 따라서 보유자원(자산)과 그 자원의 청구권(부채와 자본)은 각각 4억 원으로 그 크기가 같다.

이것을 등식화하면 재무상태표등식이 성립한다. 왼쪽(차변)에 자산과 오른쪽(대변)에 부채와 자본을 표시함으로써 대차균형을 이룬다고 하여 재무상태표를 대차대조표라고도 한다. 따라서 이 대차균형(대차평균)의 원리로 자산, 부채, 자본 중 한 가지 구성요소를 몰라도 그 금액을 알 수 있다.

예제 1

다음은 (주)KHCU.com의 재무 데이터이다. 빈 칸에 회계등식을 이용하여 적절한 금액을 기입하라.

	자산	부채	자본
(주)KHCU.com의 재무상태	₩ 550,000	?	₩ 230,000

| 풀이 |

자산 = 부채 + 자본

⇒ 550,000 = 부채 + 230,000⇒부채 = 550,000 - 230,000

∴ ₩320,000

〈재산법등식〉

기중 자본거래가 없는 경우 → 당기순손익 = 기말자본 - 기초자본

기중 자본거래가 있는 경우 → 당기순손익 = 기말자본 - 기초자본 - 자본거래

재산법은 〈재산법등식〉과 같이 기초자본과 기말자본을 비교하여 순이익 또는 순손실을 산출하는 방법이다. 그러나 기중에 자본주로부터 추가출자나 인출 등(자본거래)이 있으면 이를 별도로 고려(-추가출자+인출)하여 이익을 계산한다. 기초와 기말의 재무상태를 각각 자본등식에 의하여 자본총액을 계산하고 두 시점에서의 자본액 차이가 그 기간 동안의 영업활동에 의한 순이익 또는 순손실이 된다. 기초자본보다 기말자본이 증가된 경우에는 그 차액은 순이익이 되고 기초자본보다 기

말자본이 감소된 경우에는 그 차액이 순손실이 된다.

예제 2

다음은 (주)KHCU.com의 재무 데이터이다. 재산법등식을 이용하여 당기순이익을 구하라.

(주)KHCU.com의 재무상태	기초자본	기말자본
	₩ 210,000	₩ 230,000

| 풀이 |

당기순이익 = 기말자본 - 기초자본

⇒ 당기순이익 = 230,000 - 210,000 ∴₩20,000

2) 재무상태표 정보

(1) 자산

자산은 **과거 사건의 결과**로서 **기업이 통제**하고 있고 **미래 경제적 효익이 기업에 유입**될 것으로 기대되는 자원이라고 정의되어, 세 가지 주요 특징을 갖는다.

자산(assets)은 타인으로부터 대출 받은 것인지 여부와 관계없이 기업이 가지고 있는 재산을 의미하며, 미래 경제적 효익이 기업에 유입될 가능성이 높고 해당 항목의 원가 또는 가치를 신뢰성 있게 측정할 수 있을 때 재무상태표에 인식한다.

다음의 〈자산 계정과목〉과 같이 다양하고 많은 항목을 전부 재무상태표에 무작위로 나열하는 것은 이해가능성을 저해할 수 있어, 유동성 배열법(유동성 순서)에 따라 즉, 현금부터 시작하여 환금성이 높은 항목부터 나열하거나, 유동성 · 비유동성을 구분하여 유동자산과 비유동자산으로 구분 · 표시한다. 유동자산은 1년 또는 정상영업주기 내에 현금화 또는 실현될 것으로 예상되는 자산이다. 이외의 자산으로 비유동자산은 1년 또는 정상영업주기 내에 현금화 또는 실현될 것으로 예상되지 않는 자산을 말한다.

〈자산 계정과목〉

	과 목	내 용
자산	현금 및 현금성자산	현금+당좌예금+현금성자산
	현금	기업이 보유하고 있는 현금 및 통화대용증권(자기앞수표 등)
	당좌예금	당좌수표를 발행하기 위해 은행에 예입한 것
	현금성자산	취득 당시 만기가 3개월 이내인 확정금액형 금융자산 등
	매출채권	외상매출금+받을어음
	외상매출금	상품, 제품, 용역서비스 등을 외상으로 판매하여 받을 금액
	받을어음	상품, 제품, 용역서비스 등을 판매하고 받은 약속어음
	단기금융자산	정기예금, 정기적금 등으로 만기가 1년 이내인 것
	대여금	단기·장기로 제3자에게 빌려준 자금(차용증서)
	미수금	상품, 제품, 용역서비스 등 이외 것을 외상 처분하고 받을 금액
	미수수익	이미 실현된 수익 중 대가를 아직 받지 않은 금액(회계기말 파악, 은행 이자 등)
	선급금	상품, 제품 용역서비스 등을 매입하기로 하고 계약금을 미리 지급한 것
	선급비용	비용의 일부 또는 전부를 미리 지급한 것(회계기말 현재 이미 현금으로 지급되었지만 아직 비용이 발생하지 않은 경우)
	상품	판매목적으로 매입하여 보유하고 있는 물품
	제품	판매목적으로 제조하여 보유하고 있는 물품
	건물	영업용으로 회사가 취득한 건물
	토지	영업용으로 회사가 취득한 토지
	차량운반구	영업용으로 회사가 취득한 트럭, 승용차 등
	기계장치	영업용으로 회사가 취득한 설비장치, 기계장치 등
	저장품(소모품)	영업활동을 위한 소모성 자산으로 미사용액

(2) 부채

부채(liabilities)는 **과거 사건**에 의해서 발생했으며 **경제적 효익을 갖는 자원이 기업으로부터 유출**됨으로써 이행될 것으로 기대되는 **현재의 의무**라고 정의되어, 세 가지 주요 특징을 갖는다.

부채는 기업이 가지고 있는 총 재산 중에서 타인으로부터 빌려온 재산을 말하며, 현재 의무의 이행에 따라 경제적 효익을 갖는 자원의 유출가능성이 높고 결제될 금액에 대해 신뢰성 있게 측정할 수 있을 때 재무상태표에 인식한다. 반대로 부채는 자금제공자 입장에서 기업실체의 자산에 대한 채권자의 청구권이기도 하며 채권자지분이라고도 한다.

〈부채 계정과목〉

	과 목	내 용
부채	매입채무	외상매입금 + 지급어음
	외상매입금	상품, 제품, 용역서비스 등을 외상 매입한 금액
	지급어음	상품, 제품, 용역서비스 등을 외상 매입하며 발행한 약속어음
	미지급금	상품, 제품, 용역서비스 등 이외 것을 외상구입하고 지급할 금액
	미지급비용	이미 발생한 비용 중 대가를 지급하지 않은 금액(재무상태표일 파악)
	선수금	상품, 제품 등을 판매하기로 하고 계약금을 미리 받은 것
	선수수익	수익(이자수익 등)의 일부 또는 전부를 미리 받은 것(회계기말 현재 이미 현금을 수취하였으나 아직 수익이 발생하지 않은 경우)
	차입금	단기 · 장기로 제3자로부터 빌린 자금(차용증서)

다음의 〈부채 계정과목〉과 같이 다양하고 많은 항목을 전부 재무상태표에 무작위로 나열하는 것은 이해가능성을 저해할 수 있어, 유동성 배열법(유동성 순서)에 따라 즉, 우선적으로 결제해야 하는 항목부터 나열하거나, 유동성 · 비유동성을 구분하여 유동부채와 비유동부채로 구분 · 표시한다. 유동부채는 재무상태표일로부터 1년 또는 정상 영업주기 내에 상환 등을 통하여 소멸할 것으로 예상되는 부채를 말한다. 비유동부채는 부채 중 유동부채에 해당되지 않는 부채를 말한다.

(3) 자본

자본(equity)은 기업실체의 자산총액에서 부채총액을 차감한 후의 **순자산**(net assets)으로서, 기업실체의 자산에 대한 **소유주의 청구권**이라고 할 수 있다. 또한 **소유주지분** 혹은 **주주지분**이라고도 한다.

자본의 분류는 아래의 〈자본의 분류〉와 같이 분류되고 각 항목의 의미는 〈자본 계정과목〉과 같다.

〈자본의 분류〉

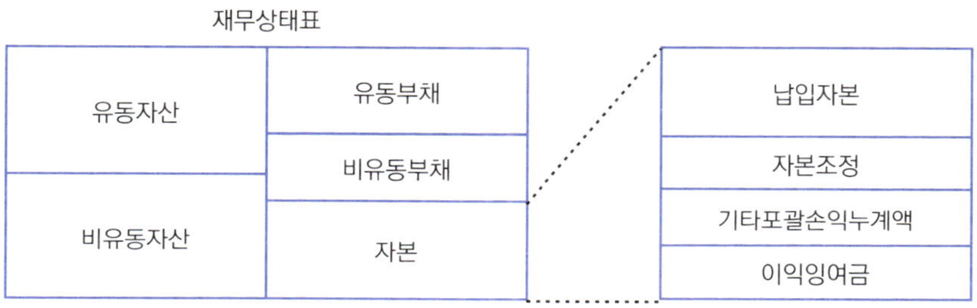

일반적으로 납입자본(paid - in capital)은 자본금(legal stock)과 자본잉여금(주식발행초과금, 자기주식처분이익, 감자차익 등)으로 분류한다. 자본금은 주식의 액면금액에 발행주식수를 곱하여 산출한다. 주식을 발행할 때 액면금액을 초과하여 주식을 발행하는 경우에, 발행금액 중에서 액면금액을 초과하는 부분을 주식발행초과금이라고 하며, 재무상태표 작성 시에 자본잉여금으로 분류한다.

〈자본 계정과목〉

	과 목	내 용
자본	납입자본	자본금+자본잉여금, 회사에 주주가 출자한 재산
	자본금	납입자본 중 주식의 액면금액에 해당하는 금액
	자본잉여금	납입자본 중 주식의 액면금액을 초과한 금액, 자기주식처분이익, 감자차익 등
	기타자본요소	자본조정+기타포괄손익누계액
	자본조정	자본거래에 해당하나 최종 납입된 자본으로 볼 수 없거나 자본의 차감성격으로 납입자본으로 분류할 수 없는 항목(주식할인발행차금, 자기주식, 자기주식처분손실, 감자차손 등)
	기타포괄손익누계액	자산과 부채의 미실현평가손익을 당기손익에 반영하지 않고 자본의 별도 항목으로서 잠정적으로 분류한 항목의 잔액(기타포괄손익인식금융자산평가손익, 해외사업환산손익 등)
	이익잉여금	기업의 노력 결과인 이익 중에 처분하지 않고 차기에 이월하는 금액

그리고 상기의 분류 이외에 추가적 사항으로써, 회계실무에서 납입자본 및 이익잉여금 이외에 장기간 기업 내 존속하지 않는 일시적 성격의 자본구성 요소가 존재할 수 있는데, 이러한 것을 일괄적으로 **기타자본요소**라고 하며 자본조정과 기타포괄손익누계액이 있다.

주식을 발행할 때 액면금액 미만으로 주식을 발행하는 경우에 발행금액 중에서 액면금액에 미달하는 부분을 **주식할인발행차금**이라고 하며, 마이너스(-)의 숫자이지만, 자본조정으로 분류한다. 그리고 자사가 발행한 유통주식 중에 일부를 일시적으로 취득하여 보유하는 경우를 자기주식이라고 하며, **자본조정**(capital adjustments)으로 분류한다. 이외에도 자기주식처분손실, 감자차손 등이 있다.

기타포괄손익누계액(accumulated other comprehensive income)은 기말 현재의 기타포괄손익(미실현평가손익)의 잔액으로 당기순손익에 해당하지 않는 것으로, 기타포괄손익인식금융자산평가손익, 해외사업환산손익 등이 있다.

이익잉여금(retained earnings)은 보고된 손익누계액(미처분이익잉여금과 당기순손익)과 다른 자본항목에서 이입된 금액의 합계액에서 배당 등으로 처분된 금액을 차감한 잔액으로서 **유보이익**을 의미한다.

예제 3

다음은 (주)KHCU.com의 재무 데이터이다. 빈 칸에 회계등식을 이용하여 적절한 금액을 기입하라.

(주)KHCU.com의 재무상태					
자산	현금	₩123,000	부채	외상매입금	₩ 110,000
	외상매출금	127,000		장기차입금	220,000
	상품	?	자본	자본금	230,000
	차량운반구	190,000			

| 풀이 |

자산 = 부채 + 자본

440,000(현금 + 외상매출금 + 차량운반구) + 상품 = 330,000 + 230,000

⇒ 상품 = 330,000 + 230,000 − 440,000 ∴상품 = ₩120,000

〈계정식 재무상태표〉

재무상태표

회사명XXX 제X기 20XX년 X월 X일 현재 (단위: 원)

자산			부채		
유동자산			유동부채		×××
당좌자산	×××		비유동부채		×××
재고자산	×××	×××	부채총계		×××
비유동자산			자본		
투자자산	×××		납입자본		
유형자산	×××		자본금	×××	
무형자산	×××		자본잉여금	×××	×××
영업권	×××		이익잉여금		×××
기타자산	×××	×××	자본총계		×××
자산총계		×××	부채와자본총계		×××

(4) 재무상태표 양식

재무상태표는 회계등식과 같이 좌우로 표시하여 〈계정식 재무상태표〉라고 하며, 자산 밑에 부채와 자본을 일렬로 나열하는 양식을 보고식 재무상태표라고 한다. 앞으로는〈계정식 재무상태표〉를 학습의 편의상 사용하도록 한다.

2. 포괄손익계산서

기업에 있어서 일정 기간의 경영성과를 표시하는 것이 포괄손익계산서(statement of comprehensive income)이다. 경영성과는 구체적으로 수익과 비용의 상황을 의미하고 있어 기업의 미래현금흐름과 수익창출능력 등의 예측에 유효한 정보를 제공하며, 이익 정보의 제공과 함께 과세소득계산의 기초자료를 제공한다. 수익에서 비용을 차감하면 당기순손익(총포괄손익)이 표시된다.

〈손익계산서의 기본요소 구성과 손익계산서등식〉

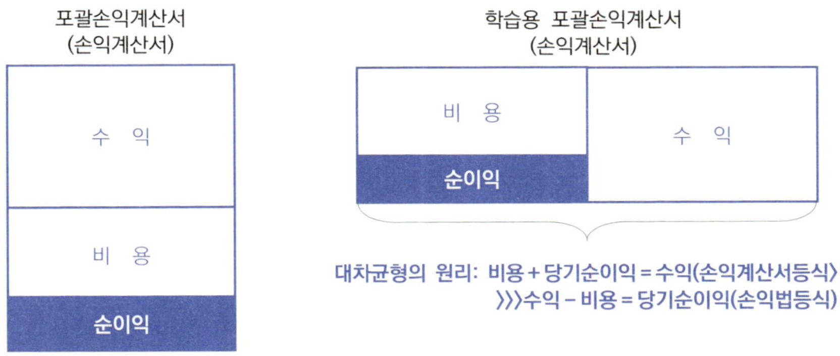

포괄손익계산서은 일반적으로 〈손익계산서의 기본요소 구성과 손익계산서등식〉과 같이 보고 · 표시된다. 좌측은 보고식 포괄손익계산서이고 우측은 계정식 포괄손익계산서로서 학습상 주로 사용한다.

1) 손익계산서등식(손익법)과 수익비용대응의 원칙

전술한 바와 같이 손익계산은 손익계산서등식이 성립한다. 손익계산에 관한 재무제표를 한국채택국제회계기준에서는 포괄손익계산서(statement of comprehensive income), 일반기업회계기준에서는 손익계산서(income statement)라고 하는데, 그 표시방법에 차이가 있다. 대부분의 수익과 비용은 당기손익을 구성하지만, 한국채택국제회계기준이 지정한 일부 항목(미실현평가손익)은 당기순손익과는 별도로 기타포괄손익으로 인식한다. 기타포괄손익은 미실현평가손익항목으로 자산재평가잉여금, 해외사업환산손익, 기타포괄손익인식금융자산평가손익 등이 있고 포괄손익계산서의 당기순이익에 가감하여 표시한다. 결과적으로 한국채택국제회계기준의 〈총포괄손익〉과 같이 당기순이익과 기타포괄손익의 합산으로 표시된다.

〈총포괄손익〉

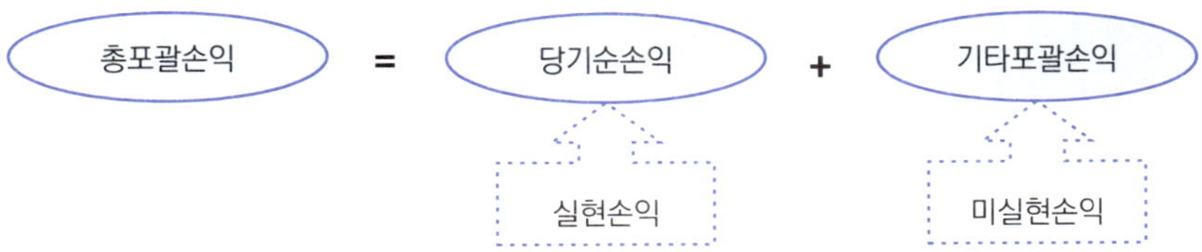

예제 4

다음은 (주)KHCU.com의 재무 데이터이다. 빈 칸에 손익계산서등식을 이용하여 적절한 금액을 기입하라.

(주)KHCU.com **(포괄)손익계산서** (단위: 원)

수익	482,000
비용	?
당기순이익	20,000

| 풀이 |

수익 - 비용 = 당기순이익

482,000 - 비용 = 20,000 ⇒ 비용 = 482,000 - 20,000 ∴ 비용 = ₩462,000

그리고 이러한 손익계산은 수익비용대응의 원칙에 의해서 산출된다. 수익비용대응의 원칙이란 일정기간 동안 영업활동의 결과 획득한 수익과 그 수익을 획득하는 과정에서 소모되었거나 사용된 비용을 대응시켜 순이익을 결정한다는 것이다. 비용은 현금지급 기간에 따라 인식되는 것이 아니고 수익 창출에 기여했다고 인정되는 기간에 인식한다. 한 기간의 경제적 효익의 소비로 표현되는 비용은 기중에 창출된 수익과 직접적 또는 간접적으로 대응시켜 인식한다. 때로는 체계적이고 합리적인 방법을 이용해서 원가를 배분하여 비용을 인식하기도 한다. 이렇게 비용은 관련된 수익이 인식되는 회계기간에 인식되어야 수익에서 이와 관련된 비용이 차감되어 당기순손익이 계산된다.

2) 포괄손익계산서 정보

(1) 수익

수익(income)은 **자산의 유입 또는 부채의 감소**에 따라 **자본의 증가**를 초래하는 특정 회계기간 동안에 발생한 **경제적 효익의 증가**로서, 지분참여자에 의한 출연과 관련된 것은 제외한 것으로 정의된다. 이러한 개념은 협의의 수익이며, 광의의 수익에는 차익이 포함된다.

차익은 이득이라고도 하며, 기업의 정상영업활동 이외의 부수적인 영업활동에서 발생하는 것이다. 다시 말해서 기업의 주요 경영활동을 제외한 부수적인 거래나 사건의 결과로서 발생하는 경제적 효익의 증가가 차익에 해당하는 것이다. 차익에는 비유동자산의 처분과 장부금액의 증가, 시장성 있는 유가증권의 재평가 등에 의한 미실현이익도 포함된다.

그리고 수익의 인식은 수익의 정의를 만족하고 신뢰성 있게 측정할 수 있을 때 포괄손익계산서에 인식한다. 또한, 이행의무(performance obligation)가 충족되어야 한다. 이행의무는 판매자가 구매자에게 제공하기로 한 재화의 인도 또는 용역의 제공을 말하는 것으로, 이 의무를 완료하면 발생주의 개념에 따라 수익을 인식한다. 수익에는 〈수익 계정과목〉과 같은 대표적인 항목이 있다.

〈수익 계정과목〉

	과 목	내 용
수익	매출	상품, 제품 등을 제공하고 받은 대금 총액
	용역매출	용역서비스 등을 제공하고 받은 대금 총액
	임대료	임대차계약에 의해서 집세를 받은 금액
	이자수익	대여금에 대한 이자나 저축에 의한 이자 등
	배당금수익	투자회사의 이익분배금
	유형자산처분이익	유형자산 처분 시 그 자산의 장부가액을 초과한 금액

(2) 비용

비용(expenses)은 **자산의 유출이나 소멸 또는 부채의 증가**에 따라 **자본의 감소**를 초래하는 특정 회계기간 동안에 발생한 **경제적 효익의 감소**로서, 지분참여자에 대한 분배와 관련된 것은 제외한 것으로 정의된다. 이러한 비용의 개념 또한 협의의 비용이며, 광의의 비용에는 차손이 포함된다.

차손은 손실이라고도 하며, 기업의 정상영업활동 이외의 부수적인 영업활동에서 발생하는 것이다. 다시 말해서 기업의 주요 경영활동을 제외한 부수적인 거래나 사건의 결과로서 발생하는 경제적 효익의 감소가 차손에 해당하는 것이다. 차손에는 재해손실, 비유동자산의 처분, 외환차입금에 관련된 환율 상승 등에 의한 미실현손실도 포함된다. 그리고 비용의 인식은 비용의 정의를 만족하고 신뢰성 있게 측정할 수 있을 때 포괄손익계산서에 인식한다. 비용에는 〈비용 계정과목〉과 같은 대표적인 항목이 있다.

〈비용 계정과목〉

	과 목	내 용
비용	이자비용	차입금이나 은행 대출금에 대하여 지불한 이자
	임차료	임대차계약에 의해서 집세를 지불한 금액
	급여	직원이나 임원에게 지불한 급료, 상여금 등
	여비교통비	교통비와 출장비
	운반비	상품매매시의 운임
	통신비	전신, 전화, 우편요금 등
	수도광열비	수도요금, 전기요금, 가스요금 등
	광고선전비	기업의 광고, 홍보, 광고물 제작비
	보험료	자동차보험, 화재보험 등
	수선비	유형자산 등의 수선비
	잡비	금액이 적고 자주 발생하지 않는 비용을 처리하는 계정

예제 5

다음은 (주)KHCU.com의 수익과 비용에 관한 데이터이다. 수익과 비용의 합계액을 각각 구하고 당기순이익의 금액을 구하라.

급여	₩200,000	임차료	₩148,000	통신비	₩50,000
용역매출	₩302,000	배당금수입	₩180,000	이자비용	₩64,000

| 풀이 |

수익(용역매출, 배당금 수익) 합계액 = 482,000
비용(급여, 임차료, 통신비, 이자비용) 합계액 = 462,000
당기순이익 = 수익 - 비용 ⇒ 당기순이익 = 482,000 - 462,000
∴ 당기순이익 = ₩20,000

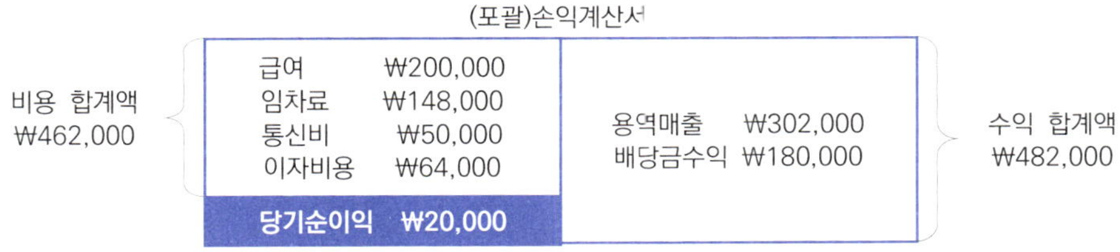

예제 6

다음은 (주)KHCU.com에 관한 재무데이터이다. 수익과 당기순이익의 금액을 구하라.

기초자본	₩210,000	수익	?	당기순이익	?
기말자본	₩230,000	비용	₩462,000		

| 풀이 |

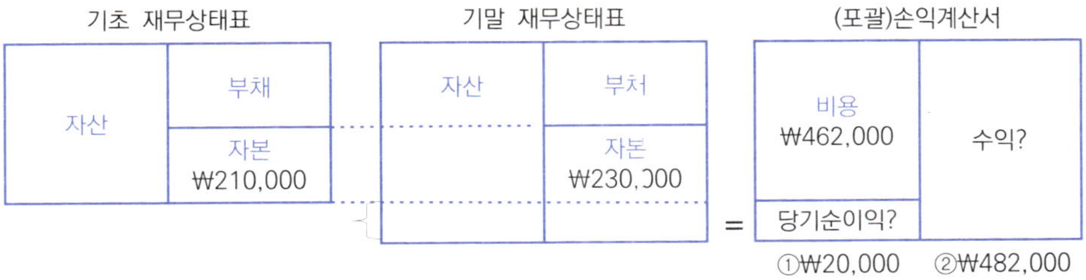

당기순이익 = 기말자본 - 기초자본 ⇒ 당기순이익 = 230,000 - 210,000

∴ 당기순이익 = ₩20,000

당기순이익 = 수익 - 비용 ⇒ 수익 = 비용 + 당기순이익 수익 = 462,000 + 20,000

∴ 수익 = ₩482,000

예제 7

다음은 (주)KHCU.com의 관한 데이터이다. 기초자본과 기말부채, 기말자본, 당기순이익의 금액을 구하라.

기초자산	₩520,000	기초부채	₩310,000	수익	₩482,000
기말자산	₩550,000	비용	₩462,000		

| 풀이 |

기초자본 = 기초자산 - 기초부채 ⇒ 기초자본 = 520,000 - 310,000
∴ 기초자본 = ₩210,000
당기순이익 = 수익 - 비용 ⇒ 당기순이익 = 482,000 - 462,000
∴ 당기순이익 = ₩20,000
당기순이익 = 기말자본 - 기초자본 ⇒ 기말자본 = 210,000 + 20,000
∴ 기말자본 = ₩230,000
기말자본 = 기말자산 - 기말부채 ⇒ 기말부채 = 550,000 - 230,000
∴ 기말부채 = ₩320,000

(3) 포괄손익계산서 양식

포괄손익계산서 양식에는 한국채택국제회계기준의 규정에 따라 두 가지 양식이 있다. 비용을 어떻게 나열하느냐에 따라 **성격별 비용법**(nature of expense method)과 매출원가법으로도 불리는 **기능별 비용법**(function of expense method)으로 나뉜다. 학습상 기능별 분류를 중심으로 설명한다. 또한, 당기순손익과 총포괄이익의 보고방법 통합여부에 따라 한 개의 보고서(단일 포괄손익계산서) 또는 두 개의 보고서(손익계산서, 포괄손익계산서)로 나뉜다.

〈포괄손익계산서 양식〉

성격별 비용법 포괄손익계산서

회사명XX	20XX년 X월 X일부터 20XX년 X월 X일까지	(단위: 원)
수익		×××
기타수익		×××
종업원급여		(×××)
감가상각비		(×××)
기타비용		(×××)
법인세비용차감전순손익		×××
법인세비용		(×××)
당기순이익		×××
기타포괄손익		×××
기타포괄손익법인세비용		(×××)
법인세비용차감후기타포괄손익		×××
총포괄손익		×××

*주석: 영업이익 ×××

기능별 비용법 포괄손익계산서

회사명XX	20XX년 X월 X일부터 20XX년 X월 X일까지	(단위: 원)
매출		×××
매출원가		(×××)
매출총이익		×××
판관비		(×××)
영업이익		×××
기타수익		×××
기타비용		(×××)
법인세비용차감전순손익		×××
법인세비용		(×××)
당기순이익		×××
기타포괄손익		×××
기타포괄손익법인세비용		(×××)
법인세비용차감후기타포괄손익		×××
총포괄손익		×××

그리고 국제회계기준에서는 영업이익 공시의무가 없으나, 한국채택국제회계기준에서는 영업이익을 의무적으로 공시하도록 되어 있다. 영업이익은 매출에서 매출원가와 판관비를 차감한 금액이다. 판관비는 판매활동과 영업(관리)활동에서 발생하는 비용으로서 매출원가에 속하지 않는 비용이다. 이 영업이익 표시방법은 〈포괄손익계산서 양식〉과 같이 그 산출에 포함된 주요 항목과 금액을 포괄손익계산서 본문에 포함시키거나 주석으로 공시한다.

3. 자본변동표

자본변동표(statement of changes in owner's equity)는 일정기간 동안 발생한 자본(소유주지분)의 변동내역에 관한 정보를 제공하는 재무제표이다. 따라서 재무상태표의 자본항목이 〈자본변동표〉의 구분란에 모두 들어간다. 기초금액에는 전기말 재무상태표의 자본항목 금액이 들어가거나 전기말(기초) 장부잔액을 각각 기록한다. 변동내역은 당기 중에 발생한 것으로 해당 원장(계정)의 금액을 기록한다. 기말금액은 세로의 열별로 합산 또는 감산한 것이다. 이 자본변동표의 기말금액은 당기말 재무상태표의 해당 자본항목들의 금액과 일치한다. 즉 기초시점과 기말시점의 장부금액, 기중 변동(조정)내역을 자본 항목별로 구체적으로 표시한 것이다.

〈자본변동표〉

자본변동표

20XX년 X월 X일부터

회사명×××× 20XX년 X월 X일까지 (단위: 원)

구분		납입자본	자본조정	기타포괄 손익누계액	이익잉여금	총계
기초금액		×××	×××	×××	×××	×××
변동 내역	연차배당				(×××)	(×××)
	유상증자(감자)	×××				×××
	자기주식취득		(×××)			(×××)
	자산재평가잉여금			×××	×××	×××
기말금액		×××	×××	×××	×××	×××

4. 현금흐름표

〈현금흐름표〉(statement of cash flows)는 일정기간 동안의 영업활동으로부터 조달 혹은 사용한 현금흐름, 투자활동으로부터 조달 혹은 사용한 현금흐름, 재무활동으로부터 조달 혹은 사용한 현금흐름을 구분 표시한 것이다. 현금흐름표에서 현금의 범위는 현금 및 현금성자산으로, 기중변동으로서 기업활동으로 인한 현금의 유입과 유출, 또는 순현금유입(유입 - 유출)에 관한 정보를 제공한다. 따라서 이러한 현금흐름정보는 현금주의 기준의 경영성과, 기업의 현금창출능력과 기업의 현금필요성에 대한 정보를 재무제표이용자에게 제공한다.

〈현금흐름표〉

현금흐름표

20XX년 X월 X일부터
20XX년 X월 X일까지

회사명××× (단위: 원)

과목	금액	
Ⅰ. 영업활동으로 인한 현금흐름		×××
Ⅱ. 투자활동으로 인한 현금흐름		×××
1. 투자활동으로 인한 현금유입액	×××	
2. 투자활동으로 인한 현금유출액	(×××)	
Ⅲ. 재무활동으로 인한 현금흐름		×××
1. 재무활동으로 인한 현금유입액	×××	
2. 재무활동으로 인한 현금유출액	(×××)	
Ⅳ. 현금 및 현금성자산의 증가(감소)		×××
Ⅴ. 기초의 현금 및 현금성자산		×××
Ⅵ. 기말의 현금 및 현금성자산		×××

전술한 바와 같이 현금흐름은 영업활동으로 인한 현금흐름, 투자활동으로 인한 현금흐름, 재무활동으로 인한 현금흐름으로 나뉜다. 영업활동으로 인한 현금흐름은 기업의 주요 수익창출활동에서 발생하는 현금흐름을 나타낸다. 투자활동으로 인한 현금흐름은 현금의 대여와 회수, 비유동자산의 취득과 처분 등에 의한 현금흐름이다. 재무활동으로 인한 현금흐름은 현금의 차입과 상환, 신주 및 사채의 발행, 배당금 지급 등으로 차입부채와 자본계정에 영향을 미치는 거래에서 발행하는 현금흐름이다.

현금흐름표는 〈인식기준과 재무제표〉와 같이 다른 재무제표와 달리 현금주의에 입각한 재무제표이다. 앞에서 학습한 발생주의 반대개념이라 할 수 있다.

<인식기준과 재무제표>

인식기준	자원유입		자원유출		경영성과		재무제표
발생주의	수익	−	비용	=	이익	⇒	(포괄)손익계산서
	≠		≠		≠		≠
현금주의	현금유입	−	현금유출	=	순현금유입	⇒	현금흐름표

5. 주석

주석(footnotes)은 재무제표에 표시되지 않는 항목에 관한 추가적인 정보 등을 재무제표에 별지를 첨부하여 서술이나 도표를 기술한 것이다. 따라서 각 재무제표의 항목에 대한 세부적인 금액내역이나 설명이다. 전술한 양적 정보인 재무제표에 주석을 통해 질적 정보도 제공함으로써 정보의 유용성을 높이는 역할을 한다. 대개 한국채택국제회계기준의 준수 사실, 적용한 주요 회계정책의 요약, 재무제표 항목에 대한 보충적 정보, 기타 공시항목 등이다. 유의적인 회계정책의 요약에 관해서는 재무제표를 작성하기 위하여 사용한 측정기준과 재무제표를 이해하는데 목적적 합한 기타 회계정책을 공시한다. 기타 공시항목에는 우발부채(우발상황에 따라서 발생하는 잠재적 불이익)와 재무제표에서 인식하지 않은 계약상 약정사항과 비재무적 공시항목으로 기업의 재무위험 관리목적과 정책 등이다.

6. 재무제표의 연계관계

재무제표는 <시간과 재무제표 관계>에서 보듯이 그 내용에 시간 개념이 반영되어 있다. 재무상태표는 일정시점(회계연도말/보고시점)에 측정된 재무상태를 나타내는 보고서로서, 기업이 보유하고 있는 자원의 보유상태(stock)를 표시한다. 한편

포괄손익계산서, 자본변동표, 현금흐름표는 일정기간(회계기간) 동안 측정된 자원의 변동원인(경과과정)을 나타내는 보고서로, 자원의 흐름(flow)을 표시한다.

〈시간과 재무제표 관계〉

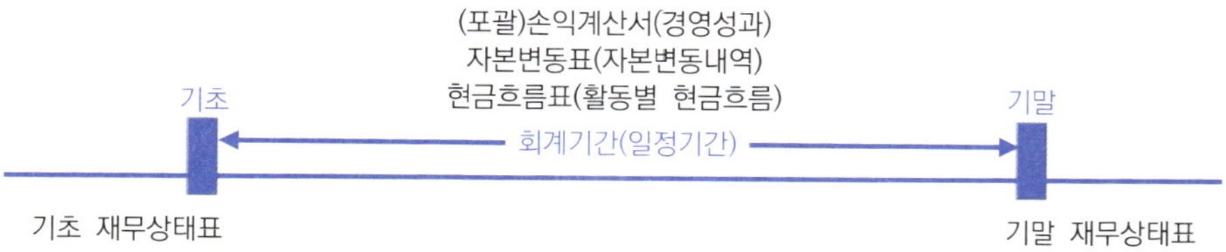

이러한 재무제표는 그 내용과 시간개념이 상이하지만, 〈재무제표의 연계관계〉처럼 상호간에 밀접한 연계관계가 형성되어 있다.

기초 현금이 어떠한 상황을 통해 기말 현금이 되었는지 현금흐름표는 보여준다. 따라서 기초 재무상태표 현금에 기중 유출입내역을 가감한 금액이 기말 재무상태표 현금과 일치한다.

기초 자본이 어떠한 상황을 통해서 기말 자본이 되었는지 자본변동표는 보여준다. 따라서 기초 재무상태표의 자본에 기중 자본변동내역을 가감한 금액이 기말 재무상태표의 자본과 일치한다.

그리고 주주의 추가출자(자본거래) 이외에 자본 증감의 주요 원인인 손익은 포괄손익계산서에 표시되며, 그 결과인 당기순손익은 기말의 이익잉여금 잔액에, 기타포괄손익은 기말의 기타포괄손익누계액 잔액에 가감되어, 기말 재무상태표 자본의 이익잉여금과 기타포괄손익누계액이 된다. 이 이익잉여금에 대한 부분은 구체적으로 제4장에서 설명하며, 제5장까지는 당기순손익 계산을 중심으로 설명하고 기타포괄손익에 대해서는 기타포괄손익 관련 각론에서 설명한다.

〈재무재표의 연계관계〉

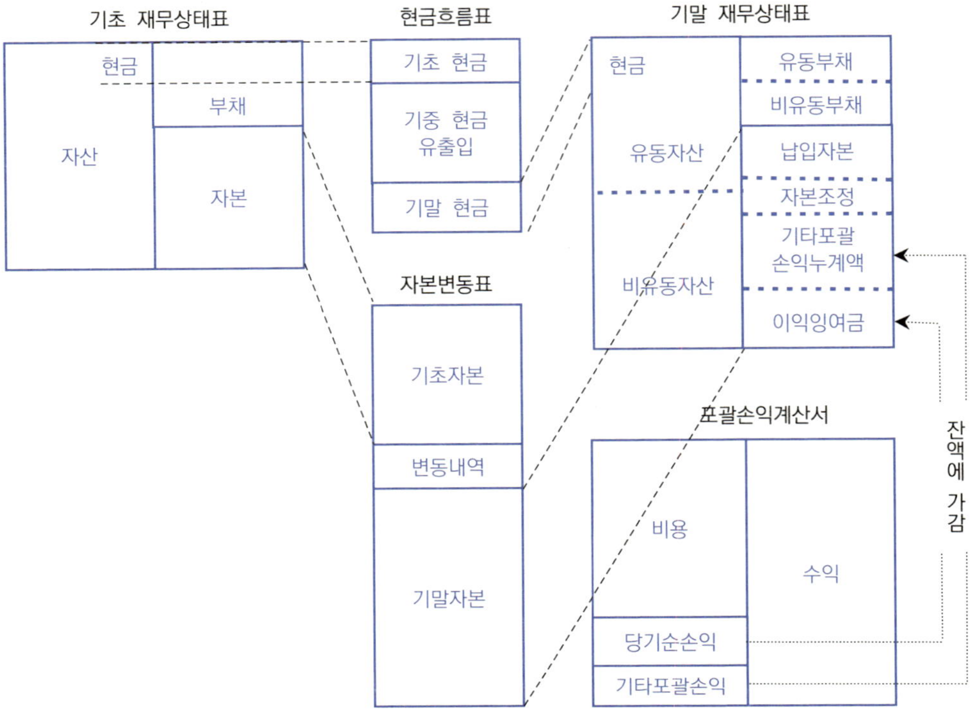
기초 재무상태표
현금
부채
자산
자본
현금흐름표
기초 현금
기중 현금 유출입
기말 현금
자본변동표
기초자본
변동내역
기말자본
기말 재무상태표
현금
유동자산
비유동자산
유동부채
비유동부채
납입자본
자본조정
기타포괄 손익누계액
이익잉여금
포괄손익계산서
비용
수익
당기순손익
기타포괄손익
잔액에 가감

01 다음의 자산계정 중 유동성배열법에 의하여 나열할 경우 재무상태표상 제일 처음(상단)에 표시되는 것은?

① 현금
② 제품
③ 토지
④ 재공품

02 다음 중 자산으로 계상할 수 없는 것은?

① 상품을 판매하고 아직 수령하지 못한 판매대금
② 원재료를 외상으로 구입하였으나 아직 지급하지 않은 구입대금
③ 판매를 위하여 창고에 보관중인 상품
④ 거래처에 물건을 주문하고 재화의 인도 전 미리 지급한 계약금

03 다음 중 (주)영일의 재무상태가 다음과 같은 경우, 순자산(자본)총계는 얼마인가?

재고자산	₩1,500,000	유형자산	₩3,000,000	매출채권	₩2,000,000
현금	₩1,300,000	차입금	₩1,600,000	미지지급	₩1,600,000

① ₩3,000,000
② ₩4,600,000
③ ₩5,000,000
④ ₩6,500,000

04 다음 중 재무상태표의 구성요소인 자산과 부채에 대한 설명으로 가장 올바르지 않은 것은?

① 자산은 반드시 물리적 형태를 갖고 있어야 한다.
② 자산은 재화 및 용역의 생산에 이용되거나 다른 자산과의 교환 또는 부채의 상환에 사용되며 소유주에 대한 분배에 이용될 수 있다.
③ 부채는 기업실체가 현재 시점에서 부담하는 경제적 의무이다.
④ 미래의 일정 시점에서 자산을 취득한다는 결정이나 단순한 약정은 현재의 의무가 아니므로 부채가 아니다.

연습문제

05 다음 중 자본에 대한 설명 중 틀린 것은?

① 자본은 기업의 순자산(net assets)으로서 기업실체의 자산에 대한 소유주의 청구권이라고 할 수 있다.
② 일반적으로 납입자본은 자본금과 자본잉여금으로 분류한다.
③ 자본금은 주식의 액면금액에 발행주식수를 곱하여 산출한다.
④ 액면미만으로 주식을 발행하는 경우에 액면금액에 미달하는 부분을 주식할인발행차금이라고 하며 마이너스(-)의 숫자로 자본에서 차감한다.

06 다음 중 현금흐름표에 관한 설명으로 가장 올바르지 않은 것은?

① 현금흐름표는 기업의 활동을 영업활동, 투자활동, 재무활동으로 구분하여 각 활동별로 현금의 유입과 유출에 대한 내역을 보여준다.
② 영업활동현금흐름을 통해 유형자산, 투자자산, 유가증권 등의 자산취득과 처분으로 인한 현금흐름을 파악할 수 있다.
③ 재무활동현금흐름을 통해 현금의 차입 및 상환, 신주발행이나 배당금지급 등으로 인한 현금흐름을 파악할 수 있다.
④ 현금흐름표는 다른 재무제표과 달리 현금주의에 입각한 재무제표이다.

07 회사는 재무적 정보를 이해관계자들에게 제공하기 위하여 정형화된 보고양식인 재무제표를 작성한다. 다음 중 재무제표의 종류와 각각의 재무제표를 통해 알 수 있는 정보를 연결한 것으로 가장 올바르지 않은 것은?

① 재무상태표: 일정시점의 기업의 자산, 부채, 자본 등 재무상태를 표시
② 손익계산서: 일정기간의 기업의 수익, 비용 등 경영성과를 표시
③ 현금흐름표: 일정기간의 현금의 유입과 유출내용에 대해 표시
④ 자본변동표: 일정기간 기업이 벌어들인 현금의 배분에 대해 표시

08 다음은 수익과 비용에 대한 설명이다. 틀린 것은?

① 수익은 기업에 있어서 자산의 유입이나 가치의 증가 또는 부채의 감소에 따라 자본의 증가를 초래하는 특정 회계기간 동안에 발생한 경제적 효익의 증가이다.
② 비용은 기업에 있어서 자산의 유출이나 소멸 또는 부채의 증가에 따라 자본의 감소를 초래하는 특정 회계기간 동안에 발생한 경제적 효익의 감소이다.
③ 차손은 비용의 정의를 만족시키지 못하는 항목으로 재해손실, 비유동자산의 처분 등에 의한 미실현손실은 포함하지 않는다.
④ 수익에서 비용을 차감하면 당기순손익(총포괄손익)이 표시되고, 이러한 손익계산은 수익비용대응의 원칙에 의해 산출된다.

09 다음 중 재무제표의 작성과 표시를 위한 개념체계에 관한 설명으로 올바르지 않은 것은?

① 비용은 과거의 거래나 사건의 결과로 현재 기업실체가 부담하고 있고 미래 자원의 유출 또는 사용이 예상되는 의무이다.
② 지출이 발생하였으나 당해 회계기간 후에는 관련된 경제적 효익이 기업에 유입될 가능성이 높지 않다고 판단되는 경우에는 재무상태표에 자산으로 인식하지 아니한다.
③ 자본은 기업실체의 자산에 대한 소유주의 잔여청구권이다.
④ 재무제표는 일반적으로 기업이 계속기업이며 예상가능한 기간 동안 영업을 계속할 것이라는 가정 하에 작성된다.

10 다음 (주)영동상사의 자료를 보고 기초의 자산이 얼마인가를 계산하라.

기말자산	₩550,000	기초부채	₩300,000
기말부채	₩350,000	당기순이익	₩20,000

① ₩520,000 ② ₩480,000
③ ₩550,000 ④ ₩500,000

연습문제

11 (주)km.com은 당기에 창업하여 기말현재 자산은 500,000원이고 부채는 320,000원이며, 당기의 수익은 450,000원이고 비용은 400,000원이다. 그리고 기중에 자본금의 변동이 없었으며 배당도 하지 않았다. 그렇다면 기말현재 자본금(납입자본)은 얼마인가?

① ₩130,000 ② ₩100,000
③ ₩270,000 ④ ₩150,000

12 다음 자료는 (주)회기의 각 계정 기말 잔액들이다. 잔액이 빈 납입자본은 정확히 얼마인가?

현금	₩7,000	이익잉여금	₩9,700	미지급금	₩3,000
소모품	₩400	납입자본	₩( )	매출채권	₩9,000
선급임차료	₩3,600				

① ₩9,500 ② ₩9,700
③ ₩10,000 ④ ₩7,300

13 다음의 (주)국제무역의 재무상황을 이용하여 기말부채가 얼마인가 계산하라.

기초자산	₩8,000	기초부채	₩2,000	기말자산	₩10,000
당기수익	₩5,200	당기비용	₩3,600	기말부채	₩( )

① ₩2,900 ② ₩2,400
③ ₩1,600 ④ ₩2,500

14 (주)청담식품의 다음 자료를 통해 ㄱ~ㄹ을 계산하면 얼마인가? (단, 기중에 자본거래는 없다고 가정한다.)

기초 자산	기초 부채	기초 자본	기말 자산	기말 부채	기말 자본	수익	비용	당기 순이익
ㄱ	200	600	1,200	ㄴ	ㄷ	700	ㄹ	300

	ㄱ	ㄴ	ㄷ	ㄹ
①	800	300	700	400
②	800	300	900	400
③	800	400	900	400
④	900	400	900	500

15 (주)khcu.com은 당기에 창업하여 기말현재 자산은 ₩570,000이고 부채는 ₩250,000이며, 당기의 수익은 ₩400,000이고 비용은 ₩350,000이다. 그리고 기중에 자본거래가 없었으며 배당도 하지 않았다. 그렇다면 기초에 얼마의 자본금으로 영업을 시작하였는가?

① ₩320,000　② ₩50,000
③ ₩270,000　④ ₩150,000

16 다음의 (주)청담무역의 재무상황을 이용하여 기중 자본금 출자(증자)액이 얼마인지 계산하라.

기초자산	₩20,000	기초부채	₩7,500	기말자산	₩24,000
기말부채	₩8,000	당기수익	₩6,000	당기비용	₩3,800

① ₩3,500　② ₩2,300
③ ₩1,300　④ ₩1,200

17 다음은 (주)KHCU의 수익과 비용에 관한 내용이다. 수익과 비용의 합계액을 각각 구하고 당기순이익 금액을 구하여라.

이자비용	₩42,000	광고선전비	₩25,000	수선비	₩7,000
매출	₩280,000	임대료	₩50,000	임차료	₩45,000
이자수익	₩43,000	이자비용	₩30,000	유형자산처분이익	₩32,000

① ₩155,000　② ₩232,000
③ ₩175,000　④ ₩256,000

※ 18~20 다음은 (주)회기기업의 20X6년 한 해 동안 발생한 수익 및 비용항목들이다.

운반비	₩100,000	급여	₩250,000	소모품비	₩50,000
매출액	₩1,800,000	매출원가	₩900,000	임차료	₩200,000
당기순이익	₩ ?				

18 수익에 속하는 항목은?

연습문제

19 비용에 속하는 항목은?

20 손익계산서를 작성하라.

※ 21~25 다음은 20X6년 12월 31일 현재 (주)휘경기업의 자산, 부채 및 자본항목들이다.

현금	₩100,000	매입채무	₩300,000	이익잉여금	₩400,000
상품	₩1,300,000	소모품	₩100,000	매출채권	₩400,000
비품	₩700,000	단기차입금	₩400,000	차량운반구	₩1,500,000
자본금	₩ ?				

21 자산에 속하는 항목은?

22 부채에 속하는 항목은?

23 자본에 속하는 항목은?

24 자본금이 얼마인지 산정하라.

25 재무상태표를 작성하라.

정답 및 풀이

1. ①
2. ②
3. ②: 자산 = 1,300,000(현금) + 2,000,000(매출채권) +
   1,500,000(재고자산) + 3,000,000(유형자산) = ₩7,800,00
   부채 = 1,600,000(차입금) + 1,600,000(미지급금) = ₩3,200,000
   자본 = 7,800,000(자산) − 3,200,000(부채) = ₩4,600,000
4. ①
5. ④
6. ②
7. ④
8. ③
9. ①
10. ②: 기말자본 = 550,000(기말자산) − 350,000(기말부채) = ₩200,000
    20,000(당기순이익) = 200,000(기말자본) − 기초자본 ∴ 기초자본 = ₩180,000
    기초자산 = 300,00(기초부채) + 180,000(기초부채) = ₩480,000
11. ①
12. ④: 자산 = 7,000(현금) + 9,000(매출채권) + 400(소모품) + 3,600(선급임차료) = ₩20,000
    부채 = ₩3,000(미지급금)
    자본 = 20,000(자산) − 3,000(부채) = ₩17,000
    17,000(자본) = 납입자본 + 9,700(이익잉여금) ∴납입자본 = ₩7,300
13. ②: 당기순이익 = 5,200(수익) − 3,600(비용)
    기초자본 = 8,000(기초자산) − 2,000(기초부채) = ₩6,000
    당기순이익 = 7,600(기말자본) − 6,000(기초자본) = ₩1,600
    7,600(기말자본) = 10,000(기말자산) − 기말부채 ∴기말부채 = ₩2,400
14. ②: 300(당기순이익) = 700(수익) − 비용 ∴비용 = ₩400
    기초자산 = 200(기초부채) + 600(기말부채) = ₩800
    300(당기순이익) = 기말자본 − 600(기초자본) ∴기말자본 = ₩900
    1,200(기말자산) = 기말부채 + 900(기말자본) ∴기말부채 = ₩300
15. ③: 당기순이익 = 400,000(수익) − 350,000(비용) = ₩50,000
    기말자본 = 570,000(기말자산) − 250,000(기말부채) = ₩320,000
    50,000(재산법 당기순이익) = 320,000(기말자본) − 기초자본
    ∴ 기초자본 = 320,000(기말자본) − 50,000(재산법 당기순이익) = ₩270,000
16. ③: 당기순이익 = 6,000(수익) − 3,800(비용) = ₩2,200
    기초자본 = 20,000(기초자산) − 7,500(기초부채) = ₩12,500
    기말자본 = 24,000(기말자산) − 8,000(기말부채) = ₩16,000

2,200(손익법 당기순이익)≠3,500(재산법 당기순이익)
2,200(당기순이익) = 16,000(기말자본) − 12,500(기초자본) − 자본거래
∴ 자본거래 = 16,000(기말자본) − 12,500(기초자본) − 2,200(당기순이익)
∴ 자본거래(자본금 증자액) = ₩1,300

17. ④: 수익 = 280,000(매출) + 32,000(유형자산처분이익) + 50,000(임대료) + 43,000(이자수익)
= ₩405,000
비용 = 42,000(이자비용) + 25,000(광고선전비) + 7,000(수선비) + 45,000(임차료)
+ 30,000(이자비용) = ₩149,000
당기순이익 = 405,000(수익 총계) − 149,000(비용 총계) = ₩256,000

18. 매출액
19. 운반비, 급여, 소모품비, 매출원가, 임차료
20. 손익계산서 작성

손익계산서

(주)회기기업 20X6년 1월 1일~20X6년 12월 31일 (단위: 원)

수 익: 매 출 액		1,800,000
비 용: 매출원가	900,000	
급 여	250,000	
운 반 비	100,000	
소모품비	50,000	
임 차 료	200,000	1,500,000
당기순이익		300,000

21. 현금, 매출채권, 상품, 소모품, 비품, 차량운반구
22. 매입채무, 단기차입금
23. 자본금, 이익잉여금
24. 회계등식을 이용해서 자본총액을 구한 다음 여기서 이익잉여금을 차감하면 자본금을 구할 수 있다.
자산 = 100,000(현금) + 400,000(매출채권) + 1,300,000(상품) + 100,000(소모품) + 700,000(비품)
+ 1,500,000(차량운반구) = ₩4,100,000
부채 = 300,000(매입채무) + 400,000(단기차입금) = ₩700,000
자본 = 4,100,000(자산) − 700,000(부채) = ₩3,400,000
∴ 자본금 = 3,400,000(자본) − 400,000(이익잉여금) = ₩3,000,0000

25. 재무상태표 작성

재무상태표

(주)휘경기업　　　20X6년 12월 31일 현재　　　(단위: 원)

자　산 :		부　채 :	
현　　금	100,000	매입채무	300,000
매출채권	400,000	단기차입금	400,000
상　　품	1,300,000	부채 총계	700,000
소 모 품	100,000	자　본 :	
비　　품	700,000	자 본 금	3,000,000
차량운반구	1,500,000	이익잉여금	400,000
		자본 총계	3,400,000
자산 총계	4,100,000	부채와 자본총계	4,100,000

제 3 장

거래의 기록

1. 계정
2. 거래
3. 거래의 8요소와 결합관계
4. 분개와 전기
5. 분개장 기입
6. 총계정원장

제3장 거래의 기록

1. 계정

1) 계정의 의미

회계에서는 자산, 부채, 자본, 수익, 비용 등인 재무제표요소의 항목을 기록대상으로 한다. 그 항목별로 계정(account: a/c)이라는 계산할 장소를 설치하여 기록을 한다. 즉, 계정은 재무제표요소의 항목에 속하는 개별적인 계산단위이다. 계정은 T자형의 선으로 구분하여 표시하고 좌측은 차변, 우측은 대변이라고 부른다. 현금은 자산계정의 대표적인 예의 하나로, 〈현금계정〉(약식계정)을 살펴본다.

현금에 대하여 계산하는 계정을 현금계정이라고 하며, 이때 이 계정에 현금이라는 명칭이 붙어 있는데 이 계정을 계정과목이라고 한다. 현금을 포함한 자산을 기록하는 경우, 차변에는 증가, 대변에는 감소를 기록하게 되어 있다.

따라서 〈현금계정〉의 기입의 예를 보면, 1월 한 달을 한 회계연도로 가정하였을 때, 1월 1일에 현금 10,000원은 전기로부터 이월된 것으로 기초 잔액(전기이월)이다. 이 금액을 현금계정의 차변에 기입한다고 하여 이를 **차기**한다고 한다. 반대로 1월 2일에 현금이 8,000원 감소한 경우로, 이 금액을 대변에 기입한다고 하여 이를 **대기**한다고 한다. 이후의 현금계정의 기입은 1월 3일에 현금 20,000원 증가로 차기하고 1월 4일에 12,000원 감소로 대기하며, 1월 5일에 6,000원 증가로 차기한다.

〈현금계정〉

(차변)		현	금		(대변)
1월 1일	전기이월	10,000	1월 2일		8,000
3일		20,000	4일		12,000
5일		6,000	31일	차기이월	16,000
		36,000			36,000
2월 1일	전기이월	16,000			

그리고 1월 31일이 결산일이라고 하면 〈현금계정〉 잔액을 계산할 수 있다. 상기의 〈현금계정〉과 같이 현금의 증가를 나타내는 차변금액과 현금의 감소를 나타내는 대변금액을 각각 합산하고, 대차균형의 원리에 의한 현금 잔액(차액)을 구하여 대변 하단에 기록한다. 결국 차변이 16,000원 더 많지만, 결산일(1월 31일)에 계정을 마감하기(닫기) 위하여 그 현금 잔액을 대변에 기록함으로써 대차균형을 맞춘다. 결국 차변 합계액과 대변합계액(36,000원)이 일치하게 된다. 이 두 숫자(36,000원) 밑에 두 줄을 그어서 한 회계연도 장부기록이 끝났음을 표시한다. 마지막으로 기말 현금 잔액 16,000원을 차변에 2월 1일 전기이월(전월이월) 16,000원을 표시하여 차기 시작을 위한 기록을 해둔다.

2) 계정기입

계정에 대한 기입은 다음과 같은 법칙을 통해 시행한다. 우선, 재무상태표 차변에 기록되어 있는 자산항목의 계정은 그 증가를 차변에 기입하고, 그 감소는 대변에 기입한다. 이와는 반대로 재무상태표 대변에 기록되어 있는 부채항목의 계정과 자본항목의 계정은 그 증가를 대변에 기입하고 그 감소를 차변에 기입한다. 그리고 포괄손익계산서 대변에 기입되어 있는 수익항목의 계정은 그 발생을 대변에 기록한다. 이와는 반대로 포괄손익계산서 차변에 기입되어 있는 비용항목의 계정은 그 발생을 차변에 기입한다.

이와 같이 각 계정의 증가, 감소, 발생이 계정의 차변 · 대변 어느 쪽에 표시될 것인가는 〈재무제표와 계정의 연계관계〉처럼 각 계정이 재무상태표와 포괄손익계산서(손익계산서)의 차변·대변 어느 쪽에 기입되는지에 달려 있다고 할 수 있다. 결과적으로 재무제표는 기말에 각 계정의 잔액을 집합시켜 놓은 보고서라고 볼 수 있다.

〈재무제표와 계정의 연계관계〉

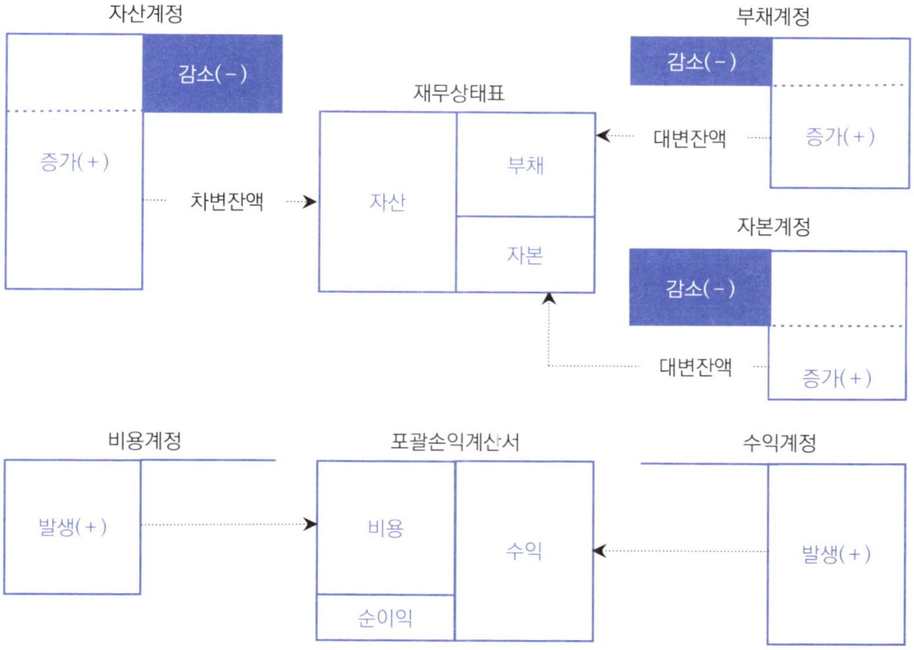

2. 거래

1) 거래의 의의

회계에서 기업의 경제적 사상 모두를 기록하는 것은 아니다. 그 경제적 사상이 거래로써 발생할 때 기록하는 것이다. 따라서 **회계 상의 거래**는 자산, 부채, 자본, 수익, 비용에 변동을 가져오는 사상을 의미하고 화폐액으로 합리적인 측정이 가능한 것이어야 한다.

예를 들면, 상품을 매입하여 판매하는 활동이나, 종업원에게 급료를 지급하거나 수도광열비를 지급하는 활동도 거래이지만, 화재나 도난에 의해서 손해가 발생한 사상도 거래이다. 반면에, 토지나 건물을 임차한 계약은 계약을 체결한 것만으로는 자산, 부채, 자본, 수익, 비용 등에 변동이 발생하지 않으므로 회계 상의 거래라고 할 수 없다. 임차 후 시간의 경과나 사용이 있었다면 회계 상의 거래가 성립된다.

2) 거래의 유형

경제행위의 주체가 되는 기업 상호 간 혹은 기업과 개인 간에 이루어지는 재화나 용역의 매매행위는 일반적인 거래라고 할 수 있다. 이 일반적인 거래에는 계약당사자가 이행해야 할 의무를 다한 **이행거래**와 계약당사자가 이행해야 할 의무를 아직 이행하지 않은 상태에 있는 **미이행거래**도 포함된다. 예를 들면, 종업원 채용계약을 했다면 채용계약만으로는 계약당사자 간에 이행해야 할 의무가 완료된 것이 아니므로 미이행거래라고 할 수 있다.

〈거래의 유형〉

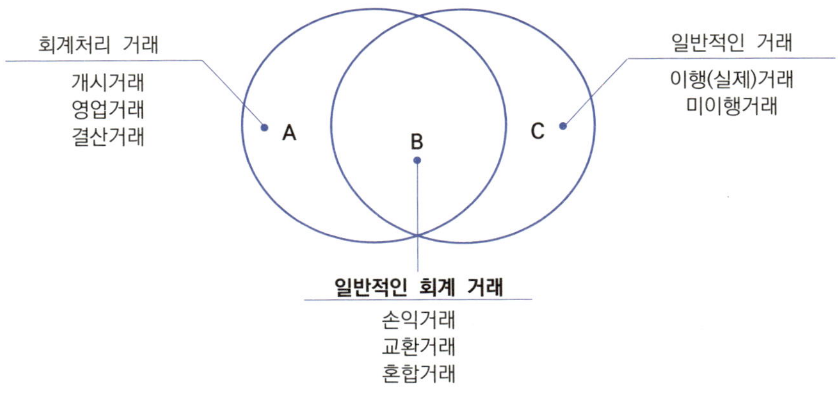

한편, 일반적인 회계 거래(회계 상의 거래)는 자산, 부채, 자본, 수익, 비용 등 어느 요소에 영향을 미치는 모든 사상으로서 화폐액으로 표시 가능한 것을 말하며,

교환거래, 손익거래, 혼합거래로 분류된다. 교환거래는 자산, 부채, 자본에 변동을 가져오는 거래이고 손익거래는 수익, 비용 발생을 가져오는 거래를 말한다. 혼합거래는 교환거래와 손익거래가 동시에 조합된 거래를 말한다.

회계처리 거래에서 개시거래와 결산거래는 기초와 기말의 장부처리와 관련된 기술적인 기록으로 각 장부의 개시와 마감 등이 이에 속한다. 영업거래는 기중의 실제거래(이행거래)를 의미한다.

그림 〈거래의 유형〉에서 공통된 부분, 즉 B에 해당하는 것은 영업거래이면서 이행거래인 한편 일반적인 회계 거래(교환거래, 손익거래, 혼합거래)로서, 회계에서 기중에 기업들이 실시하는 거래이다.

3. 거래의 8요소와 결합관계

1) 거래의 분해

회계(복식부기)에서는 모든 거래가 5개의 재무제표요소, 즉 자산, 부채, 자본, 수익, 비용이라는 요소를 이용하여 분류·정리된다. 거래는 자산, 부채, 자본의 증가·감소를 초래하고 또는 수익, 비용을 발생시킨다. 회계에서는 거래에 의해서 발생하는 이러한 영향을 차변요소와 대변요소로 정리해두는 것이 포인트이다.

예를 들면, 현금이라는 자산이 100,000원 증가한 경우, 현금 증가 100,000원만 장부에 기입하는 것은 아니다. 왜 현금이 증가하였는지 그 원인을 고려하여, 현금 증가라는 결과와 원인과의 관계(인과관계)를 정리하여 기록한다.

회계에서 거래를 이와 같이 이원(양면)적으로 다루는 사고는 원인과 결과, 희생과 효과를 늘 고려하게 한다는 점에서 경영관리에도 유익하다.

2) 거래의 8요소와 결합관계

거래에 따라서 자산, 부채, 자본은 각각 증가하는 경우와 감소하는 경우가 있으며, 또한 거래에 따라서 수익, 비용이 발생한다. 이와 같이 거래를 분해할 경우에 발생하는 요소를 **거래의 8요소**라고 하며, 각각 〈거래의 8요소와 결합관계〉와 같은 결합관계가 성립된다.

이 〈거래의 8요소와 결합관계〉는 차변요소와 대변요소 간에 연결되지만, 차변요소 간이나 대변요소 간에는 결합관계가 성립하지 않는다. 복식부기를 중심으로 하는 회계에서는 특정거래에 대하여 차변요소와 대변요소로 분해하고 양쪽의 결합관계에 따라 기록된다. 이와 같이 거래는 항상 동일한 금액의 원인과 결과(회생과 효과)가 되어 회계처리 시 양쪽에 영향을 미치게 된다. 이렇게 거래의 원인과 결과(회생과 효과)를 이원적으로 기록하는 것을 회계(복식부기)는 **거래의 이중성**이라고 한다. 또한, 모든 거래는 서로 대립되어 양쪽에 같은 금액이 발생하는 특징이 있어, 자기점증기능도 갖고 있다.

〈거래의 8요소와 결합관계〉

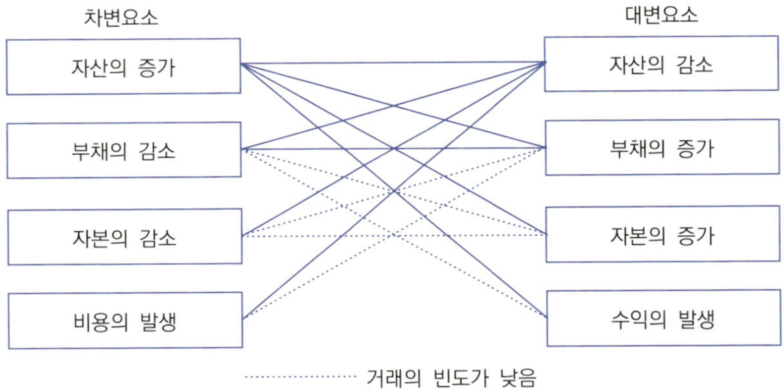

예제 1

다음은 (주)서울상사의 5월 중 거래내역이다. 자산, 부채, 자본의 증감이나 수익, 비용의 발생이 어떻게 결합되는지 거래의 요소(차변요소, 대변요소)로 분해하라.

5월 1일 주식을 발행하여 현금 ₩300,000을 확보했다.
12일 주거래 은행에서 현금 ₩100,000을 차입하였다.
23일 상품진열장인 비품 ₩40,000을 현금으로 구입했다.
28일 거래처에 제품제작 컨설팅(용역매출)을 하고 현금 ₩25,000을 받았다.

| 풀이 |

일자	차변요소	대변요소
	자산의 증가	자본의 증가
5월 1일	현금 ₩300,000 증가	자본금 ₩300,000 증가
	자산의 증가	부채의 증가
5월 12일	현금 ₩100,000 증가	차입금 ₩100,000 증가
	자산의 증가	자산의 감소
5월 23일	비품 ₩40,000 증가	현금 ₩40,000 감소
	자산의 증가	수익의 발생
5월 28일	현금 ₩25,000 증가	용역매출 ₩25,000 발생

3) 계정

기업은 매일 경영활동을 통해 거래가 발생하여, 자산, 부채, 자본이 증감하거나, 수익, 비용이 발생 또는 소멸한다. 이러한 내용을 종류별 또는 항목별로 기록하기 위하여 설정된 계산단위를 **계정**이라고 한다. 그리고 각 거래를 항목별, 종류별로 기록·계산하기 위해 각 계정에 부여된 각 거래요소의 구체적인 명칭을 **계정과목**이라고 한다.

계정은 재무상태표에 속하는 계정을 대분류로 재무상태표계정이라고 하며, 중분류로 자산계정, 부채계정, 자본계정으로 분류된다. 또한 포괄손익계산서에 속하는 계정을 대분류로 포괄손익계산서계정이라고 하며, 중분류로 수익계정, 비용계정으로 분류된다. 소분류는 2장에서 이미 재무제표 구성요소로 소개한 바 있다.

4. 분개와 전기

회계에서는 거래가 발생할 때마다 전술한 바와 같이 자산, 부채, 자본, 수익, 비용 이라는 재무제표요소를 이용하여, 차변요소와 대변요소로 분해하여 기록한다. 이와 같이 차변요소와 대변요소로 분해하여 기록하는 것을 분개라고 한다. 예를 들면, 7월 1일에 사무용 복사기(비품)를 현금 200,000원으로 구매했다는 거래를 분해하면 다음과 같다.

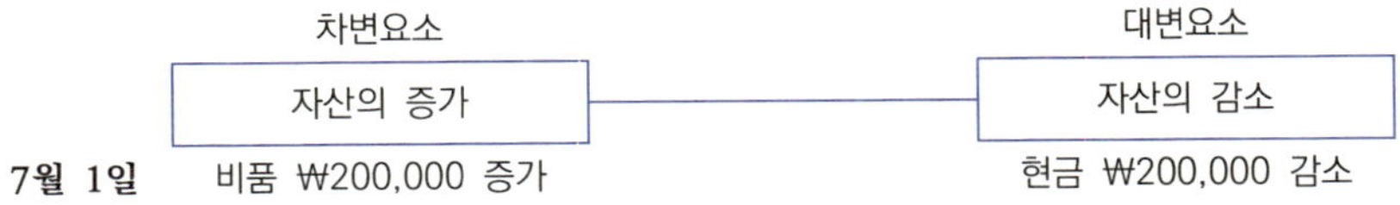

이 분해내용을 다음과 같은 형태로 정리한 것이 분개이다.

7월 1일 (차변) 비품 200,000 (대변) 현금 200,000

구체적으로 정리하여 말하면, 거래에서 발생하는 자산, 부채, 자본 및 수익, 비용의 증감변화를 계정에 기입하기 위한 준비로 어느 계정에 기입할 것인가, 어느 계정의 차변, 대변에 기입할 것인가, 기입할 금액은 얼마인가 등을 미리 결정하는 절차를 분개한다고 한다. 따라서 분개는 복식부기에서 가장 중요한 작업이며, 분개를 한다는 것은 그 거래가 기업의 재산이나 손익에 어떠한 영향을 미칠까를 인식한다는 것을 의미한다. 분개는 분개장이라는 장부에 거래발생 일자 순으로 기록한다.

7월 1일 (차변) 비품 200,000 (대변) 현금 200,000

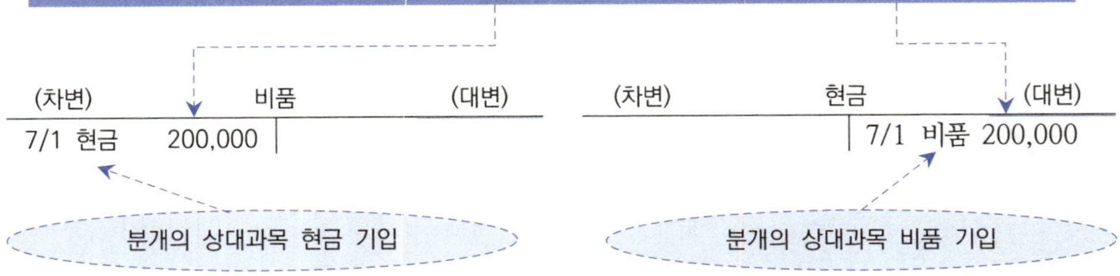

그리고 분개장에 기록한 분개내용을 거래의 발생순으로 각 계정에 옮겨 기입하는 것을 **전기**라고 한다. 이러한 계정들이 설정되어 있는 장부를 **원장** 또는 **총계정원장**이라고 한다. 전기는 규칙적으로 시행하는 것이 중요하다. 즉, 분개의 차변 금액을 같은 명칭의 계정차변에 전기하고 대변 금액을 같은 명칭의 계정대변에 전기한다. 전술한 분개의 예를 원장에 전기하면 다음과 같다.

우선, 분개의 차변과목에 주목한다. 차변과목은 비품이므로 전기할 때도 비품계정 차변에 기입한다. 비품계정에는 거래금액 200,000원을 기입하고 거래일자(7/1)와 상대계정과목 '현금'을 적요란에 기입한다. 다음은 분개의 대변과목에 주목한다. 대변과목은 현금이므로 전기할 때도 현금계정 대변에 기입한다. 현금계정에는 거래금액 200,000원을 기입하고 거래일자(7/1)와 상대계정과목 '비품'을 적요란에 기입한다.

이 비품계정이나 현금계정만을 보고도 7월 1일의 거래를 추정할 수도 있다. 일단 비품계정을 보면 차변에 금액 200,000원을 기록되어 있어 비품을 구매하였음을 알 수 있다. 그리고 차변에 현금이라는 과목이 기록되어 있어 지급방법으로 현금을 지급하였음을 알 수 있다.

전기에는 정확한 계정과목과 금액을 기입하는 것이 가장 중요하다. 그리고 상대계정과목이 2과목 이상인 경우는 **제좌**라 기입(학습상, 3장에서는 상대계정과목 모두 표시)한다.

예제 2

다음 (주)TIU.com의 거래를 분개하고 계정(원장)에 전기하라.

6월 1일 현금 ₩10,000,000으로 창업하였다.

3일 상품 ₩3,000,000을 매입하고 대금 중 ₩1,000,000을 현금으로 지급하고 나머지 ₩2,000,000은 외상으로 했다.

7일 사무용 책상(비품)을 현금 ₩2,000,000에 구매하였다.

10일 단골 거래처에 현금 ₩1,000,000을 빌려주었다.

15일 원가 ₩2,500,000의 상품을 ₩3,300,000에 팔아 현금 ₩1,800,000을 받고 나머지는 외상으로 했다.

20일 종업원의 급여 ₩600,000과 교통비 ₩30,000을 현금으로 지급하였다.

| 풀이 |

(단위: 천원)

일자	차변		대변	
6/ 1	현금	10,000	자본금	10,000
3	상품	3,000	현금 매입채무	1,000 2,000
7	비품	2,000	현금	2,000
10	대여금	1,000	현금	1,000
15	현금 매출채권 매출원가	1,800 1,500 2,500	매출 상품	3,300 2,500
20	급여 교통비	600 30	현금	630

현금 1

6/1 자본금	10,000	6/3 상품	1,000
15 매출	1,800	7 비품	2,000
		10 대여금	1,000
		20 급여	600
		교통비	30

상품(재고자산) 2

6/3 현금	1,000	6/15 매출원가	2,500
매입채무	2,000		

매출채권 3

6/15 매출	1,500		

대여금 4

6/10 현금	1,000		

비품 5

6/7 현금	2,000		

매입채무 6

		6/3 상품	2,000

자본금 7

		6/1 현금	10,000

매출 8

		6/15 현금	1,800
		매출채권	1,500

매출원가 9

6/15 상품	2,500		

급여 10

6/20 현금	600		

교통비 11

6/20 상품	30		

5. 분개장 기입

전술한 분개는 실무에선 분개장에 기록한다. 그러면 분개장과 그 기록방법에 대하여 구체적으로 들여다본다. 분개장에는 일자, 계정과목 및 설명, 원면, 차변 금액, 대변 금액의 난이 설정되어 있다. 기입의 예로 전술한 예제 2)를 대상으로 분개한 것은 〈분개장〉과 같다.

〈분 개 장〉

분 개 장 (단위: 천원)

일자		계정과목 및 설명	원면	차변	대변
6월	1일	현금	1	10,000	
		자본금	7		10,000
		현금을 출자하여 영업개시			
	3일	상품	2	3,000	
		현금	1		1,000
		매입채무	6		2,000
		일부 외상으로 상품 매입			
	7일	비품	5	2,000	
		현금	1		2,000
		사무용 책상 구매			
	10일	대여금	4	1,000	
		현금	1		1,000
		거래처에 현금 대여			
	15일	현금	1	1,800	
		매출채권	3	1,500	
		매출	9		3,300
		매출원가	8	2,500	
		상품	2		2,500
		일부 외상으로 상품 판매			
	20일	급여	10	600	
		교통비	11	30	
		현금	1		630
		급여 · 교통비 지급			

분개장 기입에 있어서 주의할 사항은 다음과 같다. 계정과목 및 설명 난에 차변·대변 계정과목 기입 시, 행을 바꿔 기록하며 같은 행에 기록하지 않고 차변은 앞쪽, 대변은 뒤쪽에 기록한다. 그리고 차변과 대변 난에 각각 행에 맞추어 금액을 기록한다. 또 거래의 비망적 기록을 메모형식으로 기입한다. 마지막으로 원면 난에 대하여 주목해야 하는데, 이 원면 난의 숫자는 총계정원장의 페이지 수나 코드번호를 나타내며, 분개장 원면 난에 페이지 수가 기록되어 있으면 해당 총계정원장에 전기를 하였다는 사실을 알 수 있다. 만약 이 원면 난이 비어있다면 아직 전기하지 않았음을 의미한다.

6. 총계정원장

총계정원장의 계정형식은 〈총계정원장〉과 같으며, 기입의 예로 전술한 예제 2)의 분개장에서 전기하여 작성된 것이다. 각 계정은 각각 차변·대변에 일자, 설명, 분면, 금액 난을 설정하는 형식이고 이미 학습한 T계정은 이 양식을 간결히 표현한 것으로 학습상 사용하는 것이다. 한편, 각 계정의 분면의 숫자는 분개장의 페이지 수를 기입하는 난이며 어디에서 전기되었는가를 확인하기 위하여 이용되고 있다.

한편, 회계장부는 일반적으로 주요장부와 보조장부로 나누어진다. 주요장부는 이미 설명한 분개장과 총계정원장이며, 보조장부는 현금의 수입과 지출(현금출납장), 상품의 매입과 매출(상품재고장) 등 어떤 특수한 거래 또는 계정에 대해서만 그 내용을 상세히 기장하여 주요장부에 요약된 내용을 보충하기 위한 장부다.

〈총계정원장〉

현 금 1

일자	설명	분면	금액	일자	설명	분면	금액
6월1일	자본금	1	10,000	6월3일	상품	1	1,000
	매출	1	1,800		비품	1	2,000
					대여금	1	1,000
					급여	1	600
					교통비	1	30

상품(재고자산) 2

일자	설명	분면	금액	일자	설명	분면	금액
6월3일	현금	1	1,000	6월15일	매출원가	1	2,500
	매입채무	1	2,000				

매출채권 3

일자	설명	분면	금액	일자	설명	분면	금액
6월15일	매출	1	1,500				

대여금 4

일자	설명	분면	금액	일자	설명	분면	금액
6월10일	현금	1	1,000				

비 품 5

일자	설명	분면	금액	일자	설명	분면	금액
6월7일	현금	1	2,000				

매입채무 6

일자	설명	분면	금액	일자	설명	분면	금액
				6월3일	상품	1	2,000

자본금 7

일자	설명	분면	금액	일자	설명	분면	금액
				6월1일	현금	1	10,000

매 출							8
일자	설명	분면	금액	일자	설명	분면	금액
				6월15일	현금	1	1,800
					매출채권	1	1,500

매출원가							9
일자	설명	분면	금액	일자	설명	분면	금액
6월15일	상품	1	2,500				

급 여							10
일자	설명	분면	금액	일자	설명	분면	금액
6월20일	현금	1	600				

교통비							11
일자	설명	분면	금액	일자	설명	분면	금액
6월20일	현금	1	30				

연습문제

01 다음은 거래의 8요소를 나타내고 있다. 올바르게 표현되지 않은 것은?

	왼쪽(차변)	오른쪽(대변)
①	자산의 증가	부채의 증가
②	부채의 감소	수익의 발생
③	자본의 증가	자산의 감소
④	비용의 발생	자산의 감소

02 다음 중 보기의 분개 유형이 적용되는 거래는 어느 것인가?

(차변) 자산의 증가 ×××	(대변) 수익의 발생 ×××

① 은행으로부터 설비투자자금을 차입하였다.
② 주식을 발행하여 현금을 조달하였다.
③ 과거에 외상으로 매입한 물건대금을 현금으로 지급하였다.
④ 대여금에 대한 이자를 현금으로 수취하였다.

03 다음 중 보기의 분개 유형이 적용되는 거래는 어느 것인가?

(차변) 비용 ×××	(대변) 자산 ×××

① 투자자들로부터 현금 1억 원을 출자받았다.
② 프로그램 설계용역을 제공하고 용역제공대가 250만 원은 다음 달에 받기로 하였다.
③ 당기 발생한 접대비 1,000만 원을 현금으로 지급하였다.
④ 기계장치를 5,000만 원에 외상으로 구입하였다.

연습문제

04 다음 설명 중 틀린 것은?

① 기말자본액이 기초자본액보다 큰 경우, 그 회계기간의 기업활동 결과, 자본액이 증가하여 당기순이익이 발생하였음을 알 수 있다. 단, 자본거래는 없다고 가정한다.
② 회계상의 거래는 자산, 부채, 자본, 수익, 비용에 변동을 가져오는 사상을 의미하고 화폐액으로 합리적인 측정이 가능한 것이어야 한다.
③ 일반적인 거래에는 계약당사자가 이행해야 할 의무를 다한 이행거래를 말하고 계약당사자가 이행해야 할 의무를 아직 이행하지 않은 상태에 있는 미이행거래는 포함하지 않는다.
④ 거래의 8요소의 결합관계는 차변요소와 대변요소 간에 연결되지만, 차변요소 간이나 대변요소 간에는 결합관계가 성립하지 않는다.

05 다음 중 계정과목의 분류가 옳지 않은 것은?

① 선수수익 - 수익계정
② 미지급비용 - 부채계정
③ 매출원가 - 비용계정
④ 미수수익 - 자산계정

06 다음 중 분개장에 수익을 인식하기 위한 분개를 할 때 나타날 수 있는 계정과목과 그 영향은?

① 자산계정의 증가
② 부채계정의 증가
③ 자산계정의 감소
④ 자본계정의 감소

07 다음 중 일반적인 회계거래에 포함될 수 없는 것은?

① 건물 ₩2,500,000이 화재로 소실되었다.
② 상품을 판매하고 아직 대금을 받지 않았다.
③ 원재료 공급회사와 10톤의 원재료를 ₩100,000에 구입하기로 계약을 체결했다.
④ 기계장치를 구입하여 인도받았으나 아직 대금을 지급하지 않았다.

연습문제

08 다음은 회계 사건별로 채권자와 채무자 각각의 재무상태표 계정을 연결한 것이다. 가장 옳지 않은 것은?

	회계사건	채권자 계정	채무자 계정
①	상품을 인수·인도하기 전에 대금을 지급 또는 수령한 경우	미수금	미지급금
②	1년치 임차료를 선지급 또는 임대료를 선수한 경우	선급비용	선수수익
③	차용증서에 의해 금전을 빌려주거나 빌려온 경우	대여금	차입금
④	제품을 판매하거나 매입하고 대가를 나중에 수령 또는 지급한 경우	매출채권	매입채무

※ 09~13 다음은 자산, 부채, 자본, 수익 및 비용항목(계정과목)을 일부 열거한 것이다.

> 현금, 매출, 매출채권, 급여, 비품, 토지, 매출원가, 자본금, 단기차입금, 소모품비, 건물, 소모품, 이익잉여금, 차량운반구, 용역수익, 임대료, 통신비, 이자비용, 미지급금, 보험료, 광고선전비, 단기대여금, 기계장치, 임차료, 운반비, 수도광열비, 미수금, 선급비용, 상품, 미지급비용, 매입채무, 이자수익, 미수수익
>
> - 미 수 금: 건물, 비품 등을 처분하였으나 처분대가를 추후 받기로 한 때의 미수액
> - 선급비용: 미래에 발생할 비용의 금액을 미리 지급한 것
> - 이자수익: 은행예금에서 얻은 이자, 또는 타인에게 돈을 대여하고 받은 이자
> - 미수수익: 이자수익 등이 발생하였으나 아직 받지 못한 것

09 자산에 속하는 계정과목은?

10 부채에 속하는 계정과목은?

11 자본에 속하는 계정과목은?

12 수익에 속하는 계정과목은?

13 비용에 속하는 계정과목은?

연습문제

※ 14~20 거래의 양면성 개념에 기초하여 아래의 각 거래가 자산, 부채 또는 자본에 미친 영향을 분석하여, 〈보기〉에서 예시한 것처럼 표시하라.

상품배달용 차량을 구입하고 대금을 현금으로 지급하다. → 자산(차량운반구)의 증가, 자산(현금)의 감소

14 주주로부터 현금으로 출자를 받아서 회사를 설립하다.

15 고객에게 용역을 제공하고 용역대금을 은행 자기앞수표로 받다.

16 소모품을 구입하였는데 구입대금은 1개월 후에 지급하기로 하다.

17 월말이 되어 종업원 급여를 현금으로 지급하다.

18 고객에게 용역을 제공하고 용역대금은 2개월 후에 받기로 하다.

19 은행에서 연 7%의 이자율로 현금을 차입하고 1년 후에 갚기로 하다.

20 외상으로 구입했던 소모품의 구입대금을 현금으로 지급하다.

※ 21~25. 다음 거래는 원두커피를 제공하는 (주)청담빈의 거래내역이다. 각 거래를 분개장에 분개하라.(단, 사용계정은 아래의 예를 이용한다.)

사용계정 예: 현금, 배당금, 매출채권, 기계장치, 매입채무, 광고비, 임차료, 용역매출, 미지급비용, 급여, 미지급배당금

21 이웃의 (주)국제무역에게 아메리카노 325잔을 배달해주고 커피대금 ₩1,300,000의 청구서를 제출했다.

22 당월분 임차료 ₩650,000을 현금으로 지급했다.

23 방송사로부터 광고비 ₩300,000을 30일 이내에 지급해 달라는 청구서를 받았다.

24 주주에게 배당금 ₩4,000,000을 지급하기로 주주총회에서 의결하였다. 미지급상태이다.

25 (주)국제무역에게 청구했던 아메리카노 대금 중 ₩1,000,000을 현금으로 회수했다.

(주)청담빈 분개장

	차변		대변	
	계정과목	금액	계정과목	금액
21				
22				
23				
24				
25				

연습문제

정답 및 풀이

1. ③
2. ④
3. ③
4. ③
5. ①
6. ①: 수익은 대변에서 인식하면 차변에 현금 및 수취채권이라는 자산을 인식하게 된다.
7. ③: 계약체결은 일반적인 거래로 미이행거래에 해당한다.
8. ①
9. 자산: 현금, 매출채권, 비품, 토지, 건물, 소모품, 차량운반구, 단기대여금, 기계장치 미수금, 선급비용, 상품, 미수수익
10. 부채: 단기차입금, 미지급금, 미지급비용, 매입채무
11. 자본: 자본금, 이익잉여금
12. 수익: 매출, 용역수익, 임대료, 이자수익
13. 비용: 급여, 매출원가, 소모품비, 통신비, 이자비용, 광고선전비, 보험료, 임차료, 운반비, 수도광열비
14. 자산(현금)의 증가, 자본(자본금)의 증가
15. 자산(현금)의 증가, 자본(이익잉여금)의 증가
16. 자산(소모품)의 증가, 부채(미지급금)의 증가
17. 자산(현금)의 감소, 자본(이익잉여금)의 감소
18. 자산(매출채권)의 증가, 자본(이익잉여금)의 증가
19. 자산(현금)의 증가, 부채(차입금)의 증가
20. 자산(현금)의 감소, 부채(미지급금)의 감소

21~25.

(주)청담빈 분개장

	차변		대변	
	계정과목	금액	계정과목	금액
21	매출채권	1,300,000	용역매출	1,300,000
22	임차료	650,000	현금	650,000
23	광고비	300,000	미지급비용	300,000
24	배당금	4,000,000	미지급배당금	4,000,000
25	현금	1,000,000	매출채권	1,000,000

제 4 장

서비스제공회사의 회계처리절차

제4장 서비스제공회사의 회계처리절차

1. 서비스제공회사의 거래기록

1) 회계순환과정

기업은 일정 기간을 설정하여 그 기간 동안의 경영성과와 그 기간 말의 재무상태를 보고·공시한다. 대부분의 기업은 통상 1년간의 회계기간을 채택하여 보고·공시한다. 그러나 법률에 의해서나 기업의 자발적 경영관리를 위하여, 6개월 단위인 반기, 3개월 단위인 분기, 1개월 단위인 월로 회계기간을 설정하여 회계보고를 하기도 한다.

〈회계순환과정〉(accounting cycle)이란 거래의 식별, 분개, 전기, 수정전시산표 작성, 기말수정분개와 전기, 수정후시산표 작성, 재무제표 작성, 마감분개와 전기(장부 마감), 마감후시산표 작성 등으로 이루어진 일련의 회계절차이며, 회계담당자가 한 회계기간 동안 해야 할 일련의 업무이다. 따라서 재무제표는 적시성 있게 보고하기 위해 회계연도말은 물론 월말, 분기말, 반기말에도 작성된다.

이 회계순환과정에서 기중회계처리에는 ① 거래의 식별, ② 분개, ③ 전기가 있다. 반면, 나머지 사항들이 기말 결산절차에 해당한다. 회계순환과정의 9개 절차 중에 ④ 수정전시산표 작성, ⑥ 수정후시산표 작성, ⑨ 마감후시산표 작성은 회계담당자의 선택적 절차이지만, 나머지 사항들은 필수적 절차로써 반드시 실행해야 할 회계처리라고 할 수 있다. 선택적 절차는 내·외부로 보고되는 것은 아니지만, 오류와 실수를 막거나 체크할 수 있고 재무제표 작성을 용이하게 하는 이점이 있어 대부분 작성한다고 할 수 있다.

거래의 식별과 분개는 거래가 발생할 때마다 실시하고 전기는 거래가 발생할 때마다 혹은 일정기간 취합하여 정기적으로 실행한다. 나머지 회계처리는 결산절차로써 재무제표 작성시점에 실행한다.

〈회계순환과정〉

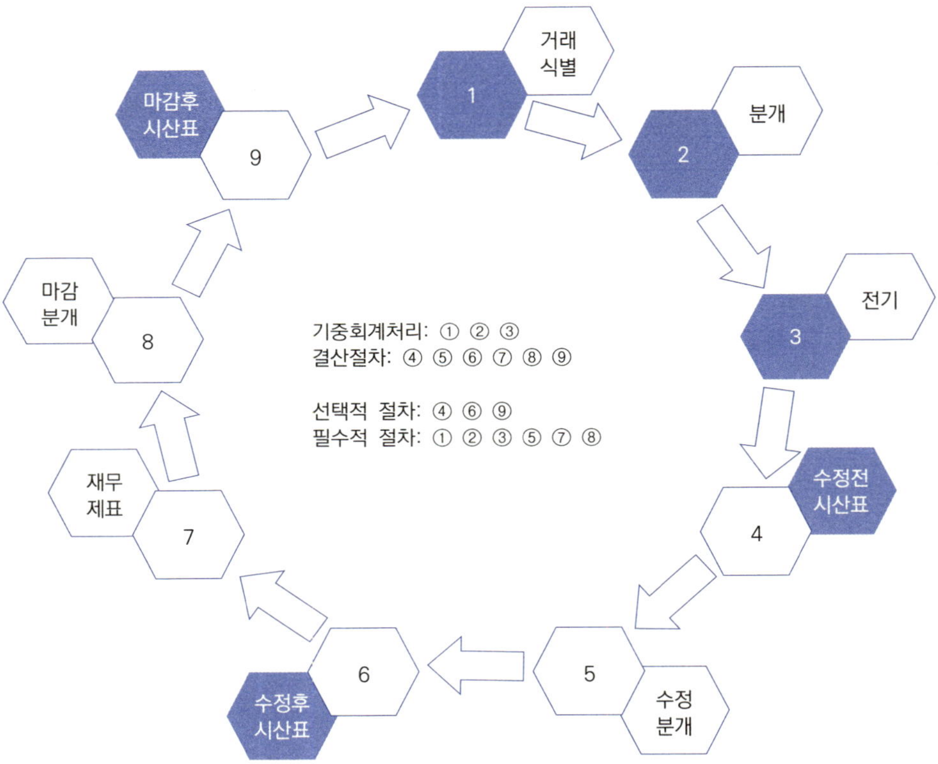

2) 기중 거래의 분개와 전기

서비스제공회사는 기중에 발생하는 다양한 거래의 식별을 통해 분개장에 분개하고 총계정원장으로 전기하는데, 네트워크 구축 및 유지보수 서비스를 제공하는 회사 (주)IFnet의 예를 들어 기중 거래를 이해하고자 한다. 이때 분개는 학습상으로 간단하게 처리하는 방법을 제시하고 전기 시에는 총계정원장 대신 T계정을 사용하며, 회계기간을 9월 1개월로 간주하여 설명한다. 다음은 9월 1개월의 거래 내용이다.

9월 1일 액면가 500원인 보통주 4,000주를 액면발행하고 현금 2,000,000원을 수취하여 (주)IFnet을 창업하였다.

소유주 출자	차변		대변	
거래의 분석	현금(자산) 2,000,000원 증가		자본금(자본) 2,000,000원 증가	
분개	현금	2,000,000	자본금	2,000,000

9월 2일 월 400,000원에 업무용 사무실의 임차계약을 하고 현금으로 지급했다.

임차료 지급	차변		대변	
거래의 분석	임차료(비용) 400,000원 발생		현금(자산) 400,000원 감소	
분개	임차료	400,000	현금	400,000

9월 3일 (주)고려전자로부터 업무용 복사기(비품)를 200,000원에 취득했다. 대금은 3개월 후에 지급하기로 합의하였다(이자율 연 6%).

비품외상구매	차변		대변	
거래의 분석	비품(자산) 200,000원 증가		미지급금(부채) 200,000원 증가	
분개	비품	200,000	미지급금	200,000

9월 4일 1,000,000원에 (주)이원식품의 사내 인트라넷을 구축해주기로 하고 100,000원을 선급받았다.

선수금 발생	차변		대변	
거래의 분석	현금(자산) 100,000원 증가		선수금(부채) 100,000원 증가	
분개	현금	100,000	선수금	100,000

9월 6일 업무용 케이블 250,000원을 외상으로 구입하여 소모품으로 처리하였다.

소모품외상구매	차변		대변	
거래의 분석	소모품(자산) 250,000원 증가		미지급금(부채) 250,000원 증가	
분개	소모품	250,000	미지급금	250,000

9월 10일 종업원 2명을 고용하고 내일부터 근무하기로 하였으며, 각 종업원의 월급은 300,000원이며 매월 30일 지급하기로 하였다.

종업원 채용	차변	대변
거래의 분석	회계상의 거래가 아님	미이행거래
분개	분개가 필요 없음	

9월 13일 업무용 토지를 700,000원에 취득하고 현금으로 300,000원을 지급하였으며 나머지 400,000원은 2개월 후에 지급하기로 하였다.

토지 취득	차변		대변	
거래의 분석	토지(자산) 700,000원 증가		현금(자산) 300,000원 감소 미지급금(부채) 400,000원 증가	
분개	토지	700,000	현금 미지급금	300,000 400,000

9월 15일 화재보험에 가입하고 1개월분 보험료 30,000원을 현금으로 지급했다.

보험료 지급	차변		대변	
거래의 분석	보험료(비용) 30,000원 발생		현금(자산) 30,000원 감소	
분개	보험료	30,000	현금	30,000

9월 17일 (주)kmc.com에 사내 네트워크 보수를 해주고 300,000원을 청구하였다.

용역외상판매	차변		대변	
거래의 분석	매출채권(자산) 300,000원 증가		용역매출(수익) 300,000원 발생	
분개	매출채권	300,000	용역매출	300,000

9월20일 (주)지역뉴스로부터 이미 신문에 게재된 광고비용으로 70,000원의 청구가 있었으나 4일 후에 지급하기로 하였다.

광고비발생	차변		대변	
거래의 분석	광고선전비(비용) 70,000원 발생		미지급금(부채) 70,000원 증가	
분개	광고선전비	70,000	미지급금	70,000

9월 24일 (주)지역뉴스에 미지급한 광고비용 70,000원을 현금으로 지급하였다.

광고비지급	차변		대변	
거래의 분석	미지급금(부채) 70,000원 감소		현금(자산) 70,000원 감소	
분개	미지급금	70,000	현금	70,000

9월 27일 (주)BB자동차의 네트워크 유지보수 용역에 대한 대가로 현금 700,000원을 받았다.

용역 판매	차변		대변	
거래의 분석	현금(자산) 700,000원 증가		용역매출(수익) 700,000원 발생	
분개	현금	700,000	용역매출	700,000

9월 30일 2명의 종업원에 대한 9월 급여(비용, 15일간) 300,000원을 현금으로 지급하였다.

급여 지급	차변		대변	
거래의 분석	급여(비용) 300,000원 발생		현금(자산) 300,000원 감소	
분개	급여	300,000	현금	300,000

9월 30일 9월 4일 선수금을 받았던 (주)이원식품의 사내 인트라넷 구축공사가 현재 50% 진행되어 400,000원을 받았다.

선수수익실현	차변		대변	
거래의 분석	현금(자산) 400,000원 증가 선수금(부채)100,000원 감소		용역매출(수익) 500,000원 발생	
분개	현금 선수금	400,000 100,000	용역매출	500,000

이러한 절차를 통해 거래가 각각 분개장이나 원장에 기록이 된다. 이때 거래의 기록이 누락되거나 기입 오류가 발생할 경우 추후에 추적과정이 필요하다. 추후에 추적을 위해 분개장과 원장의 상호 연결고리 역할을 해주는 분개장의 원면과 원장의 분면을 참고한다.

그리고 각 원장의 약식인 T계정을 이용한 정보는 다음의 〈거래원장〉(단위: 천원)과 같다.

〈거 래 원 장〉

현 금 1

차변		대변	
9/1 자본금	2,000	9/2 임차료	400
4 선수금	100	13 토지	300
27 용역매출	700	15 보험료	30
30 용역매출	400	24 미지급금	70
		30 급여	300

차변합계: 3,200　대변합계: 1,100
차변잔액: 2,100

선수금 6

차변		대변	
9/30 용역매출	100	9/4 현금	100

미지급금 7

차변		대변	
9/24 현금	70	9/3 비품	200
		6 소모품	250
		13 토지	400
		20 광고선전비	70

차변합계: 70　대변합계: 920
대변잔액: 850

매출채권 2

차변	대변
9/17 용역매출 300	

자본금 8

차변	대변
	9/1 현금 2,000

소모품 3

차변	대변
9/6 미지급금 250	

비 품 4

차변	대변
9/3 미지급금 200	

토 지 5

차변	대변
9/13 현금 300	
미지급금 400	

임차료 9

차변	대변
9/2 현금 400	

용역매출 13

차변	대변
	9/17 매출채권 300
	27 현금 700
	30 현금 400
	선수금 100
	대변합계: 1,500

보험료 10

차변	대변
9/15 현금 30	

광고선전비 11

차변	대변
9/20 미지급금 70	

급 여 12

차변	대변
9/30 현금 300	

특히 거래의 분석 시에 주의해서 분개해야 하는 혼돈되는 계정을 〈주의할 자산·부채계정〉에 정리하였다.

〈주의할 자산 · 부채계정〉

자산	거래의 형태	거래의 종류	거래의 형태	부채
매출채권 (외상매출금 /받을어음)	외상판매	주영업거래 발생 (상품, 제품, 용역서비스 거래)	외상매입	매입채무 (외상매입금 /지급어음)
선급금	선불 주고 미수취		선불 받고 미제공	선수금
미수금	외상처분	부수적 영업거래 발생 (상품, 제품, 용역서비스 이외의 거래)	외상구매	미지급금
선급비용	선불 주고 미수취		선불 받고 미제공	선수수익
미수수익	재무상태표 작성일 파악되는 수익	이미 실현된 수익 또는 이미 발생한 비용으로 기업이 아직 파악하지 못한 거래	재무상태표 작성일 파악되는 비용	미지급비용

상품, 제품, 용역서비스 등을 사고 파는 주영업거래에서 발생한 거래로 기업이 대가를 받지 않고 판매한 경우, 매출채권(자산)이라는 계정과목을 사용한다. 반대로 기업이 대가를 지급하지 않고 매입한 경우는 매입채무(부채)라는 계정을 사용한다.

그리고 상품, 제품, 용역서비스 등을 사고 파는 주영업거래에서 발생한 거래로 기업이 미리 지급한 계약금은 선급금(자산)이라는 계정을 사용한다. 반대로 기업이 미리 받은 계약금은 선수금(부채)이라는 계정을 사용한다.

상품, 제품, 용역서비스 등 이외의 것을 사고 파는 부수적 영업거래에서 발생한 거래로 기업이 추후 대가를 받기로 하고 양도한 경우, 미수금(자산)이라는 계정과목을 사용한다. 반대로 기업이 추후 대가를 지급하기로 하고 구매한 경우는 미지급금(부채)이라는 계정을 사용한다.

그리고 상품, 제품, 용역서비스 등 이외의 것을 사고 파는 부수적 영업거래에서 발생한 거래로 기업이 미리 지급한 비용은 선급비용(자산)이라는 계정을 사용한다. 반대로 기업이 미리 받은 수익은 선수수익(부채)이라는 계정을 사용한다.

또한 이미 수익이 실현되었으나 대가를 아직 받지 못하고 기업이 기중에 파악할 수 없다가 기말(재무제표 작성일)에 파악한 경우에 미수수익(자산)이라는 계정을 사용하여 분개한다. 반대로 이미 비용이 발생하였으나 대가를 아직 지급하지 못하고 기업이 기중에 파악할 수 없다가 기말(재무제표 작성일)에 파악한 경우에 미지급비용(부채)이라는 계정을 사용하여 분개한다. 대표적으로 기말에 일별/월별로 계산해야하는 이자수익이나 이자비용이 있다.

선급비용, 선수수익, 미수수익, 미지급비용의 구체적 예는 후술하는 서비스제공회사의 결산절차에서 설명하기로 한다.

2. 결산절차

〈(주)IFnet의 수정전시산표〉

수정전시산표

(주)IFnet　　20X4년 9월30일 현재　　(단위: 원)

수정전시산표 구성	차변		계정과목	대변	
	잔액	합계		합계	잔액
자산	2,100,000	3,200,000	현금	1,100,000	
	300,000	300,000	매출채권		
	250,000	250,000	소모품		
	200,000	200,000	비품		
	700,000	700,000	토지		
부채		100,000	선수금	100,000	0
		70,000	미지급금	920,000	850,000
자본			자본금	2,000,000	2,000,000
수익			용역매출	1,500,000	1,500,000
비용	400,000	400,000	임차료		
	30,000	30,000	보험료		
	70,000	70,000	광고선전비		
	300,000	300,000	급여		
합계	4,350,000	5,620,000	합계	5,620,000	4,350,000

결산은 회계연도 말에 분개장과 원장을 마감하며, 이때 각 계정의 잔액을 이용하여 재무제표를 작성하는데 이러한 일련의 절차를 말한다. 여기서 마감이란 당해 연도의 장부사용을 더 이상하지 않는다는 뜻으로 차기의 분개내용과 섞이면 혼돈되므로 기술적으로 구분하기 위한 장부기입요령이라고 할 수 있다. 수정전시산표 작성, 수정분개와 전기, 수정후시산표 작성, 재무제표 작성, 마감분개와 전기, 마감후시산표 작성까지의 절차를 결산절차라고 한다.

1) 수정전시산표

수정전시산표는 기중의 거래기록에 있어서 오류가 없는지 정확한 조사를 위하여 검증의 필요성으로 작성하는 것이다. 이 표는 〈(주)IFnet의 수정전시산표〉와 같이 각 계정의 잔액을 차변에 자산, 대변에 부채, 자본 순으로 나열하여 재무상태표 관련계정을 표시하고 다음에 대변에 수익, 차변에 비용순으로 나열하여 표시한 것이다. 즉, 재무상태표 요소를 나열한 후 손익계산서 요소를 나열한 것이다. 이 표를 작성할 때 재무상태표와 같이 유동성이 높은 항목부터 배열하고 포괄손익계산서(손익계산서)와 같이 주영업활동에서 발생하는 항목부터 배열한다.

이 시산표에는 대차균형의 원리가 작용하여 최종 하단의 합계 난의 금액이 대차가 일치한다. 다시 말해서 〈(주)IFnet의 수정전시산표〉의 구성에서도 알 수 있듯이 '자산+비용=부채+자본+수익'이라는 등식이 성립함을 알 수 있다. 이 등식을 시산표등식이라고 하는데, 수정분개가 제외되어 있어 당기순손익에 관한 정보는 아직 생성된 상태가 아님을 간과해서는 안 된다. 따라서 최종 하단의 합계 난의 금액 자체는 의미가 없고, 대차가 일치한다는 점에서 오류가 없었다는 것을 보여줄 뿐이다. 이 금액들이 일치하지 않는다면 오류가 있다는 것을 알려주는 것이며, 오류의 위치에 관한 정보는 제공해 주지 않는다.

2) 수정분개

회계는 기간별 보고 가정에 의해서 일정기간의 재무제표를 보고하지만, 기업의 경영활동은 지속적으로 발생하여 둘 이상의 회계기간에 영향을 미치는 거래도 빈번하게 발생한다. 그러므로 회계연도 말이 되면 정확한 재무상태와 경영성과를 집계하기 위하여 기중 회계기록을 수정해야 하는 상황에 직면하게 된다. 이렇게 기말에 실거래 없이 실행하는 분개를 수정분개라고 한다. 이 수정분개는 정확한 이익계산을 위한 것으로 수익과 비용을 인식하는 기준을 이해해야만 수정분개가 가능하다.

기본적으로 수익과 비용은 발생주의(발생기준)에 의해서 인식한다. 수익에 관해서 예를 들면, 회계기간을 1개월로 볼 때, 9월에 용역을 제공했으나 10월에 대금을 받았다면, 수익은 용역매출로 9월에 인식하고 대금은 매출채권으로 인식한다. 만약에 9월에 현금유입이 없다고 수익을 인식하지 않고 10월에 용역매출을 인식했다면, 9월에 수익을 인식하는 수정분개가 필요하다. 또 자금을 9월에 타 기업에 대여하여 10월에 원금과 이자를 돌려받는다면, 9월에도 이자가 발생한 것이므로 9월말(기말) 이자분을 계산해서 차변에 미수수익(미수이자) 대변에 이자수익이라고 수정분개를 해야 한다. 비용에 관한 예로 9월초에 보험계약을 하여 보험료를 2개월치 지급하였다면, 9월말(기말)에 9월분의 보험료(비용)만 인식하고 10월분 보험료는 선급되었다는 수정분개를 해야 한다.

(1) 수익과 비용의 인식기준

수익은 인식시점에 따라 실현요건과 가득요건이 충족된 시점에 인식한다. 실현요건은 재화나 용역을 제공하고 현금 또는 수취채권을 취득하였을 때 수익이 실현되었다고 보고 수익을 인식하는 것이다. 또 재화나 용역을 제공하기 전이라도 안정된 가격으로 용이하게 판매가능한 시점이면 수익이 실현 가능하다고 보고 수익을 인식한다. 가득요건은 수익창출활동 결과, 발생하게 될 경제적 효익(자산)에 대한 권리를 주장하기에 충분할 정도의 경제적 의무를 판매자가 수행한 시점에 수익이 가득되었다고 보고 수익을 인식하는 것이다.

반면, 비용은 관련된 수익이 인식되는 기간과 동일한 기간에 인식한다. 즉 비용은 수익의 관련성에 따라 인식한다는 수익비용대응의 원칙 하에 인식한다. 제품이나 상품에 관한 매출수익에 대응하여 매출원가(비용)를 인식하는 것을 직접대응이라고 하며, 매출수익과 직접적인 인과성을 찾기 어려운 비용은 비용이 지급된 회계연도의 비용으로 인식한다. 이것을 간접대응이라고 하며, 감가상각비, 수선비, 조세공과, 통신비 등이 여기에 속한다. 물론 발생주의 원칙에 따라 당해연도에 속하는 비용만 인식한다.

(2) 수정분개의 유형

수정분개의 유형을 크게 둘로 나누면 발생항목과 이연항목으로 구분된다. 발생항목은 미수수익(자산)과 미지급비용(부채)으로 나뉜다. 이연항목은 선급비용(자산)과 선수수익(부채)으로 나뉜다.

〈발생항목과 이연항목의 정리〉

<table>
<tr><th rowspan="2">발생항목</th><th colspan="2">자산</th><th colspan="2">부채</th></tr>
<tr><th colspan="2">미수수익</th><th colspan="2">미지급비용</th></tr>
<tr><td>수정사유</td><td colspan="2">수익 실현/가득, 현금 미수취</td><td colspan="2">비용 발생, 현금 미지급</td></tr>
<tr><td>수정 전 재무상태와 경영성과</td><td colspan="2">자산의 과소표시/수익의 과소표시</td><td colspan="2">비용의 과소표시/부채의 과소표시</td></tr>
<tr><td rowspan="2">수정분개</td><td>차변</td><td>대변</td><td>차변</td><td>대변</td></tr>
<tr><td>미수수익 ×××</td><td>○○수익 ×××</td><td>△△비용 ×××</td><td>미지급비용×××</td></tr>
</table>

<table>
<tr><th rowspan="2">이연항목</th><th colspan="2">자산</th><th colspan="2">부채</th></tr>
<tr><th colspan="2">선급비용</th><th colspan="2">선수수익</th></tr>
<tr><td>수정사유</td><td colspan="2">자산계정인 선급비용이 영업활동에 사용됨(당기 비용화)</td><td colspan="2">부채계정인 선수수익이 실현/가득됨(당기 수익화)</td></tr>
<tr><td>수정 전 재무상태와 경영성과</td><td colspan="2">자산의 과대표시/비용의 과소표시</td><td colspan="2">부채의 과대표시/수익의 과소표시</td></tr>
<tr><td rowspan="2">수정분개</td><td>차변</td><td>대변</td><td>차변</td><td>대변</td></tr>
<tr><td>△△비용 ×××</td><td>선급비용 ×××</td><td>선수수익 ×××</td><td>○○수익 ×××</td></tr>
</table>

우선 발생항목부터 설명한다. 재화나 용역의 제공으로 수익이 발생하였으나 아직 현금을 수취하지 못하고 향후 수취할 것으로 예상되는 항목, 즉 미수수익이 있

다. 반대로 비용이 발생하였으나 아직 현금으로 지급하지 못하고 향후 지급할 것으로 예상되는 항목, 즉 미지급비용이 있다. 여기에서 '아직'이란 기말시점(재무제표 작성일 현재)을 기준으로 한다. 미수수익의 구체적인 항목에는 미수이자, 미수임대료, 미수배당금 등이 있으며, 미지급비용의 구체적인 항목에는 미지급이자, 미지급임차료, 미지급급여 등이 있다.

이번에는 이연항목을 설명한다. 비용이 발생하지 않았으나 미리 현금을 지급한 것으로 기업활동에 사용·소비됨으로써 소멸되기 전까지 자산으로 기록된 항목, 즉 선급비용이 있다. 반대로 수익이 발생하기 전에 미리 현금을 수취한 것으로 부채로 기록된 항목, 즉 선수수익이 있다. 여기서 '미리'란 기말시점(재무제표 작성일 현재)을 기준으로 한다. 선급비용의 구체적인 항목에는 선급임차료, 선급광고비, 기계장치, 비품 등이 있으며, 선수수익의 구체적인 항목에는 임대료, 선수수수료 등이 있다.

(3) 수정분개와 전기의 예

여기에서는 (주)IFnet의 9월 회계거래를 이용하여 9월 30일 수정분개 중 우선 발생항목의 예를 들어본다.

(주)IFnet는 9월 30일 이전에 출장 나간 직원이 (주)CIW.com에 컨설팅을 해주고 자문료 80,000원을 아직 청구하지 않았음을 회계담당자에게 보고하였다. 청구는 10월 중에 하기로 했다. 회계담당자는 아직 청구하지 않은 상태이고 주영업이 아닌 컨설팅업무로부터 발생한 수익으로 생각하여 분개장에 미수수익계정(매출채권계정)을 이용하여 수정분개를 했다.

미수수익인식	차변		대변	
거래의 분석	미수수익(자산) 80,000원 증가		용역매출(수익) 80,000원 발생	
분개	미수수익	80,000	용역매출(컨설팅수익)	80,000

위의 수정분개는 미수수익과 용역매출 원장(T계정)(단위: 천원)에 아래와 같이 전기한다.

미수수익			14
9/30 용역매출	80		

용역매출			13
		9/17 매출채권	300
		27 현금	700
		30 현금	400
		선수금	100
		30 미수수익	80

(주)IFnet의 9월 3일 거래로 미지급비용도 확인해 본다. 9월 3일 (주)고려전자로부터 업무용 복사기(비품)를 200,000원에 취득했다. 대금은 3개월 후에 지급하기로 합의하였다(이자율 연 6%). 기중 취득에 관한 분개는 완료되었으나, 9월 30일이 되어 9월 한 달간의 이자비용(200,000×0.06×1/12=₩1,000)을 계산하여 인식하였다.

미지급비용인식	차변		대변	
거래의 분석	이자비용(비용) 1,000원 발생		미지급비용(부채) 1,000원 증가	
분개	이자비용	1,000	미지급비용	1,000

위의 수정분개는 이자비용과 미지급비용 원장(T계정)(단위: 천원)에 아래와 같이 전기한다.

이자비용			18
9/30 미지급비용	1		

미지급비용			16
		9/30 이자비용	1

이번에는 (주)IFnet의 9월 회계거래를 이용하여 9월 30일 수정분개 중 우선 이연항목의 예를 들어본다.

9월 6일 업무용 케이블 250,000원을 외상으로 구입하여 소모품으로 처리하였다는 거래가 있었다. 9월 30일 현재 이 중에 50,000원 상당의 업무용 케이블이 남아있었다.

선급비용인식	차변		대변	
거래의 분석	소모품비(비용) 200,000원 발생		소모품(자산) 200,000원 감소	
분개	소모품비	200,000	소모품	200,000

위의 수정분개는 소모품비와 소모품 원장(T계정)(단위: 천원)에 아래와 같이 전기한다.

소모품비			19
9/30 소모품	200		

소모품			3
9/6 미지급금	250	9/30 소모품비	200

9월 15일 화재보험에 가입하고 1개월분 보험료 30,000원을 현금으로 지급했다는 기중분개는 완료되어 있다. 그러나 9월에 화재보험의 지원서비스를 받은 기간은 보름뿐이라 다음의 수정분개가 필수적이다.

선급비용인식	차변		대변	
거래의 분석	선급비용(자산) 15,000원 증가		보험료(비용) 15,000원 수정	
분개	선급보험료	15,000	보험료	15,000

위의 수정분개는 선급보험료와 보험료 원장(T계정)(단위: 천원)에 아래와 같이 전기한다.

선급보험료			15
9/30 보험료	15		

보험료			10
9/15 현금	30	9/30 선급보험료	15

이번에는 상술한 선급비용과 형식이 다르지만, 같은 이연항목으로 감가상각비와 감가상각누계액을 설명한다. 유형자산의 감가상각에 대한 구체적 설명은 각론에서 후술하기로 하고 9월 3일 비품취득의 예를 들어본다. 9월 3일 (주)고려전자로부터 업무용 복사기(비품)를 200,000원에 취득했다. 대금은 3개월 후에 지급하기

로 합의하였다(이자율 연 6%)는 거래는 기중분개와 이자비용에 대한 수정분개도 완료되었다. 그런데 이 복사기는 10개월 동안 매월 20,000원의 가치가 감가상각한다면 9월 30일 다음과 같은 수정분개를 한다.

감가상각비인식	차변		대변	
거래의 분석	감가상각비(비용) 20,000원 발생		감가상각누계액(자산평가계정) 20,000원(증가)	
분개	감가상각비	20,000	감가상각누계액	20,000

위의 수정분개는 감가상각비와 감가상각누계액 원장(T계정)(단위: 천원)에 아래와 같이 전기한다.

감가상각비	20
9/30 감가상각누계액20	

감가상각누계액	17
	9/30 감가상각비 20

참고로 감가상각누계액은 해당 유형자산에서 직접 차감하여 표시하지 않고, 다음 표 〈감가상각누계액 표시 예〉와 같이 재무상태표에서 간접 차감(간접상각)하는 형식을 취한다. 결국 180,000원이 남는데 이를 비품의 장부금액이라고 한다.

〈감가상각누계액 표시 예〉

재무상태표

:		:	:
비품	200,000		:
차감 : 감가상각누계액	20,000	180,000	:
:		:	:

상술한 수정분개를 원장에 전기한 결과는 이미 보여주고 설명하였으나, 수정 후 모든 원장(약식인 T계정)을 모아 둔 것은 다음 〈수정후 거래원장〉과 같다.

〈수정후 거래원장〉

현 금 1

차변		대변	
9/1 자본금	2,000	9/2 임차료	400
4 선수금	100	13 토지	300
27 용역매출	700	15 보험료	30
30 용역매출	400	24 미지급금	70
		30 급여	300

차변합계: 3,200 대변합계: 1,100
차변잔액: 2,100

매출채권 2

차변		대변	
9/17 용역매출	300		

소모품 3

차변		대변	
9/6 미지급금	250	9/30 소모품	200

차변합계: 250 대변합계: 200
차변잔액: 50

비 품 4

차변		대변	
9/3 미지급금	200		

비품 감가상각누계액 17

차변		대변	
		9/30 감가상각비	20

비품의 장부금액: 180

토 지 5

차변		대변	
9/17 현금	300		
미지급금	400		

미수수익 14

차변		대변	
9/30 용역매출	80		

선급보험료 15

차변		대변	
9/30 보험료	15		

선수금 6

차변		대변	
9/30 용역매출	100	9/4 현금	100

미지급금 7

차변		대변	
9/24 현금	70	9/3 비품	200
		6 소모품	250
		13 토지	400
		20 광고선전비	70

차변합계: 70 대변합계: 920
대변잔액: 850

미지급비용 16

차변		대변	
		9/30 이자비용	1

자본금 8

차변		대변	
		9/ 1 현금	2,000

임차료 9

차변		대변
9/2 현금	400	

보험료 10

차변		대변	
9/15 현금	30	9/30 선급보험료	15
차변합계: 30		대변합계: 15	
차변잔액: 15			

광고선전비 11

차변		대변
9/20 미지급금	70	

급 여 12

차변		대변
9/30 현금	300	

이자비용 18

차변		대변
9/30 미지급비용	1	

소모품비 19

차변		대변
9/30 소모품	200	

감가상각비 20

차변		대변
9/30 감가상각누계액	20	

용역매출 13

차변	대변	
	9/17 매출채권	300
	27 현금	700
	30 현금	400
	선수금	100
	30 미수수익	80
	대변잔액: 1,580	

상술한 이연항목은 기중에 어떻게 분개하였는가에 따라서 자산처리법과 비용처리법이 있으며, 기말수정분개가 완료되면 그 결과는 재무제표에 동일하게 반영된다. 상술한 이연항목 중 기중(9월 6일)에 업무용 케이블을 구입하여 소모품(자산)으로 분개한 것은 **자산처리법**으로 기입한 것이며, 기중(9월 15일)에 화재보험료를 지급하여 보험료(비용)로 분개한 것은 **비용처리법**으로 기입한 것이다. 그럼, 각각 기중분개와 기말수정분개, 각 계정의 차이 등을 확인해보자.

〈소모품의 자산처리 분개와 비용처리 분개〉

소모품외상구매	차변		대변	
자산처리	소모품(자산) 250,000원 증가		미지급금(부채) 250,000원 증가	
기중분개	소모품	250,000	미지급금	250,000
기말수정분개	소모품비	200,000	소모품	200,000
비용처리	소모품비(비용) 250,000원 발생		미지급금(부채) 250,000원 증가	
기중분개	소모품비	250,000	미지급금	250,000
기말수정분개	소모품	50,000	소모품비	50,000

〈소모품의 자산처리 분개와 비용처리 분개〉를 비교해 보면 미지급금계정은 차이가 없다. 그리고 각 방법에 따른 소모품과 소모품비의 기중분개와 기말수정분개가 전기된 〈소모품의 T계정〉을 들여다보면, 각 계정에 기입된 내용은 차이가 있지만 잔액을 보면 어느 방법이든 같은 금액(잔액)을 나타내고 있다.

〈소모품의 T계정〉

기존의 자산처리법

소모품 3

9/6 미지급금 250	9/30 소모품 200

차변합계: 250 대변합계: 200

차변잔액: 50

소모품비 19

9/30 소모품 200	

비용처리법

소모품 3

9/30 소모품비 50	

소모품비 19

9/6 미지급금 250	9/30 소모품 50

차변합계: 250 대변합계: 50

차변잔액: 200

이번에는 기중(9월 15일)에 화재보험료를 지급한 경우를 확인해보자.

〈보험료의 자산처리 분개와 비용처리 분개〉

보험료 선급	차변		대변	
자산처리	선급보험료(자산) 30,000원 증가		현금(자산) 30,000원 감소	
기중분개	선급보험료	30,000	현금	30,000
기말수정분개	보험료	15,000	선급보험료	15,000
비용처리	보험료(비용) 30,000원 발생		현금(자산) 30,000원 감소	
기중분개	보험료	30,000	현금	30,000
기말수정분개	선급보험료	15,000	보험료	15,000

〈보험료의 자산처리 분개와 비용처리 분개〉를 비교해 보면 현금계정은 차이가 없다. 그리고 각 방법에 따른 보험료와 선급보험료의 기중분개와 기말수정분개가 전기된 〈보험료의 T계정〉을 들여다보면, 각 계정에 기입된 내용은 차이가 있지만 잔액을 보면 어느 방법이든 같은 금액(잔액)을 나타내고 있다.

이러한 이연항목을 자산처리방법으로 할지, 비용처리방법으로 할지는 기업의 회계정책이나 회계담당자에 의해 결정된다.

〈보험료의 T계정〉

자산처리법

보험료 10

차변		대변	
9/30 선급보험료	15		

선급보험료 15

차변		대변	
9/15 현금	30	9/30 보험료	15

차변합계: 30　대변합계: 15
차변잔액: 15

기존의 비용처리법

보험료 10

차변		대변	
9/15 현금	30	9/30 선급보험료	15

차변합계: 30　대변합계: 15
차변잔액: 15

선급보험료 15

차변		대변	
9/30 보험료	15		

3) 수정후시산표

수정후시산표는 모든 수정분개와 그에 따른 원장 전기가 끝난 후 총계정원장의 차변잔액 합계와 대변잔액 합계가 일치하는지 검증하는 과정이다. 다시 말해서 결산 시점의 수정분개와 전기에 오류가 없었는지 확인하는 검증작업인 것이다.

〈수정후시산표〉의 구성에서도 알 수 있듯이 '자산+비용=부채+자본+수익'이라는 등식이 성립함을 알 수 있다. 따라서 중요한 것은 당기순손익이 상계되어 있지만, 재무제표 작성의 기초자료로 이용된다는 점이다. 즉, 각 계정의 잔액들이 바로 재무제표를 구성하는 항목이며 그 금액인 것이다. 따라서 이 상태에서 손익계산을 한다면 정확한 당기순손익을 계산할 수 있다.

이 수정후시산표의 작성도 수정전시산표와 같이 자산, 부채, 자본, 수익, 비용의 순으로 나열하며, 유동성을 고려하여 주영업활동에서 발생한 항목부터 배열한다.

수정전시산표와 비교해 보면 계정과목도 늘어나고 금액도 변동되었음을 알 수 있다. 〈수정후시산표〉에 그 변동을 볼드체로 표시해 놓았다. 그 변동원인은 수정분개에서 설명하였듯이 둘 이상의 회계기간에 영향을 미치는 거래가 있기 때문이다.

〈수정후시산표〉

수정후시산표

(주)IFnet　　　　20X4년 9월 30일 현재　　　　(단위: 원)

차변		계정과목	대변	
잔액	합계		합계	잔액
2,100,000	3,200,000	현금	1,100,000	
300,000	300,000	매출채권		
50,000	250,000	소모품	**200,000**	
200,000	200,000	비품		
		감가상각누계액	**20,000**	**20,000**
700,000	700,000	토지		
80,000	**80,000**	미수수익		
15,000	**15,000**	선급보험료		
	100,000	선수금	100,000	0
	70,000	미지급금	920,000	850,000
		미지급비용	**1,000**	**1,000**
		자본금	2,000,000	2,000,000
		용역매출	1,580,000	1,580,000
400,000	400,000	임차료		
15,000	30,000	보험료	**15,000**	
70,000	70,000	광고선전비		
300,000	300,000	급여		
1,000	**1,000**	이자비용		
200,000	**200,000**	소모품비		
20,000	**20,000**	감가상각비		
4,451,000	5,936,000	합계	5,936,000	4,451,000

그리고 수정전시산표와 동일하게 세로의 최종 합계액 금액 자체는 큰 의미가 없다. 그러나 차변과 대변의 합계금액이 일치한다는 점에서 이상이 없음을 확인하게 된다.

4) 재무제표 작성

물론 재무제표의 작성도 결산절차에 들어가며, 앞에서 설명한 수정후시산표에서 재무제표를 직접 작성할 수 있다.

우선, 계정식 포괄손익계산서(손익계산서)라면 수정후시산표에서 수익계정과 비용계정들의 잔액을 각각 대변과 차변에 나열한다. 보고식 포괄손익계산서(손익계산서)라면 수익계정부터 나열하고 그 아래에 비용계정을 나열한다. 그리고 수익의 합계와 비용의 합계를 계산한다. 이때 각 합계금액은 거의 일치하지 않는다. 만약 일치하였다면 당기는 손익이 없었다는 것을 의미한다. 그러나 당기순이익이 발생하였다면 수익계정의 합계금액이 비용계정의 합계금액보다 크다. 반대로 당기순손실이 발생하였다면 수익계정의 합계금액이 비용계정의 합계금액보다 작다. 이렇게 합계금액이 차이가 나서 대차균형의 원리에 의해서 당기순이익이 발생하면 그 금액을 계정식양식의 차변 또는 보고식양식에서 비용계정 밑에 대차 차액, 즉 당기순이익을 표시한다. 반대로 당기순손실이 발생하면 그 금액을 계정식 양식의 대변(수익계정 밑) 또는 보고식양식에서 비용계정 밑에 대차 차액, 즉 당기순손실을 적색으로 표시하거나 금액 앞에 △을 표시하거나 금액 전후로 괄호표시하여 기입한다.

당기순손익계산을 한 다음 재무상태표를 작성한다. 실무적으로 당기순손익을 〈포괄손익계산서와 재무상태표의 상호관련성〉과 같이 이익잉여금계정을 통해 재무상태표의 이익잉여금을 계산한다. 따라서 이 예 ㈜IFnet에서는 당기에 창업하였으므로 기초미처분이익잉여금이 0원이고 기중에 이익의 사내유출인 배당금도 없었으며, 사내에 유보시킨 적립금도 없었으므로 포괄손익계산서의 당기순이익의 금액이 재무상태표의 이익잉여금의 금액과 일치하는 것일 뿐이다. 반드시 당기순이익은 이익잉여금계정을 통하여 재무상태표의 이익잉여금으로 조정된다.

재무상태표 작성에서는 수정후시산표에서 자산계정들의 잔액을 계정식 양식이면 차변에 나열하거나, 보고식 양식이면 맨 위에서부터 유동성이 높은 것부터 나열하고 자산총계금액을 기입한다.

〈포괄손익계산서와 재무상태표의 상호관련성〉

포괄손익계산서

(주)Ifnet　　20X4년 9월 1일~20X4년 9월 30일　　(단위: 원)

비 용		수 익	
임차료	400,000	용역매출	1,580,000
보험료	15,000		
광고선전비	70,000		
급여	300,000		
소모품비	200,000		
감가상각비	20,000		
이자비용	1,000		
당기순이익	574,000		
합계	1,580,000	합계	1,580,000

*영업이익

575,000 = 용역매출 - 영업비용(임차료 + 보험료 + 광고선전비 + 급여 + 소모품비 + 감가상각비)

이익잉여금

배당금	0	기초미처분이익잉여금	0
적립금	0	당기순이익	574,000
기말미처분이익잉여금	574,000		

재무상태표

(주)IFnet　　20X4년 9월30일 현재　　(단위: 원)

자 산			부 채	
현금		2,100,000	미지급금	850,000
매출채권		300,000	미지급비용	1,000
소모품		50,000	부채 합계	851,000
비품	200,000		자 본	
감가상각누계액	20,000	180,000	자본금	2,000,000
토지		700,000	이익잉여금	574,000
미수수익		80,000		
선급보험료		15,000	자본 합계	2,574,000
자산 합계		3,425,000	부채와자본 합계	3,425,000

그리고 부채계정들의 잔액을 계정식 양식이면 대변에 나열하거나 보고식 양식이면 자산총계금액 아래에 유동성이 높은 것부터 나열하고 부채총계금액을 기입한다. 마지막으로 수정후시산표에서 자본계정들의 잔액을 부채총계금액 아래에 기입한다. 그리고 이익잉여금계정에서 적립금 등이 있으면 기입하고 기말 미처분이익잉여금을 산출하여 재무상태표의 이익잉여금으로 기입한다. 그리고 자본총계을 기입하고 바로 밑에 부채와 자본 총계를 기록하여 대차가 균형을 이루었음을 보여준다.

5) 장부의 마감

재무제표가 작성이 되었다고 하여 결산절차가 끝난 것은 아니다. 회계담당자는 각 장부를 정리하여 차기 거래와 구분을 해둘 기술적인 처리를 한다.

장부의 마감은 〈각 계정의 마감절차〉의 수순으로 진행된다. 회계기말에 우선 수익계정과 비용계정의 잔액들을 집합손익계정에 전기하여 당기순손익을 구하고 그 금액을 이익잉여금계정에 전기함으로써 수익계정과 비용계정의 잔액을 0원으로 만들어 폐쇄(마감)한다. 또 자산계정과 부채계정, 자본계정들은 장부상에서 차기이월이라고 기록하여 차변·대변 합계금액의 일치를 표시하고 나서 전기이월이라고 기록하여 잔액을 표시한다. 이러한 일련의 과정이 장부의 마감으로 당기의 거래와 차기의 거래가 혼돈되지 않게 하기 위함이다.

계정에는 임시계정과 영구계정으로 대별된다. 임시계정은 특정회계기간(당기)만 관련을 갖는 것으로 당기말에 재무제표를 작성한 후에는 잔액을 0원으로 하여 폐쇄시켜야 하는 계정이다. 수익계정과 비용계정이 여기에 속한다. 그리고 이 계정을 마감하기 위하여 기말에 사용하는 집합손익계정도 임시계정에 속한다.

반면에 영구계정은 당기를 포함한 둘 이상의 회계연도와 관련을 갖는 것으로 잔액이 이월되어 차기 초의 잔액으로 사용되는 계정이다. 자산계정과 부채계정, 자본계정(이익잉여금계정 등 포함)들이 여기에 속한다.

〈각 계정의 마감절차〉

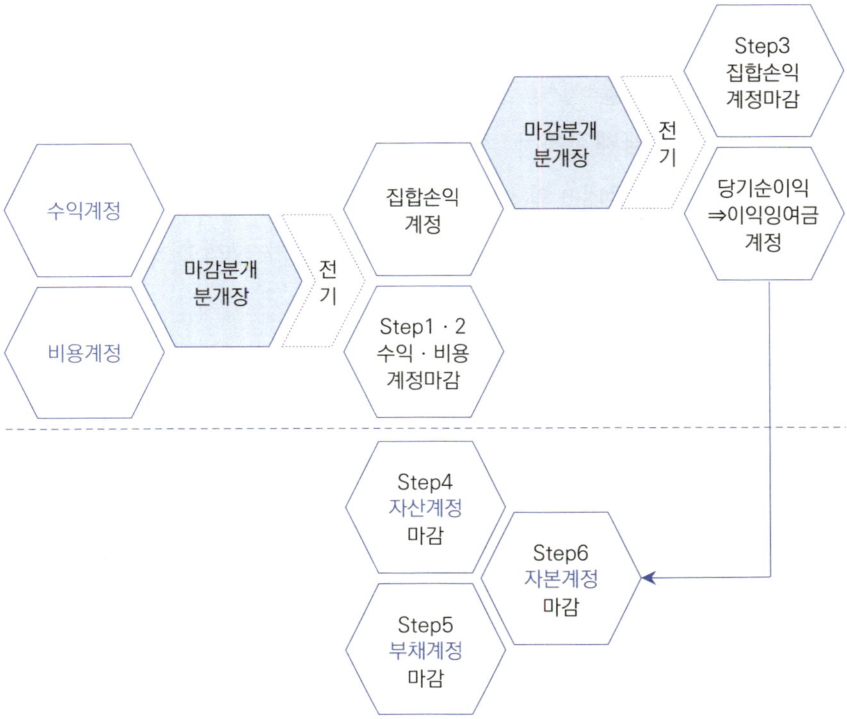

먼저 상대적으로 쉬운 〈영구계정의 마감 예〉를 (주)IFnet의 현금계정(T계정)으로 설명한다. 흰색 부분이 기중에 기록된 것이며, 청색 부분이 기말에 장부마감처리를 한 부분이다. 차변잔액을 대변에 차기이월이라고 기록하며 차변 · 대변 합계금액의 일치를 표시하고, 현재 시점이 9월 30일이지만 차변에 10월 1일 전기이월이라고 기록하며 붉은색 선들을 〈영구계정의 마감 예〉와 같이 긋는다. 부채계정과 자본계정은 반대로 기입하면 된다.

집합손익계정을 통한 임시계정의 마감은 복잡하다. 앞에서 설명하였던 수정분개와 같이 기말에 거래가 없었음에도 임시계정에 대한 마감분개를 해야 한다. 마감분개도 분개장에 기입하고 해당 원장에 전기해야 한다. 실무적으로 분개장에 분개를 할 때 설명 난에 마감분개라고 기록해둔다는 점에 주의한다.

마감분개는 다음의 〈마감분개와 전기〉와 같이 3가지 분개로 대별된다.

〈영구계정 마감 예〉

현 금 1

9/ 1	자본금	2,000,000	9/ 2	임차료	400,000
4	선수수익	100,000	13	토지	300,000
27	용역매출	700,000	15	보험료	30,000
30	용역매출	400,000	24	미지급금	70,000
			30	급여	300,000
			9/30	차기이월	2,100,000
		3,200,000			3,200,000
10/ 1	전기이월	2,100,000			

〈마감분개와 전기〉

Step1	수익계정의 잔액을 당해 계정에 차기하고, 수익합계를 집합손익계정에 대기한다.			
(차변)	○○수익 ×××		(대변)	집합손익 ×××
Step2	비용계정의 잔액을 당해 계정에 대기하고, 비용합계를 집합손익계정에 차기한다.			
(차변)	집합손익 ×××		(대변)	○○비용 ×××
Step3	집합손익계정에서 대차균형의 원리로 당기순이익을 구하고, 이를 집합손익계정에 차기하며 이익잉여금계정에 대기한다.			
(차변)	집합손익 ×××		(대변)	이익잉여금 ×××

마감분개에 의한 전기

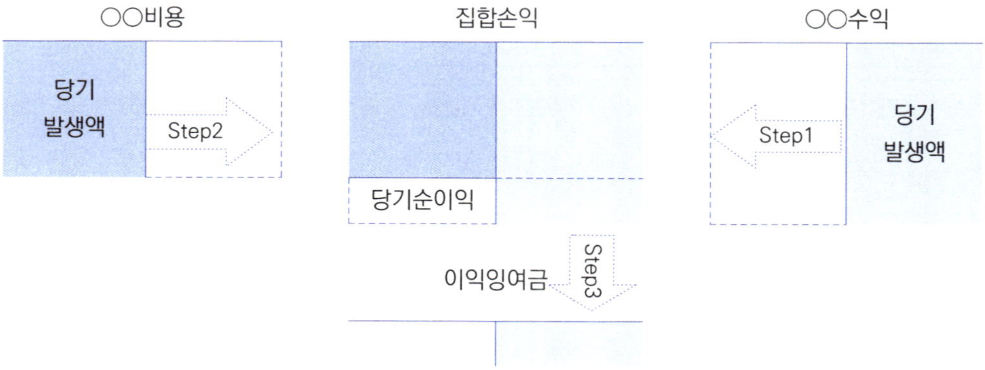

〈마감분개와 전기〉와 같이 3가지 마감분개를 해주고 마감분개에 의한 전기를 실행한다. 우선 수익계정의 잔액들을 당해 계정(각 수익계정들)의 차변에 각각 기입하여 대차균형 표시를 해주고, 수익합계금액을 집합손익계정의 대변에 기입한다. 그리고 비용계정의 잔액들을 당해 계정(각 비용계정들)의 대변에 각각 기입하여 대차균형을 표시해주고, 비용합계금액을 집합손익계정의 차변에 기입한다.

마지막으로 집합손익계정의 수익합계금액에서 비용합계금액을 차감하여 당기순이익을 구하고 차변에 기입하면 대차균형을 이루며 집합손익계정도 마감된다. 동시에 이익잉여금계정의 대변에 기입한다. 당기순손실이 발생할 경우 분개를 반대로 한다. 참고로 이익잉여금계정은 영구계정이므로 마감분개는 없다.

(주)IFnet의 경우, 〈마감분개〉와 〈임시계정마감〉, 〈영구개정마감〉과 같다.

〈마감분개〉

	차 변		대 변	
Step 1	용역매출	1,580,000	집합손익	1,580,000
Step 2	집합손익	1,006,000	임차료	400,000
			보험료	15,000
			광고선전비	70,000
			급여	300,000
			이자비용	1,000
			소모품비	200,000
			감가상각비	20,000
Step 3	집합손익	574,000	이익잉여금	574,000

〈임시계정마감〉

임차료 9

9/2 현금	400	9/30 집합손익	400
	400		400

보험료 10

9/15 현금	30	9/30 선급보험료	15
		30 집합손익	15
	30		30

광고선전비 11

9/20 미지급금	70	9/30 집합손익	70
	70		70

급 여 12

9/30 현금	300	9/30 집합손익	300
	300		300

이자비용 18

9/30 미지급비용	1	9/30 집합손익	1
	1		1

소모품비 19

9/30 소모품	200	9/30 집합손익	200
	200		200

감가상각비 20

9/30 감가상각누계액	20	9/30 집합손익	20
	20		20

집합손익 21

9/30 임차료	400	9/30 용역매출	1,580
30 보험료	15		
30 광고선전비	70		
30 급여	300		
30 이자비용	1		
30 소모품비	200		
30 감가상각비	20		
30 이익잉여금	574		
	1,580		1,580

용역매출 13

9/30 집합손익	1,580	9/17 매출채권	300
		27 현금	700
		30 현금	400
		선수금	100
		30 미수수익	80
	1,580		1,580

〈영구계정마감〉

현금 1

차변	금액	대변	금액
9/1 자본금	2,000	9/2 임차료	400
4 선수수익	100	13 토지	300
27 용역매출	700	15 보험료	30
30 용역매출	400	24 미지급금	70
		30 급여	300
		9/30 차기이월	2,100
	3,200		3,200
10/1 전기이월	2,100		

매출채권 2

차변	금액	대변	금액
9/17 용역매출	300	9/30 차기이월	300
	300		300
10/1 전기이월	300		

소모품 3

차변	금액	대변	금액
9/6 미지급금	250	9/30 소모품비	200
		30 차기이월	50
	250		250
10/1 전기이월	50		

비품 4

차변	금액	대변	금액
9/30 미지급금	200	9/30 차기이월	200
	200		200
10/1 전기이월	200		

토지 5

차변	금액	대변	금액
9/17 현금	300	9/30 차기이월	100
미지급금	400		
	700		700
10/1 전기이월	700		

미지급금 7

차변	금액	대변	금액
9/24 현금	70	9/3 비품	200
9/30 차기이월	850	6 소모품	250
		13 토지	400
		20 광고선전비	70
	920		920
		10/1 전기이월	850

미지급비용 16

차변	금액	대변	금액
9/30 차기이월	1	9/30 이자비용	1
	1		1
		10/1 전기이월	1

감가상각누계액 17

차변	금액	대변	금액
9/30 차기이월	20	9/30 감가상각비	20
	20		20
		10/1 전기이월	20

선수금 6

차변	금액	대변	금액
9/30 용역매출	100	9/30 현금	100
		9/30 차기이월	0
	100		100
10/1 전기이월	0		

자본금 8

차변	금액	대변	금액
9/30 차기이월	2,000	9/1 현금	2,000
	2,000		2,000
		10/1 전기이월	2,000

미수수익 14

차변	금액	대변	금액
9/30 용역매출	80	9/30 차기이월	80
	80		80
10/1 전기이월	80		

이익잉여금 21

차변	금액	대변	금액
9/30 차기이월	574	9/30 집합손익	574
	574		574
		10/1 전기이월	574

선급보험료 15

차변	금액	대변	금액
9/30 보험료	15	9/30 차기이월	15
	15		15
10/1 전기이월	15		

6) 마감후시산표

자산·부채·자본의 각 계정을 마감한 후, 차기이월 금액을 집계하여 〈마감후시산표〉를 작성한다. 이 시산표는 재무상태표 항목만으로 구성된다. 재무상태표 항목은 마감분개는 없으며, 원장만으로 차기이월 금액을 계산하므로 마감분개와 전기과정에서 오류의 유무를 검증하는 목적으로 마감후시산표를 작성한다. 또 다음 회계기간으로 이월되는 영구계정의 잔액을 집계한 것이라 이월시산표라고도 한다.

〈마감후시산표〉

마감후시산표

(주)IFnet 20X4년 9월 30일 현재 (단위: 원)

차변	계정과목	대변
2,100,000	현금	
300,000	매출채권	
50,000	소모품	
200,000	비품	
	감가상각누계액	20,000
700,000	토지	
80,000	미수수익	
15,000	선급보험료	
	선수금	0
	미지급금	850,000
	미지급비용	1,000
	자본금	2,000,000
	이익잉여금	574,000
3,445,000	합계	3,445,000

연습문제

01 다음 선급금계정에서 4월 6일 거래의 설명으로 옳은 것은?

선급금

4/6 현금	150,000	4/8 상품	150,000

① 상품을 주문하고 계약금을 지급하다.
② 상품을 주문받고 계약금을 받다.
③ 상품을 매입하고 계약금을 차감하다.
④ 상품을 매출하고 계약금을 차감하다.

02 (주)순천상사는 20X6년 9월 1일 1년분(20X6. 9. 1.~20X7. 8. 31.) 임대료 ₩240,000을 현금으로 받고 수익계정으로 처리 하였다. 20X6년 기말에 임대료를 월할계산할 경우 결산정리분개로 옳은 것은?

① (차) 임 대 료 ₩80,000 (대) 선수수익 ₩80,000
② (차) 선수수익 ₩80,000 (대) 임 대 료 ₩80,000
③ (차) 임 대 료 ₩160,000 (대) 선수수익 ₩160,000
④ (차) 선수수익 ₩160,000 (대) 임 대 료 ₩160,000

03 대한컴퓨터의 아래 거래를 분개시 (가), (나)와 관련된 대변 계정과목으로 옳은 것은?

컴퓨터 (@₩700,000) 10대 구입 (대금은 월말 지급)	
(가) 판매용 컴퓨터 9대	(나) 직원 업무용 컴퓨터 1대

① (가) 미지급금 (나) 미지급금
② (가) 미지급금 (나) 외상매입금
③ (가) 외상매입금 (나) 미지급금
④ (가) 외상매입금 (나) 외상매입금

04 다음 중 회계상 거래에 속하지 않는 것은?

① 상품 1,000,000원을 매입하기로 계약하고 계약금 200,000원을 현금으로 지급하다.
② 겨울 폭설로 인하여 자재창고의 지붕이 붕괴되어 1,000,000원의 손실이 발생하다.
③ 영업사원 부족으로 급여 1,000,000원을 지급하기로 하고 직원을 채용하다.
④ 결산 시 장부잔액과 실제잔액이 1,000,000원의 차이가 있음을 밝혀내다.

연습문제

05 다음 괄호 안에 순차적으로 들어갈 내용으로 옳은 것은?

이달분 급여 900,000원을 현금으로 지급한 거래는 ( )의 발생과 ( )의 감소이다.

① 수익, 부채 ② 수익, 자본
③ 비용, 부채 ④ 비용, 자산

06 기말결산정리사항 중 수익과 비용의 이연에 대해 옳은 것은?

① 임대료 선수분 계상 및 임차료 선급분 계상
② 임대료 선수분 계상 및 임차료 미지급분 계상
③ 임대료 미수분 계상 및 임차료 선급분 계상
④ 임대료 미수분 계상 및 임차료 미지급분 계상

07 다음의 거래에서 발생하지 않는 계정과목은 무엇인가?

판매용자동차 1대와 영업용자동차 1대를 구입하고, 대금은 두 달 후에 지급하기로 하다.

① 차량운반구 ② 상품
③ 외상매입금 ④ 미수금

08 분개장에 분개된 거래가 총계정원장에 바르게 전기되었는지의 정확성 여부를 대차균형의 원리에 따라 검증하기 위해 작성하는 것은?

① 정산표 ② 시산표
③ 손익계산서 ④ 재무상태표

09 [복습] 다음은 팔도상사의 재무자료이다. 아래의 자료를 이용하여 회계기간 중 발생한 비용총액을 계산하면 얼마인가?

전기말 자산총계: 5,000,000원	전기말 부채총계: 2,000,000원
당기말 자산총계: 6,300,000원	당기말 부채총계: 3,000,000원
당기중 수익총액: 2,800,000원	

① ₩2,400,000　　② ₩2,500,000
③ ₩2,600,000　　④ ₩2,700,000

10 다음 중 옳지 않은 것은?

① 당기순이익이 발생하였다면 수익계정 합계금액이 비용계정 합계금액보다 크다.
② 기초미처분이익잉여금이 0원이고 기중에 배당금지급도 없었으며 사내에 유보시킨 적립금도 없다면 포괄손익계산서의 당기순이익 금액과 재무상태표의 이익잉여금 금액이 일치할 수 있다.
③ 임시계정은 특정회계기간만 관련을 갖는 것으로 당기말에 재무제표를 작성한 후에 잔액을 0원으로 하여 폐쇄시키지 않는다.
④ 영구계정은 당기를 포함한 둘 이상의 회계연도와 관련을 갖는 것으로 잔액이 이월된다.

11 다음은 (주)dapara.com의 기말시점 수익과 비용에 관한 계정들을 이용하여 수익, 비용, 집합손익의 마감분개를 하시오.

용역매출	200,000원	급여	160.000원	광고선전비	40,000원
이자수익	30,000원	보험료	10.000원		

(주)dapara.com 분개장

	차변		대변	
	계정과목	금액	계정과목	금액
Step1				
Step2				
Step3				

연습문제

※ 12~19 다음 거래는 기계수선업무를 하는 (주)수리의 거래내역이다. 각 거래의 분개를 분개장에 하라.(단, 사용계정은 아래의 예를 이용한다.)

사용계정 예: 현금, 배당금, 매출채권, 기계장치, 매입채무, 광고비, 임차료, 용역매출, 미지급비용, 급여, 미지급배당금

12 (주)우리에게 수리업무를 완료하고 수리대금 ₩1,247,000의 청구서를 청구했다.

13 당월분 임차료 ₩700,000을 현금으로 지급했다.

14 기계장치를 구입하고 현금 ₩1,200,000을 지급했다.

15 (주)고장에게 수리업무를 해주고 현금 ₩510,000을 받았다.

16 신문사로부터 광고비 ₩250,000을 30일 이내에 지급해달라는 청구서를 받았다.

17 주주에게 배당금 ₩4,500,000을 지급하기로 주주총회에서 의결하였다.

18 당월분의 급여 ₩3,300,000을 현금으로 지급하였다.

19 (주)아무도에게 청구했던 수리대금 ₩1,247,000를 현금으로 회수했다.

(주)수리 분개장

	차변		대변	
	계정과목	금액	계정과목	금액
12				
13				
14				
15				
16				
17				
18				
19				

연습문제

※ 20~25 (주)cybergame.com은 서버를 임차하여 인터넷게임을 유료로 운영하는 사업을 한다. 다음 4월 한 달 간의 거래를 분개하고 필요하다면 회계 연도 말인 4월말의 수정분개도 분개장에 기록하라(단, 사용계정은 아래의 예를 이용한다).

사용계정 예: 현금, 임차료, 선수금, 광고비, 임차료, 선급임차료, 용역매출, 선수금, 선급광고비
4월 1일: 서버 임차료 ₩150,000을 현금으로 지급(기중 임차료계정사용)하였다(임차료는 6개월분이다). 4월 2일: 게임입장권을 현금판매하고 총 ₩600,000을 받았다. 이 입장권은 4월, 5월, 6월에 입장할 수 있는 권리가 부여되어있다. 4월 6일: 4월과 5월의 인터넷광고비로 ₩90,000을 현금 지급(기중 광고비계정 사용)하였다.

(주)cybergame.com 분개장

			차변		대변	
			계정과목	금액	계정과목	금액
기중 분개	4월 1일	20				
	4월 2일	21				
	4월 6일	22				
수정 분개	4월 30일	23				
	4월 30일	24				
	4월 30일	25				

연습문제

정답 및 풀이

1. ①
2. ③
3. ③
4. ③
5. ④
6. ①
7. ④
8. ②
9. ②
10. ③
11. (주)dapara.com 분개장

	차변		대변	
	계정과목	금액	계정과목	금액
Step1	용역매출 이자수익	200,000 30,000	집합손익	230,000
Step2	집합손익	210,000	급여 광고선전비 보험료	160,000 40,000 10,000
Step3	집합손익	20,000	이익잉여금	20,000

12~19. (주)수리 분개장

	차변		대변	
	계정과목	금액	계정과목	금액
12	매출채권	1,247,000	용역매출	1,247,000
13	임차료	700,000	현금	700,000
14	기계장치	1,200,000	현금	1,200,000
15	현금	510,000	용역매출	510,000
16	광고비	250,000	미지급비용	250,000
17	배당금	4,500,000	미지급배당금	4,500,000
18	급여	3,300,000	현금	3,300,000
19	현금	1,247,000	매출채권	1,247,000

20~25.

(주)cybergame.com 분개장

			차변		대변	
			계정과목	금액	계정과목	금액
기중 분개	4월 1일	20	임 차 료	150,000	현 금	150,000
	4월 2일	21	현 금	600,000	선 수 금	600,000
	4월 6일	22	광 고 비	90,000	현 금	90,000
수정 분개	4월 30일	23	선급임차료	125,000	임 차 료	125,000
	4월 30일	24	선 수 금	200,000	용 역 매 출	200,00
	4월 30일	25	선급광고비	45,000	광 고 비	45,000

제 5 장

상품판매회사의 회계처리절차

1. 상품판매회사의 거래의 기록
2. 상품판매회사의 결산절차

제5장 상품판매회사의 회계처리절차

1. 상품판매회사의 거래의 기록

1) 서비스업종과 상품판매업종의 영업주기

앞에서 설명하였듯이 회계에서는 기업의 활동을 영업활동, 투자활동, 재무활동으로 크게 3가지로 대별한다. 이 중에 투자활동, 재무활동은 기업에 따라 다소 차이는 있을 수 있지만, 업종이라는 측면에서 보면 큰 차이는 없다. 그러나 영업활동은 그 기업의 고유활동으로 업종에 따라 큰 차이가 존재한다. 기업의 업종은 제조업, 상품판매업, 서비스업, 금융업 등으로 구분되며, 재무회계에서는 상품판매업과 서비스업을 중심으로 한다.

〈서비스업의 영업주기〉

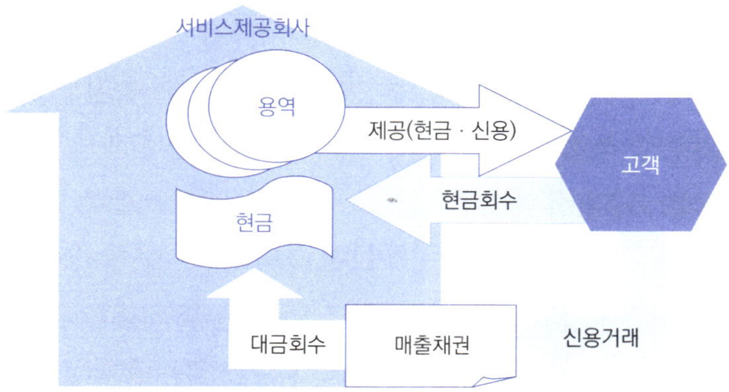

〈서비스업의 영업주기〉는 금융업을 제외하고 상기 업종 중에서 가장 간단하다. 서비스업종 중에서는 구매활동이 거의 없거나 원재료 구매활동이 단순하며, 구매활동이 있다고 해도 상대적으로 금액이 작거나 서비스(용역)창출과 제공이 동시에 발생하여 비교적 짧은 기간에 영업주기가 완료된다. 전자에는 컨설팅 용역을 제공하는 경우이며, 후자에는 세탁업, 수영장, 커피숍 등이 있다. 이 업종의 영업주기는 용역제공, 대금회수라는 간단한 과정으로 구성된다.

〈상품판매업의 영업주기〉

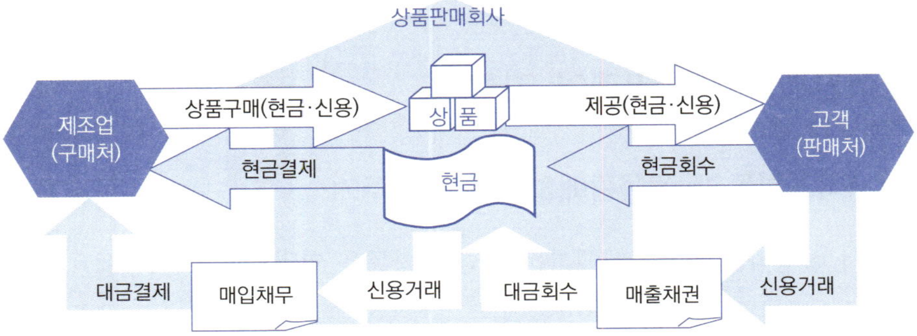

상품판매회사는 제조회사나 도매상으로부터 상품을 매입하여 잠시 보유한 후 이를 다시 소매상이나 최종소비자에게 판매하는 업종이다. 백화점, 할인점, 편의점, 전문양판점, 대리점, 통신 및 인터넷 판매점, 홈쇼핑 등이 여기에 속한다. 이 〈상품판매업의 영업주기〉는 상품매입, 상품매출, 대금회수, 대금결제로 구성된다. 따라서 상품의 구매활동이 존재하여 상품관련 기록이 필요하다. 구체적으로는 상품의 매입과 매출, 매출원가, 재고자산 계정과 분개가 추가된다. 전반적인 회계순환과정은 서비스제공회사와 같으나 회계처리에서 상품관련 계정과 분개가 늘어난 것이다.

2) 상품관련 기록과 포괄손익계산서 구조

상품판매기업의 거래에 대한 기록, 다시 말해서 상품 매입, 매출, 매출원가, 기말재고(재고자산)에 관한 기록방법에는 계속기록법과 실지재고조사법(실사법)이 있다. 현재 실무상에서는 전산회계의 발달로 두 방법 모두 동시에 사용하고 있으므로 둘 다 이해해야 한다.

〈원가의 이해〉

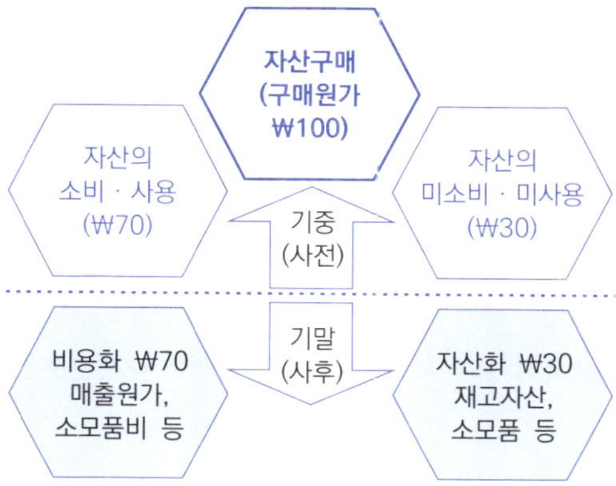

상품판매기업의 거래에 있어서 원가의 이해는 필수적이어서 설명하도록 한다. 〈원가의 이해〉를 보면 기초의 자산이나 기중에 구매한 자산은 구매원가(₩100)가 존재한다. 이 자산들이 기중에 소비되거나 사용되었다면 기말(사후)에 소비 · 사용분(₩70)은 비용처리하고 미소비 · 미사용분(₩30)은 자산으로 남게 된다. 상품에 관하여 설명하면 판매(소비 · 사용)한 부분은 매출원가(비용)라고 하며, 미판매(미소비 · 미사용)한 부분은 상품(재고자산)으로 남게 된다. 소모품에 관하여 설명하면 소비 · 사용한 부분은 소모품비(비용)라고 하며, 미소비 · 미사용한 부분은 소모품(자산)으로 남게 된다.

〈계속기록법과 실지재고조사법의 기중분개〉

거래	계속기록법				실지재고조사법			
	차변		대변		차변		대변	
매입	상품(재고자산)	××	현금(매입채무)	××	매입	××	현금(매입채무)	××
매출	현금(매출채권) 매출원가	×× ××	매출 상품(재고자산)	×× ××	현금(매출채권)	××	매출	××

계속기록법에서 상품을 구매하면 상품(재고자산)의 증가를 기록하기 위해 상품(재고자산)계정에 차기한다. 반대로 상품을 판매하면 매출을 인식하는 분개를 하여 매출계정에 대기하며, 판매한 상품(재고자산) 감소를 기록하기 위해 상품(재고자산)계정에 대기하고 매출원가(비용)를 인식하는 분개를 위하여 매출원가계정에 차기한다.

실지재고조사법에서 상품을 구매하면 매입의 증가를 기록하기 위해 매입계정(임시계정)에 차기한다. 반대로 상품을 판매하면 매출을 인식하는 분개를 하여 매출계정에 대기한다. 따라서 매출원가와 기말에 상품(재고자산)이 얼마나 남아 있는지 알 수 없는 상황이므로 기말에 상품관련(매출원가, 재고자산) 수정분개가 필요하다.

〈상품판매회사와 서비스제공회사의 이익계산구조의 비교〉

포괄손익계산서

상품판매회사	
항목	금액
매출액	×××
매출원가	(×××)
매출총이익	×××
판매비와 관리비*	(×××)
영업이익	×××
기타수익	×××
기타비용	(×××)
법인세비용차감전이익	×××
법인세비용	(×××)
당기순이익	×××
기타포괄손익	×××
기타포괄손익법인세비용	(×××)
법인세비용차감후 기타포괄손익	×××
총포괄손익	×××

* 판매비와 관리비는 영업비용과 동의어

서비스제공회사	
항목	금액
용역매출*	×××
영업비용	(×××)
영업이익	×××
기타수익	×××
기타비용	(×××)
법인세비용차감전이익	×××
법인세비용	(×××)
당기순이익	×××
기타포괄손익	×××
기타포괄손익법인세비용	(×××)
법인세비용차감후 기타포괄손익	×××
총포괄손익	×××

*용역매출은 용역수익과 동의어

상품판매회사의 경우, 주영업활동에서의 수익은 매출액이고 서비스제공회사의 경우, 주영업활동에서의 수익은 용역을 제공하는 것으로 용역매출 또는 용역수익이다.

상품판매회사의 **매출총이익**은 매출에서 매출원가(비용)를 차감하는 직접대응으로 계산된 것이다. 판매비와 관리비는 상품의 판매 · 매입활동과 일반관리(주영업)활동에서 발생하는 비용을 간접대응으로 나열한 것이다.

3) 기중 거래의 분개

상품판매회사도 기중에 발생하는 다양한 거래의 식별을 통해 분개장에 분개하고 총계정원장으로 전기하는데, 휴대폰 케이스를 매매하는 (주)CJW쇼핑의 예를 들어 기중거래를 이해하고자 한다. 역시 분개는 학습상 간단하게 처리하는 방법을 제시하고 전기 시에는 총계정원장 대신 T계정을 사용하며, 회계기간을 5월 1개월로 간주하여 설명한다. 다음은 〈(주)CJW쇼핑의 전기말 재무상태표〉와 5월 1개월의 거래내용이다. 실무상으로는 재무상태표의 내용과 같은 각 원장의 잔액이 존재하여 이를 바탕으로 기중분개를 분개장에 하고 전기해나간다.

〈(주)CJW쇼핑의 전기말 재무상태표〉

재무상태표

(주) CJW쇼핑 20X4년 4월 30일 (단위: 원)

자 산			부 채	
현금		10,000	매입채무	8,000
매출채권		2,400	미지급금	6,100
당좌예금		10,800	미지급비용	900
정기예금		5,000	차입금	12,000
선급보험료		800	부채합계	27,000
재고자산		8,000	자 본	
소모품		1,000	자본금	18,400
비품	9,000		자본잉여금	4,000
감가상각누계액	7,000	2,000	이익잉여금	5,600
토지		15,000	자본 합계	28,000
자산합계		55,000	부채와 자본합계	55,000

5월 3일 (주)CJW쇼핑은 휴대폰 케이스 6개(@800)를 ₩8,000에 (주)청담에 팔고 1개월 뒤에 대금을 받기로 했다.

	계속기록법		실지재고조사법	
	차변	대변	차변	대변
외상 매출	매출채권 8,000 매출원가 4,800	매출 8,000 재고자산 4,800	매출채권 8,000	매출 8,000

5월 4일 전월 (주)KMC전기와 거래 시 외상거래 대금 ₩5,000을 지급하였다.

	계속기록법/실지재고조사법	
	차변	대변
매입 채무 지급	매입채무 5,000	현금 5,000

5월 9일 휴대폰 케이스 16개(@850)를 (주)영동제작소로부터 구입하였는데, 대금 중 ₩3,800은 현금으로 지급하고 나머지는 외상으로 하였다.

	계속기록법		실지재고조사법	
	차변	대변	차변	대변
현금/ 외상 매입	재고자산 13,600	현금 3,800 매입채무 9,800	매입 13,600	현금 3,800 매입채무 9,800

5월 14일 전월 (주)88전자로부터 외상거래 대금 ₩2,400을 받았다.

	계속기록법/실지재고조사법	
	차변	대변
매출 채권 회수	현금 2,400	매출채권 2,400

5월 16일 매월 불입하는 정기예금에 ₩2,500을 입금하였다.

	계속기록법/실지재고조사법	
	차변	대변
정기 예금 입금	정기예금 2,500	현금 2,500

5월 17일 휴대폰 케이스 10개 ₩8,300을 (주)사과폰에 ₩13,833에 팔고 수표를 받았다.

	계속기록법				실지재고조사법			
	차변		대변		차변		대변	
현금 매출	현금	13,833	매출	13,833	현금	13,833	매출	13,833
	매출원가	8,300	재고자산	8,300				

5월 24일 휴대폰 케이스 5개(@800)를 매입하고 운반비 ₩500을 각각 수표로 지급하였다.

	계속기록법				실지재고조사법			
	차변		대변		차변		대변	
현금 매입	재고자산	4,500	당좌예금	4,500	매입	4,500	당좌예금	4,500

5월 25일 종업원의 급여는 당월 25일까지의 급여 ₩4,500과 전월 26일부터 30일까지의 미지급한 5일분 ₩900을 확인하여 지급하였다.

	계속기록법/실지재고조사법			
	차변		대변	
급여 지급	급여	4,500	현금	5,400
	미지급비용	900		

5월 27일 휴대폰 케이스 7개 ₩5,950을 ₩9,917에 팔고 수표를 받아 바로 당좌예금에 입금하였다.

	계속기록법				실지재고조사법			
	차변		대변		차변		대변	
매출	당좌예금	9,917	매출	9,917	당좌예금	9,917	매출	9,917
	매출원가	5,950	재고자산	5,950				

4) 기중 분개의 전기

상품거래에는 상품매매와 더불어 매입환출과 매출환입, 매입에누리와 매출에누리, 매입할인과 매출할인이 있다. 상품에 손상이나 결함이 있거나 품질불량, 수량부족이 있을 경우 구매자는 판매자에게 반품할 수 있다. 이를 구매자는 **매입환출**, 판매자는 **매출환입**이라고 한다. 또 상품에 하자가 있는 경우, 구매자가 반품하지 않고 판매자에게 연락하여 송장가격의 일부를 할인 받을 수 있다. 이를 구매자는 **매입에누리**, 판매자는 **매출에누리**라고 한다. 또 신용거래(외상거래)의 경우, 판매자는 외상대금을 조기회수하기 위하여 구매자가 조기에 결제하면 현금할인 혜택을 주는 것으로 구매자는 **매입할인**, 판매자는 **매출할인**이라고 한다. 이러한 복잡한 거래의 회계처리에 대해서는 다음 기회에 설명하기로 한다.

(1) 계속기록법에 의한 전기

전술한 바 있으나 상품판매회사에서 상품에 관한 분개를 계속기록법으로 처리하는 경우, 판매 시 상품(재고자산)의 감소, 매출원가 발생, 매출 발생의 분개를 하는 것이 특징이다. 따라서 기중 어느 시점에서라도 그때까지의 매출총액에서 매출원가 총액을 차감하면 매출총이익을 구할 수 있다. 기중에 상대적으로 고가의 상품을 다루면서 거래빈도가 적은 업종에 편리한 회계처리라고 할 수 있다.

(주)CJW쇼핑의 5월 거래에 의한 총계정원장은 기중분개에 의해서 아래와 같은 결과를 얻을 수 있다.

〈(주)CJW쇼핑 거래원장-계속기록법〉

현금					1
5/1	전기이월	10,000	5/4	매입채무	5,000
14	매출채권	2,400	9	재고자산	3,800
17	매출	13,833	16	정기예금	2,500
			25	급여	4,500
				미지급비용	900

매출채권					2
5/1	전기이월	2,400	5/14	현금	2,400
3	매출	8,000			

당좌예금					3
5/1	전기이월	10,800	5/24	재고자산	4,500
27	매출	9,917			

정기예금					4
5/1	전기이월	5,000			
16	현금	2,500			

선급보험료					5
5/1	전기이월	800			

재고자산					6
5/1	전기이월	8,000	5/3	매출원가	4,800
9	현금	3,800	17	매출원가	8,300
	매입채무	9,800	27	매출원가	5,950
24	당좌예금	4,500			

소모품					7
5/1	전기이월	1,000			

매입채무					16
5/4	현금	5,000	5/1	전기이월	8,000
			9	재고자산	9,800

미지급금					17
			5/1	전기이월	6,100

미지급비용					18
5/25	현금	900	5/1	전기이월	900

차입금					19
			5/1	전기이월	12,000

자본금					20
			5/1	전기이월	18,400

자본잉여금					21
			5/1	전기이월	4,000

이익잉여금					22
			5/1	전기이월	5,600

비품			8
5/1 전기이월	9,000		

감가상각누계액			9
		5/1 전기이월	7,000

토지			10
5/1 전기이월	15,000		

매출원가			27
5/3 재고자산	4,800		
17 재고자산	8,300		
27 재고자산	5,950		

매출			25
		5/3 매출채권	8,000
		17 현금	13,833
		27 당좌예금	9,917

급여			28
5/25 현금	4,500		

재무상태표 요소인 자산, 부채, 자본 관련계정은 원래 전기말에 장부를 마감하며 전기이월 금액들을 기록해 놓는다. 본서에서는 학습상 기초 재무상태표의 금액으로부터 전기이월 금액을 기록하였다.

(2) 실지재고조사법에 의한 전기

전술한 바 있으나 상품판매회사에서 상품에 관한 분개를 실지재고조사법으로 처리하는 경우, 기중에 매출총이익을 간단하게 알기 어렵다는 특징이 있으나, 매출시 매출거래만 분개하므로 기중처리가 간단하고 기말 결산시에 재고조사를 하여 결산처리과정을 통해 매출총이익과 당기순이익을 산출하는 방식이다. 그러므로 기중에 상대적으로 저가의 상품이면서 빈번한 거래를 하는 업종에 편리한 회계처리라고 할 수 있다.

(주)CJW쇼핑의 5월 거래에 의한 총계정원장은 〈(주)CJW쇼핑 거래원장 - 계속기록법〉의 재고자산과 매출원가계정을 제외하고 대신 하기의 〈(주)CJW쇼핑 상품관련 거래원장 - 실지재고조사법〉에서 재고자산과 매입계정을 기초 재무상태표와 기중분개에 의해서 아래와 같은 결과를 얻을 수 있다. 특히 재고자산계정에는 기초

잔액만, 매입계정에는 당기(당월) 매입상품만 기록되어 있고 매출원가계정에는 기록이 없다는 점이 계속기록법과 다른 점이다.

〈(주)CJW쇼핑 상품관련 거래원장-실지재고조사법〉

재고자산		6
5/1 전기이월	8,000	

매출원가	27

매입		33
5/9 현금	3,800	
매입채무	9,800	
24 당좌예금	4,500	

상기의 재고자산, 매출원가, 매입 계정 이외의 기타 다른 계정은 계속기록법 상의 계정들의 내용과 모두 동일하다.

2. 상품판매회사의 결산절차

기본적으로 상품판매회사의 결산절차는 서비스제공회사와 거의 동일하다. 상품관련 계정이 몇 개 더 있을 뿐이다. 그러므로 수정전시산표 작성, 수정분개와 전기, 수정후시산표 작성, 재무제표 작성, 마감분개와 전기, 마감후시산표작성까지의 결산처리는 동일하게 진행한다.

1) 수정전시산표

수정전시산표도 서비스제공회사의 수정전시산표 작성방법과 동일하며, 검증을 위하여 작성한다는 점도 같다.

자세히 보면 상품관련 계정, 즉 계속기록법 수정전시산표의 재고자산에서 차변

잔액은 기말잔액을 의미하며, 차변의 합계액은 기초재고와 당기 매입금액이 합산된 것이며, 대변의 합계액은 당기 매출원가에 해당하는 금액이 들어가 있다. 또 매출원가계정의 차변 잔액은 당기매출원가를 나타내는 것으로, 재고자산계정 대변의 합계액이 매출원가계정으로 전기되었음을 알 수 있다. 그리고 매출계정 대변의 잔액에서 매출원가계정 차변의 잔액을 차감하면 매출총이익을 구할 수 있다는 점도 알 수 있다.

〈(주)CJW쇼핑 수정전시산표〉

계속기록법 **수정전시산표**
(주)CJW쇼핑 20X4년 5월31일 (단위: 원)

차변		계정과목	대변	
잔액	합계		합계	잔액
9,533	26,233	현금	16,700	
8,000	10,400	매출채권	2,400	
16,217	20,717	당좌예금	4,500	
7,500	7,500	정기예금		
800	800	선급보험료		
7,050	26,100	재고자산	19,050	
1,000	1,000	소모품		
9,000	9,000	비품		
		감가상각누계액	7,000	7000
15,000	15,000	토지		
	5,000	매입채무	17,800	12,800
		미지급금	6,100	6,100
	900	미지급비용	900	
		차입금	12,000	12,000
		자본금	18,400	18,400
		자본잉여금	4,000	4,000
		이익잉여금	5,600	5,600
		매출	31,750	31,750
19,050	19,050	매출원가		
4,500	4,500	급여		
97,650	146,200	합계	146,200	97,650

실지재고조사법 **수정전시산표**
(주)CJW쇼핑 20X4년 5월31일 (단위: 원)

차변		계정과목	대변	
잔액	합계		합계	잔액
9,533	26,233	현금	16,700	
8,000	10,400	매출채권	2,400	
16,217	20,717	당좌예금	4,500	
7,500	7,500	정기예금	100	
700	800	선급보험료		
8,000	8,000	재고자산		
1,000	1,000	소모품		
9,000	9,000	비품		
		감가상각누계액	7,000	7,000
15,000	15,000	토지		
	5,000	매입채무	17,800	12,800
		미지급금	6,100	6,100
	900	미지급비용	900	
		차입금	12,000	12,000
		자본금	18,400	18,400
		자본잉여금	4,000	4,000
		이익잉여금	5,600	5,600
		매출	31,750	31,750
18,100	18,100	매입		
4,500	4,500	급여		
97,650	127,150	합계	127,150	97,650

한편, 실지재고조사법은 말 그대로 기말의 재고조사를 통해 재고자산의 기말잔액을 알아야 매출원가 및 매출총이익을 알 수 있는 방법으로, 수정전시산표 작성단계에서는 알 수 없다. 계속기록법과는 달리 재고자산계정 차변의 잔액은 기초의 재고자산만을 의미하고 매입계정 차변의 잔액은 당기의 매입액을 의미한다. 따라서 매출원가를 알 수 없으므로 매출총이익도 구할 수 없다. 그러나 기말 수정분개를 통해 매출원가를 구하면 된다.

2) 수정분개와 전기

계속기록법은 재고자산(상품)에 관한 수정분개는 없다. 그 이유는 이미 설명한 바 있으며, 재고자산계정의 구성을 보면 다음의 〈재고자산(상품)계정〉과 같이 상품에 관련한 4가지 정보 즉, 기초재고, 당기매입, 매출원가, 기말재고가 모두 표시되어 있다.

이 계정에서 '기초재고액+당기매입액=매출원가+기말재고'라는 식을 얻을 수 있는데, 이를 다시 변형하면 아래와 같다. 이 공식을 **매출원가 산정공식**이라고 한다. 한편, 기말재고액은 재고자산(상품)계정의 기말잔액이며, 동시에 상품재고장에서 기말재고액을 파악할 수 있으며 동일한 금액이어야 한다.

> 매출원가 = 기초재고액 + 당기매입액 − 기말재고액

〈재고자산(상품)계정〉

재고자산(상품)

기초재고 8,000 ⇒	5/1	전기이월	8,000	5/3	매출원가	4,800	당기매출원가 19,050
당기매입 18,100	9	현금	3,800	17	매출원가	8,300	
		매입채무	9,800	27	매출원가	5,950	
	24	당좌예금	4,500	31	차기이월	7,050	⇐ 기말재고 7,050
			26,100			26,100	

한편, 실지재고조사법은 계속기록법의 재고자산(상품)계정 구성을 기중에 사용하지 않았던 매출원가계정을 통해 〈실지재고조사법 상품관련 기말 수정분개〉시스템의 순으로 매출원가를 산출한다. 이는 기중에 매출원가를 인식하는 처리를 하지 않았으므로 매출(수익)에 대응하는 비용계정인 매출원가를 상품관련 기말 수정분개를 통해 구하기 위해서다. 우선 ① 기초의 재고자산(상품) 잔액을 매출원가계정 차변에 전기하는 분개, ② 당기매입을 매출원가계정 차변에 전기하는 분개, ③ 기말의 재고자산(상품) 잔액을 실사로 확인하여 매출원가계정 대변에 전기하는 분개를 하면 매출원가계정의 차변잔액을 얻을 수 있다. 즉, 당기의 매출원가 총액이다. 이것은 마감분개 시 집합손익계정 차변으로 전기된다.

〈실지재고조사법 상품관련 기말 수정분개〉

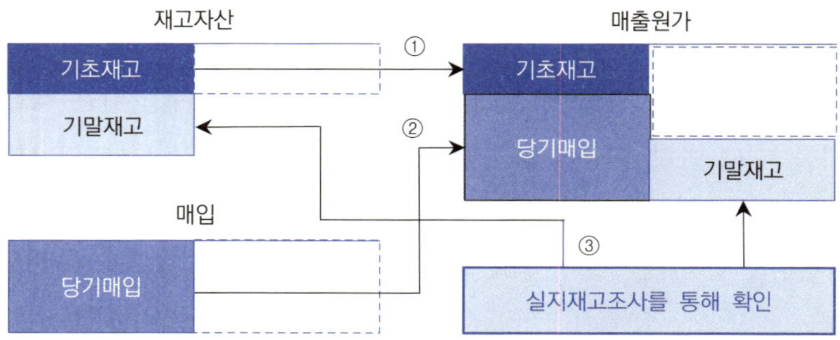

① 기초 재고자산(상품)을 매출원가계정 차변에 전기			
차변		대변	
매출원가	×××	재고자산(상품)	×××
② 당기매입을 매출원가 계정차변에 전기			
차변		대변	
매출원가	×××	매입	×××
③ 기말 재고자산(상품)을 매출원가계정 대변에 전기			
차변		대변	
재고자산(상품)	×××	매출원가	×××

계속해서 (주)CJW쇼핑의 5월 거래의 예를 들어 수정분개를 확인해 본다. (주)CJW쇼핑의 회계담당자는 기말이 되어 다음과 같은 사실을 확인하였다.

1월 1일 화재보험에 가입하며 1년 분 보험료 ₩1,200을 선급하여 전기 말까지 선급보험료 잔액이 ₩800 남아 있는 상황이라 당월 분을 비용으로 처리하여야 한다.

선급비용인식	차변		대변	
거래의 분석	보험료(비용) 100원 발생		선급보험료(자산) 100원 감소	
분개	보험료	100	선급보험료	100

전기 말까지 소모품이 ₩1,000 남아 있었는데, 실사를 해보니 ₩600 남아 있음을 확인했다.

선급비용인식	차변		대변	
거래의 분석	소모품비(비용) 400원 발생		소모품(자산) 400원 감소	
분개	소모품비	400	소모품	400

비품은 PC프린터로 구입 시 ₩9,000에 구매하고 매기 감가상각하여 전기 말까지 그 누계액이 ₩7,000이었으며, 당사는 매기 ₩1,000씩 균등하게 감가상각을 처리하고 있다.

감가상각비	차변		대변	
거래의 분석	감가상각비(비용) 1,000원 발생		감가상각누계액(자산평가계정) 1,000원(증가)	
분개	감가상각비	1,000	감가상각누계액	1,000

정기예금은 3월 중순부터 불입한 것으로 이자지급일은 3월말과 9월말이다. 현재 5월 한 달의 이자계산 결과 ₩50임을 알았다.

미수수익인식	차변		대변	
거래의 분석	미수수익(자산) 50원 증가		이자수익(수익) 50원 발생	
분개	미수수익	50	이자수익	50

당월 지급한 급여 ₩4,500은 5월 25일까지의 노동의 대가이며, 31일까지의 급여 ₩900은 차월 25일에 지급된다.

미지급비용	차변		대변	
거래의 분석	급여(비용) 900원 발생		미지급비용(부채) 900원 증가	
분개	급여	900	미지급비용	900

차입금 ₩12,000은 2월 1일 은행으로부터 차입한 것으로, 이자지급일은 7월말과 1월말이다. 이자율은 연 10%이다.

미지급비용	차변		대변	
거래의 분석	이자(비용) 100원 발생		미지급비용(부채) 100원 증가	
분개	이자비용	100	미지급비용	100

5월 31일 재고자산(상품)의 실사를 해보니 ₩7,050 남아 있음을 확인할 수 있었다.

상품관련 수정분개	계속기록법에서는 수정분개 없음			
	실지재고조사법에서는 다음 3가지 수정분개 필요			
	차변		대변	
분개	매출원가	8,000	재고자산	8,000
	매출원가	18,100	매 입	18,100
	재고자산	7,050	매출원가	7,050

(1) 계속기록법에 의한 수정분개의 전기

계속기록법이라는 것은 상품관련 기록이므로 기타 다른 계정의 수정분개는 서비스제공회사와 유사하다. 재고자산(상품)은 기중에 유출입을 계속 기록하므로 재고자산계정의 잔액은 기말 재고자산 잔액을 의미한다. 그리고 상품이 팔려나갈 때마다 매출원가도 기록하므로 매출원가계정의 차변 잔액은 매출(수익)에 대응하는 비용으로서 기말에 별도의 수정분개는 없다. 〈(주)CJW쇼핑의 수정분개의 전기 - 계속기록법〉의 청색 부분이 수정분개에 의한 전기 결과이다.

〈(주)CJW쇼핑의 수정분개의 전기 - 계속기록법〉

현 금 1

차변		대변	
5/1 전기이월	10,000	5/4 매입채무	5,000
14 매출채권	2,400	9 상품	3,800
17 매출	13,833	16 정기예금	2,500
		25 급여	4,500
		미지급비용	900

매출채권 2

차변		대변	
5/1 전기이월	2,400	5/14 현금	2,400
3 매출	8,000		

당좌예금 3

차변		대변	
5/1 전기이월	10,800	5/24 재고자산	4,500
27 매출	9,917		

정기예금 4

차변		대변	
5/1 전기이월	5,000		
16 현금	2,500		

선급보험료 5

차변		대변	
5/1 전기이월	800	5/31 보험료	100

매입채무 16

차변		대변	
5/4 현금	5,000	5/1 전기이월	8,000
		9 상품	9,800

미지급금 17

차변		대변	
		5/1 전기이월	6,100

차입금 18

차변		대변	
		5/1 전기이월	12,000

미지급비용 19

차변		대변	
5/25 현금	900	5/1 전기이월	900
		31 급여	900
		31 이자비용	100

재고자산 6

5/1 전기이월	8,000	5/3 매출원가	4,800
9 현금	3,800	17 매출원가	8,300
매입채무	9,800	27 매출원가	5,950
24 당좌예금	4,500		

소모품 7

5/1 전기이월	1,000	5/31 소모품비	400

비 품 8

5/1 전기이월	9,000		

감가상각누계액 9

		5/1 전기이월	7,000
		31 감가상각비	1,000

토 지 10

5/1 전기이월	15,000		

미수수익 11

5/31 이자수익	50		

매출원가 27

5/3 재고자산	4,800		
17 재고자산	8,300		
27 재고자산	5,950		

급 여 28

5/25 현금	4,500		
31 미지급비용	900		

감가상각비 29

5/31 감가상각누계액	1,000		

자본금 20

		5/1 전기이월	18,400

자본잉여금 21

		5/1 전기이월	4,000

이익잉여금 22

		5/1 전기이월	5,600

매 출 25

		5/3 매출채권	8,000
		17 현금	13,833
		27 당좌예금	9,917

이자수익 26

		5/31 미수수익	50

	소모품비		30
5/31 소모품	400		

	이자비용		31
5/31 미지급비용	100		

	보험료		32
5/31 선급보험료	100		

(2) 실지재고조사법에 의한 수정분개의 전기

실지재고조사법도 상품관련 계정 이외의 기타 다른 계정의 수정분개는 서비스 제공회사와 유사하다. 그러나 재고자산(상품)은 기중에 유출입을 계속 기록하지 않으므로, 기말에 매출원가계정을 끌어내어 매출원가를 계산하는 수정분개가 필요하다. 기초재고자산과 당기의 매입액도 매출원가계정 차변에 옮기고 기말에 실지재고조사를 하여 기말 재고자산(상품)의 금액을 확정하며 매출원가계정 대변에 기록하여 매출원가를 산출한다. 그리고 동시에 재고자산계정 차변에 기말 재고자산의 금액을 기록한다. 이렇게 수정분개를 통해 산출된 매출원가(비용)를 매출(수익)에 대응하도록 하는 것이다.

따라서 계속기록법과 실지재고조사법에 의한 상품관련 계정, 즉 재고자산계정과 매출원가계정에 들어가는 숫자는 다르지만, 수정분개 후의 기말잔액은 동일하다는 점에 주목해야한다. 〈(주)CJW쇼핑의 상품관련 수정분개의 전기 - 실지재고조사법〉과 같이 내용면에서 계속기록법과 다른 부분은 재고자산, 매출원가, 매입계정이다. 매입계정은 당기매입분만 기록이 되고 기말에 수정분개에 의해서 마감처리되는 임시계정이다. 나머지 다른 계정은 계속기록법의 계정들 내용과 동일하다.

〈(주)CJW쇼핑의 상품관련 수정분개의 전기－실지재고조사법〉

재고자산			6
5/1 전기이월	8,000	5/31 매출원가	8,000
5/31 매출원가	7,050		

매출원가			27
5/31 재고자산	8,000	5/31 재고자산	7,050
31 매 입	18,100		

매 입			33
5/9 현금	3,800	5/31 매출원가	18,100
매입채무	9,800		
17 당좌예금	4,500		

3) 수정후시산표

상품판매회사도 서비스제공회사와 마찬가지로 수정후시산표는 모든 수정분개와 그에 따른 원장 전기가 끝난 후 총계정원장의 차변잔액 합계와 대변잔액 합계가 일치하는지 검증하는 과정이다. 다시 말해서 결산 시점의 수정분개와 전기에 오류가 없었는지를 확인하는 검증작업인 것이다. 〈계속기록법과 실지재고조사법에 의한 (주)CJW쇼핑의 수정후시산표〉의 구성에서도 알 수 있듯이 '자산+비용=부채+자본+수익'이라는 시산표등식이 성립함을 알 수 있다. 중요한 것은 당기순손익이 상계되어 있지만, 재무제표 작성의 기초자료로 이용된다는 점이다.

계속기록법과 실지재고조사법의 수정후시산표를 비교해보면 각 계정의 잔액은 동일함을 알 수 있다. 그러나 각 계정의 차변과 대변의 합계·잔액에서 부분적으로 다른 계정들이 있다. 그 계정은 재고자산계정과 매출원가계정이다. 이 차이를 이해해야 한다. 계속기록법은 재고자산계정에서 기초 재고자산, 당기매입, 기말재고가 기록되면서 매출원가계정에서 기중 매출원가를 알 수 있지만, 실지재고조사법은 수정분개를 통해 매출원가계정에서 기초 재고자산, 당기매입, 기말재고를 대입하여 매출원가를 산출하기 때문이다.

그리고 수정전시산표와 수정후시산표를 비교해보면, 역시 상품관련 계정의 수정분개와 기타 기말 수정분개를 통해서 새롭게 등장하는 계정들이 있다는 점도 이해해두어야 한다.

〈계속기록법과 실지재고조사법에 의한 (주)CJW쇼핑의 수정후시산표〉

계속기록법 **수정후시산표**

(주)CJW쇼핑 20X4년 5월 31일 (단위: 원)

차변 잔액	차변 합계	계정과목	대변 합계	대변 잔액
9,533	26,233	현금	16,700	
8,000	10,400	매출채권	2,400	
16,217	20,717	당좌예금	4,500	
7,500	7,500	정기예금		
700	800	선급보험료	100	
7,050	26,100	재고자산	19,050	
600	1,000	소모품	400	
9,000	9,000	비품		
		감가상각누계액	8,000	8,000
15,000	15,000	토지		
50	50	미수수익		
	5,000	매입채무	17,800	12,800
		미지급금	6,100	6,100
	900	미지급비용	1,900	1,000
		차입금	12,000	12,000
		자본금	18,400	18,400
		자본잉여금	4,000	4,000
		이익잉여금	5,600	5,600
		매출	31,750	31,750
		이자수익	50	50
19,050	19,050	매출원가		
5,400	5,400	급여		
1,000	1,000	감가상각비		
400	400	소모품비		
100	100	이자비용		
100	100	보험료		
99,700	148,750	합계	148,750	99,700

실지재고조사법 **수정후시산표**

(주)CJW쇼핑 20X4년 5월 31일 (단위: 원)

차변 잔액	차변 합계	계정과목	대변 합계	대변 잔액
9,533	26,233	현금	16,700	
8,000	10,400	매출채권	2,400	
16,217	20,717	당좌예금	4,500	
7,500	7,500	정기예금		
700	800	선급보험료	100	
7,050	15,050	재고자산	8,000	
600	1,000	소모품	400	
9,000	9,000	비품		
		감가상각누계액	8,000	8,000
15,000	15,000	토지		
50	50	미수수익		
	5,000	매입채무	17,800	12,800
		미지급금	6,100	6,100
	900	미지급비용	1,900	1,000
		차입금	12,000	12,000
		자본금	18,400	18,400
		자본잉여금	4,000	4,000
		이익잉여금	5,600	5,600
		매출	31,750	31,750
		이자수익	50	50
19,050	26,100	매출원가	7,050	
5,400	5,400	급여		
1,000	1,000	감가상각비		
400	400	소모품비		
100	100	이자비용		
100	100	보험료		
99,700	144,750	합계	144,750	99,700

4) 재무제표 작성

물론 재무제표의 작성도 결산절차에 들어가며, 서비스제공회사의 경우와 같이 수정후시산표에서 재무제표를 직접 작성할 수 있다. 이때 계속기록법과 실지재고조사법을 비교해보면 각 계정의 잔액이 동일하므로, 같은 재무제표가 구해진다는 것을 이해해둘 필요가 있다.

우선 포괄손익계산서(손익계산서)라면 수정후시산표에서 수익계정과 비용계정들의 순으로 잔액을 나열한다. 그리고 수익의 합계와 비용의 합계를 계산한다. 이때 각 합계금액은 거의 일치하지 않는다. 만약 일치하였다면 당기는 손익이 없었다는 것을 의미한다. 당기순손익을 계산한 다음 재무상태표를 작성한다. 실무적으로 당기순손익을 전술하였던 4장의 〈포괄손익계산서와 재무상태표의 상호관련성〉과 같이 이익잉여금계정을 통해 재무상태표의 이익잉여금을 계산한다. 따라서 이 (주)CJW쇼핑에서는 기초미처분이익잉여금이 5,600원이고, 기중에 이익의 사내유출인 배당금도 없었으며 사내에 유보시킨 적립금도 없었다. 따라서 포괄손익계산서(손익계산서)의 당기순이익의 금액과 기초이익잉여금의 금액을 합산하면 기말이익잉여금이 산출된다. 반드시 당기순이익은 이익잉여금계정을 통하여 기말 재무상태표의 이익잉여금으로 조정된다. 참고로 회계관련 서적에 따라서는 자본변동표를 통해 기말 재무상태표의 이익잉여금으로 조정된다고 한다. 그러나 이 자본변동표도 결국은 자본관련 계정을 통해 작성하므로, 자본금, 자본잉여금, 이익잉여금 등은 각 원장을 통해 기말 재무상태표의 자본금, 자본잉여금, 이익잉여금 등으로 조정된다는 점을 이해해둔다.

〈(주)CJW쇼핑의 재무제표와 이익잉여금계정〉

포괄손익계산서

(주)CJW쇼핑 20X4년 5월 1일~20X4년 5월 31일 (단위: 원)

비 용		수 익	
매출원가	19,050	매출	31,750
급여	5,400	이자수익	50
감가상각비	1,000		
소모품비	400		
이자비용	100		
보험료	100		
당기순이익	5,750		
합계	31,800	합계	31,800

이익잉여금 23

배당금	0	기초미처분이익잉여금	5,600
적립금	0		
기말미처분이익잉여금	11,350	당기순이익	5,750

재무상태표

(주)CJW쇼핑 20X4년 5월 31일 (단위: 원)

자 산			부 채	
현금		9,533	매입채무	12,800
매출채권		8,000	미지급금	6,100
당좌예금		16,217	미지급비용	1,000
정기예금		7,500	차입금	12,000
선급보험료		700	부채합계	31,900
재고자산		7,050	자 본	
소모품		600		
비품	9,000		자본금	18,400
감가상각누계액	8,000	1,000	자본잉여금	4,000
			이익잉여금	11,350
토지		15,000		
미수수익		50	자본합계	33,750
자산합계		65,650	부채와자본합계	65,650

5) 장부의 마감

재무제표가 작성이 되었다고 하여 결산절차가 끝난 것은 아니다. 회계담당자에게는 각 장부를 정리하여 차기 거래에 의한 구분을 해둘 기술적인 처리가 남아 있다. 이 또한 서비스제공회사와 동일하다.

장부의 마감은 4장의 〈각 계정의 마감절차〉의 수순으로 진행된다. 회계기말에 수익계정과 비용계정의 잔액들을 〈(주)CJW쇼핑의 마감분개〉와 같이 집합손익계정을 이용하여 이익잉여금계정 등으로 대체함으로써 수익계정과 비용계정의 잔액을 0원으로 만들어 폐쇄(마감)하는 것이다. 그리고 자산계정과 부채계정, 자본계정들은 장부상에 차기이월이라고 기록하여 차변·대변 합계금액의 일치를 표시하고 나서 전기이월이라고 기록하여 잔액을 표시한다. 이러한 영구계정의 마감방법은 서비스제공회사와 동일하므로 마감된 계정의 예는 생략하기로 한다. 이러한 일련의 과정이 장부의 마감으로 당기의 거래와 차기의 거래가 혼돈되지 않게 하기 위함이다.

〈(주)CJW쇼핑의 마감분개〉

Step 1					
(차변)	매출 이자수익	31,750 50	(대변)	집합손익	31,800
Step2					
(차변)	집합손익	26,050	(대변)	매출원가 급여 감가상각비 소모품비 이자비용 보험료	19,050 5,400 1,000 400 100 100
Step 3					
(차변)	집합손익	5,750	(대변)	이익잉여금	5,750

앞에서 설명하였던 수정분개와 같이 기말에 거래가 없었음에도 임시계정에 대한 마감분개를 해야 한다. 마감분개도 분개장에 기입하고 해당 원장에 전기해야 한다. 실무적으로 분개장에 분개를 할 때 설명 난에 마감분개라고 기록해 둔다는

점에 주의한다. 그리고 마감분개의 내용은 계속기록법이나 실지재고조사법에서 매출원가 차변의 내용이 다르지만 잔액은 동일하다는 점에도 주목해야 한다. 계속기록법의 매출원가계정은 기중에 판매될 때마다 기록되지만, 실지재고조사법의 매출원가계정은 기말 수정분개를 통해 기록된 내용이기 때문이다. 〈계속기록법에 의한 (주)CJW쇼핑의 임시계정 마감〉과 〈실지재고조사법에 의한 (주)CJW쇼핑의 매출원가계정 마감〉에서 확인할 수 있다.

〈계속기록법에 의한 (주)CJW쇼핑의 임시계정 마감〉

매출원가 27

차변	금액	대변	금액
5/3 재고자산	4,800	5/31 집합손익	19,050
17 재고자산	8,300		
27 재고자산	5,950		
	19,050		19,050

급 여 28

차변	금액	대변	금액
5/25 현금	4,500	5/31 집합손익	5,400
31 미지급비	900		
	5,400		5,400

감가상각비 29

차변	금액	대변	금액
5/31 감가상각누계액	1,000	5/31 집합손익	1,000
	1,000		1,000

소모품비 30

차변	금액	대변	금액
5/31 소모품	400	5/31 집합손익	400
	400		400

이자비용 31

차변	금액	대변	금액
5/31 미지급비용	100	5/31 집합손익	100
	100		100

보험료 32

차변	금액	대변	금액
5/31 선급보험료	100	5/31 집합손익	100
	100		100

집합손익 33

차변	금액	대변	금액
5/31 매출원가	19,050	5/31 매출	31,750
31 급여	5,400	31 이자수익	50
31 감가상각비	1,000		
31 소모품비	400		
31 이자비용	100		
31 보험료	100		
31 이익잉여금	5,750		
	31,800		31,800

매 출 25

차변	금액	대변	금액
5/31 집합손익	31,750	5/3 매출채권	8,000
		17 현금	13,833
		27 당좌예금	9,917
	31,750		31,750

이자수익 26

차변	금액	대변	금액
5/31 집합손익	50	5/31 미수수익	50
	50		50

〈실지재고조사법에 의한 (주)CJW쇼핑의 매출원가계정 마감〉

매출원가					27
5/31	재고자산	8,000	5/31	재고자산	7,050
31	매입	18,100	5/31	집합손익	19,050
		26,100			26,100

〈(주)CJW쇼핑의 마감후시산표〉

마감후시산표

(주)CJW쇼핑 20X4년 5월 31일 (단위: 원)

차변	계정과목	대변
9,533	현금	
8,000	매출채권	
16,217	당좌예금	
7,500	정기예금	
700	선급보험료	
7,050	재고자산	
600	소모품	
9,000	비품	
	감가상각누계액	8,000
15,000	토지	
50	미수수익	
	매입채무	12,800
	미지급금	6,100
	미지급비용	1,000
	차입금	12,000
	자본금	18,400
	자본잉여금	4,000
	이익잉여금	11,350
73,650	합계	73,650

6) 마감후시산표

자산 · 부채 · 자본의 각 계정을 마감한 후, 차기이월 금액을 집계하여 〈(주)CJW 쇼핑의 마감후시산표〉를 작성한다. 이 시산표는 재무상태표 항목만으로 구성된다. 재무상태표 항목은 마감분개는 없으며, 원장만으로 대차균형의 원리로 차기이월 금액을 계산하고 수정분개와 전기과정에서 오류의 유무를 검증하는 목적으로 마감후시산표를 작성한다.

7) 정산표

정산표는 실무자들이 주로 사용하는 것으로 수정전시산표, 수정분개, 수정후시산표, 포괄손익계산서(손익계산서), 재무상태표를 하나의 표로 정리한 것이다. 이렇게 모든 작업이 하나의 표에서 이루어지므로 오류를 발견하기 쉽다. 이것은 서비스 제공회사나 상품판매회사도 자주 사용하는 방법이다. 실지재고조사법에 의한 정산표의 양식은 다음과 같다.

계정과목 칸의 중간에 있는 합계까지 앞서 작성한 수정전시산표의 계정과목과 잔액이 동일하다. 그 아래는 수정분개에 의한 새로운 계정과목이 나열된 것이다.

정산표의 수정후시산표에는 차변과 대변별로 각각 수정전시산표와 수정분개 칸의 숫자를 합산 또는 차감하여 기록한다. 그리고 포괄손익계산서(손익계산서)와 재무상태표의 항목에 맞는 정산표의 수정후시산표 계정과목에 맞춰 각각 숫자를 옮겨주면 완성된다.

다만, 정산표의 재무상태표는 앞서 작성한 재무상태표와 다른 점이 두 가지 있다. 정산표의 재무상태표에는 감가상각누계액이 비품에서 직접 차감하는 방식이 아니라 대변에 기록되어 있다. 따라서 최종 합계액이 다르다. 그리고 앞서 작성한 재무상태표에는 이익잉여금이 기초잔액과 당기순이익이 이익잉여금계정을 통해 합산되어 표시되어 있으나, 정산표의 재무상태표에는 이익잉여금 칸에는 기초 이익잉여금이 기록되어 있고, 당기순이익 칸의 대변 쪽에 당기순이익의 금액이 들어가 있다. 결국 이 두 수의 합이 기말 이익잉여금이라는 점을 알아두어야 한다.

〈(주)CJW쇼핑의 정산표〉

계정과목	수정전시산표		수정분개		수정후시산표		포괄손익계산서		재무상태표	
	차변	대변	차변	대변	차변	대변	차변	대변	차변	대변
현금	9,533				9,533				9,533	
매출채권	8,000				8,000				8,000	
당좌예금	16,217				16,217				16,217	
정기예금	7,500				7,500				7,500	
선급보험료	800			100	700				700	
재고자산	8,000		7,050	8,000	7,050				7,050	
소모품	1,000			400	600				600	
비품	9,000				9,000				9,000	
감가상각누계액		7,000		1,000		8,000				8,000
토지	15,000				15,000				15,000	
매입채무		12,800				12,800				12,800
미지급금		6,100				6,100				6,100
미지급비용	900	900		1,000		1,000				1,000
차입금		12,000				12,000				12,000
자본금		18,400				18,400				18,400
자본잉여금		4,000				4,000				4,000
이익잉여금		5,600				5,600				5,600
매출		31,750				31,750		31,750		
매입	18,100			18,100						
급여	4,500		900		5,400		5,400			
합계	97,650	97,650								
미수수익			50		50				50	
이자수익				50		50		50		
보험료			100		100		100			
소모품비			400		400		400			
감가상각비			1,000		1,000		1,000			
이자비용			100		100		100			
매출원가			26,100	7,050	19,050		19,050			
합계			35,700	35,700	99,700	99,700				
당기순이익							5,750			5,750
합계							31,800	31,800	73,650	73,650

연습문제

01 기초재고자산이 ₩50,000, 기말재고자산이 ₩42,000이며, 판매가능액이 ₩104,000이라면, 매출원가는 얼마인가?

① ₩196,000 ② ₩112,000
③ ₩62,000 ④ ₩104,000

02 다음 각 공식에서 매출원가가 산출되지 않는 것은?

① 매출액 - 매출총이익 ② 기초재고액+당기매입액 - 기말재고액
③ 판매가능액 - 기말재고 ④ 판매가능액 - 매출총이익

03 다음 중 옳지 않은 것은?

① 회계에서는 기업의 활동을 영업활동, 투자활동, 재무활동으로 크게 3가지로 나눈다.
② 상품판매회가에서 판매한 부분은 매출원가(비용)라 하며, 미판매한 부분은 상품(재고자산)으로 남게 된다.
③ 상품판매회사의 경우, 주영업활동에서의 수익은 매출액이고 서비스제공회사의 경우, 주영업활동에서의 수익은 용역매출 또는 용역수익이다.
④ 계속기록법에서는 매출원가와 기말에 상품이 얼마나 남아 있는지, 매출총이익 등을 알 수 없기 때문에 상품관련(매출원가, 재고자산) 수정분개가 필요하다.

04 다음 자료에서 기초상품재고액은 얼마인가?

당기매입액	₩300,000	당기매출액	₩600,000
기말상품재고액	₩80,000	매출총이익	₩220,000

① ₩160,000 ② ₩180,000
③ ₩200,000 ④ ₩220,000

연습문제

05 다음 중 빈 칸에 들어갈 금액으로 옳은 것은?(단, 기초자산과 기말자산의 변동은 없었다.)

기초		기말		당기순손실
자본	자산	부채	자본	
₩80,000	㉮	₩90,000	㉯	₩10,000

	㉮	㉯		㉮	㉯
①	₩140,000,	₩70,000	②	₩140,000,	₩90,000
③	₩160,000,	₩70,000	④	₩160,000,	₩90,000

06 다음 항목들과 관련하여 회계처리하는 경우 분개상 차변에 비용이 발생하는 경우가 아닌 것은?

> 가. 상품을 매입하고 매입대금 ₩500,000과 매입운임 ₩30,000을 현금지급하다.
> 나. 은행차입금에 대한 이자 ₩10,000이 현재 미지급상태이다.
> 다. 거래처 직원의 결혼축하금으로 현금 ₩50,000을 지급하다.
> 라. 상품운반용 트럭을 구입하면서 취득세 ₩20,000을 현금으로 지급하다.

① 가, 나　　② 가, 다
③ 나, 라　　④ 가, 라

07 다음 중 손익계산서에 영향을 미치는 거래로만 짝지어진 것은?

> 가. 상품을 매출하고 당점에서 매출운임 ₩50,000을 현금으로 지급하다.
> 나. 토지를 취득하고 취득세 ₩100,000을 현금으로 지급하다.
> 다. 본사 건물에 대한 재산세 ₩500,000을 현금으로 지급하다.
> 라. 상품을 매입하고 당점에서 매입운임 ₩50,000을 현금으로 지급하다.

① 가, 나　　② 나, 다
③ 가, 다　　④ 나, 라

08 다음 중 시산표 작성목적으로 적합하지 않은 것은?

① 회계처리상의 오류를 검증한다.
② 재무제표의 작성자료를 제공한다.
③ 전반적인 재무상태와 영업성과를 나타낸다.
④ 기간중 거래의 전체적 내용을 알 수 있다.

09 시산표 작성결과, 차변잔액이 대변잔액보다 ₩6,300이 많다. 다음 중 그 원인이라고 생각되는 것은?

① 외상매출금 ₩47,000이 시산표에 ₩40,700으로 오기되었다.
② 매출액 합산 시 ₩6,300이 초과계상되었다.
③ 비품계정에 ₩700이 ₩7,000으로 오기되었다.
④ 당기순손실 ₩6,300이 발생한 것이다.

10 다음 중 시산표를 통해 발견할 수 있는 오류는 어느 것인가?

① 분개시 차변과 대변의 금액 차이가 일치하지 않는 경우
② 하나의 거래를 두 번 분개한 경우
③ 분개시 차변과 대변이 서로 바뀐 경우
④ 차변과 대변의 동일금액이 우연히 상계된 경우

11 다음 중 오류 검증과정에서 시산표에서 발견할 수 있는 오류로 볼 수 있는 것은?

① 급여 ₩1,000을 현금 지급한 것을 이중으로 두 번 기재하고 전기하였다.
② 상품 외상대금 ₩180,000을 미지급금 ₩180,000으로 잘못 처리하였다.
③ 현금을 보통예금에 ₩200,000으로 예입한 것을 당좌예금으로 잘못 처리하였다.
④ 소모품 구입 후 차변에 소모품 ₩50,000으로 처리하였으나 시산표 대변에 ₩500,000으로 처리하였다.

12 다음 중 일반적인 회계처리 순서로 보기 어려운 것은?

① 거래발생 - 분개 - 전기
② 분개장 - 원장 - 수정전시산표
③ 수정전시산표 - 수정분개 - 수정후시산표 - 재무제표
④ 매출원가 - 수정전시산표 - 집합손익 - 이익잉여금

13 다음 중 영업이익(손실)을 산출할 때 매출액에서 차감되는 항목이 아닌 것은?

① 매출원가　　② 관리비
③ 금융비용　　④ 판매비

연습문제

※ 14~16 다음은 (주)KH의 기말시점에 수익과 비용에 관한 계정들의 잔액이다. 이를 이용하여 분개장에 적절한 마감분개를 하라.

매출 150,000원	급여 100,000원	광고비 4,000원	임차료 6,000원

(주)KH 분개장

		차변		대변	
		계정과목	금액	계정과목	금액
14	수익계정마감				
15	비용계정마감				
16	집합손익계정마감				

※ 17~19 다음은 도매업을 하는 (주)KHCU.com의 기말잔액이다. 이를 이용하여 매출원가 산출을 위한 기말의 수정분개(매출원가계정 이용)를 하라.(실지재고조사법을 이용)

사용계정 예 : 매출원가, 상품(재고자산), 매입
기초상품재고액(상품계정의 차변잔액) 25,000원
당기상품매입액(매입계정의 차변잔액) 60,000원
회계연도말 실지 창고의 재고조사결과 기말상품재고액 15,000원

(주)KHCU.com 분개장

	차변		대변	
	계정과목	금액	계정과목	금액
17				
18				
19				

※ 20~25 다음 표는 각각 상호 독립적인 두 개 회사의 포괄손익계산서 나타낸다. 다음 빈칸에 적정한 금액을 기입하라.

	당기 매출액	기초상품 재고액	당기 매입액	판매 가능액	기말상품 재고액	매출원가	매출 총이익
A사	60,000	10,000	40,000	20	12,000	21	22
B사	23	20,000	24	25	15,000	60,000	20,000

연습문제

정답 및 풀이

1. ③: 판매가능액 = 기초재고액 + 당기매입액
2. ④
3. ④
4. ①: 매출총이익 = 매출액-매출원가
   매출원가₩380,000 = 기초재고액 + 당기매입액₩300,000-기말재고액₩80,000
   ∴ 기초재고액 = ₩160,000
5. ③
6. ④: 매입운임과 취득세는 취득원가에 가산되는 항목임
7. ③: "나"와 "라"는 취득한 자산의 취득원가에 포함 됨
8. ④
9. ③
10. ①: ② · ③ · ④는 시산표에서 발견할 수 없는 오류임
11. ④
12. ④: 매출원가는 수정후시산표에서 나타난다.
13. ③: 금융비용은 영업손익 이후에 차감되는 비용이다.

14~16.

(주)KH 분개장

		차변		대변	
		계정과목	금액	계정과목	금액
14.	수익계정마감	매출	150,000	집합손익	150,000
15.	비용계정마감	집합손익	110,000	급여 광고비 임차료	100,000 4,000 6,000
16.	집합손익계정마감	집합손익	40,000	이익잉여금	40,000

17~19.

(주)KHCU.com 분개장

	차변		대변	
	계정과목	금액	계정과목	금액
17.	매출원가	25,000	상품(재고자산)	25,000
18.	상품(재고자산)	15,000	매출원가	15,000
19.	매출원가	60,000	매입	60,000

연습문제

20~25. 매출원가계정 차변에는 기초재고자산과 당기매입액이 들어가고 이 두 금액의 합계액을 판매가능액이라고 한다. 매출원가계정 대변에는 기말재고자산이 들어가서 차변잔액으로 매출원가를 구할 수 있다. 이것을 공식화하면
매출원가 = 기초재고자산 + 당기매입액 - 기말재고자산이 된다. 그리고 매출총이익은 매출액에서 매출원가를 차감하여 구하므로 매출총이익 = 매출액 - 매출원가이라는 공식을 구할 수 있다. 이 두 공식을 이용하여 빈 칸을 채운다.

20. ₩50,000
21. ₩38,000
22. ₩22,000
23. ₩80,000
24. ₩55,000
25. ₩75,000

제 6 장

재고자산

1. 재고자산의 의의와 종류
2. 재고자산 취득원가
3. 재고자산의 기록방법
4. 재고자산의 원가흐름
5. 재고자산의 가격결정
6. 재고자산 감모손실과 평가손실
7. 재고자산의 추정
8. 기타 재고자산

제6장 재고자산

1. 재고자산의 의의와 종류

재고자산(inventory)은 정상적인 영업활동과정에서 생산 또는 판매를 목적으로 보유(소유)하고 있는 자산이다. 다시 말해서, 〈업종별 재고자산의 종류〉에서 보듯이 정상적인 영업활동과정에서 판매를 위하여 보유 중인 상품과 제품, 생산 중인 재공품 및 생산 또는 용역제공과정에 투입될 원재료나 소모품의 형태로 존재하는 자산을 말한다. 또한, 재고자산의 수익인식(매출)시점은 기본적으로 상품 또는 제품을 인도한 날 인식하게 되어 있다.

기말재고자산은 재무상태표에 표시되어 기업 재무상태의 일부를 나타내며, 판매된 재고자산의 원가인 매출원가(비용)는 포괄손익계산서에 표시되어 기업의 경영성과 평가에 영향을 미친다.

상품판매회사가 판매를 목적으로 보유하는 재고자산은 상품(merchandise)이라고 하여 상품이나 재고자산계정을 사용한다. 상품제조회사가 보유하는 재고자산은 일반적으로 제품 제조(가공)를 위하여 매입한 원재료, 제품 · 반제품의 제조(가공)를 위하여 제조과정에 있는 재공품, 자가 제조한 중간제품과 부분품(판매가능)인 반제품, 판매를 목적으로 제조(가공)한 제품(products)이 있으며 각각의 계정을 사용한다. 업종에 관계없이 보유하는 저장품은 소모품이나 소모공구기구비품, 수선용 부분품, 기타 저장품이 있다.

〈업종별 재고자산의 종류〉

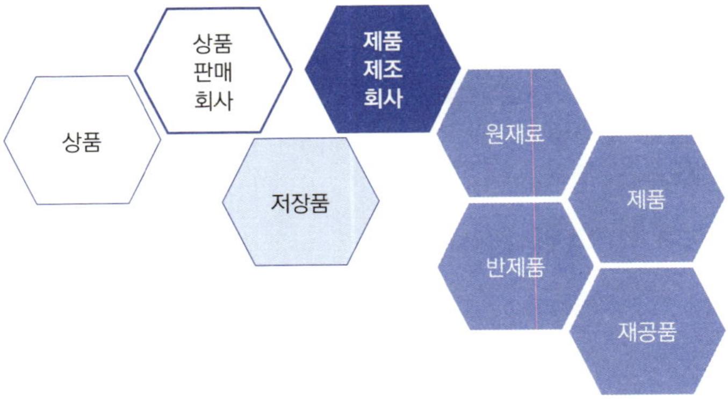

2. 재고자산 취득원가

단순하게 〈재고자산의 취득원가〉는 '재고자산 취득원가 = 매입가격 + 부대원가 (= 직접부대원가 + 전환원가 등)'이다. 보다 구체적으로는 다음과 같다.

전술한 바와 같이 도소매업을 영위하는 상품판매회사(상기업)의 재고자산은 상품이다. 상품의 매입원가(merchandise cost)는 매입가격에, 상품을 영업장까지 옮겨와서 이를 판매가능한 상태로 하기까지 필요한 정상(직접)적인 부대원가를 포함한다. 이때 매입할인, 매입환출, 매입에누리 기타유사항목은 매입가격에서 차감하고 매입운임, 하역료, 수입관세, 보관원가(구매과정에서 보관이 필요한 경우), 보험료 등의 직접부대원가는 매입가격에 가산한다. 그러나 상품의 판매과정에서 보관이 필요한 경우의 보관료는 매입원가에 포함시키지 않고 판매비로 회계처리한다.

제품제조회사의 재고자산 중 직접재료원가는 기업이 구입한 원재료의 매입원가로서 상품판매회사의 재고자산과 같이 원재료의 매입가격에 부대원가를 가산한 금액이다. 제품의 원가는 상술한 직접재료원가에 전환원가(conversion costs)를 가산한 것이다. 이 전환원가(가공비)는 가공에 투입된 직접노무원가와 제조간접원가를 의미한다. 그리고 본래 의도된 상태에 이르게 하는 데 발생한 범위 내의 원가인 기타원가가 가산된다.

또한, KIFRS(제1023호)에 따르면 적격자산(재고자산, 제조설비자산, 전력생산설비, 무형자산, 투자부동산 등에 관하여 의도된 용도로 사용하거나 판매가능한 상태로 이르게 하는 데 상당한 기간이 필요한 자산)의 취득, 건설 또는 제조와 직접 관련된 차입원가는 당해 자산의 원가 일부로 자본화해야 한다고 되어 있어, 적격재고자산의 제조 등에 직접 관련된 차입원가는 재고자산원가에 포함시킨다. 한편, 재고자산과 관련성이 없는 차입원가는 발생기간의 비용으로 인식해야한다.

〈재고자산의 취득원가〉

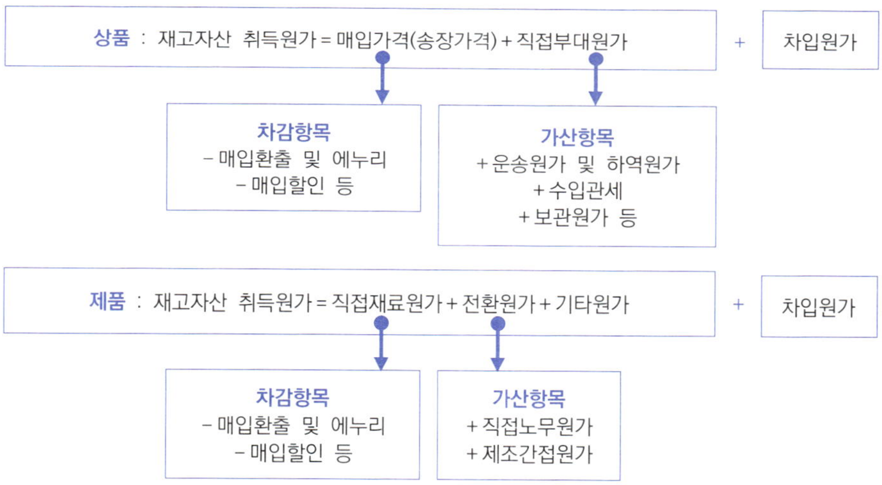

3. 재고자산의 기록방법

재고자산에 관한 회계처리는 이미 5장 상품판매회사의 회계처리절차에서 설명한 바 있다. 여기서는 재고자산의 가격결정에 필요한 사항을 중심으로 계속기록법과 실지재고조사법에 관하여 설명한다.

계속기록법(perpetual inventory system)은 상대적으로 고가이며 빈번하게 거래가 발생하지 않는 재고자산에 적용되며, 판매가 발생할 때마다 그 재고자산의 취득원가를 확인하여 매출원가를 기록한다. 이 때 재고자산(상품)계정과 매출원가 계정을 사용한다. 재고자산을 매입하면 재고자산(상품)계정에 그 취득원가를 기록하고, 판매하면 재고자산(상품)계정에서 판매한 재고자산의 취득원가를 차감(대변기입)함과 동시에 같은 금액을 매출원가계정에 차기한다.

그리고 재고자산(상품)의 종류별로 보조장부인 **상품재고장**을 이용하면, 입고, 출고, 잔고에 관한 수량, 단가, 원가를 기록하여 상술한 금액들을 확연하게 파악할 수 있다. 이러한 기록은 일정기간별로 입고가격(매입원가)과 출고가격(매출원가)이 장부상에서 명료해져, 출고 난에서 매출원가, 재고 난에서 기말재고자산 금액을 파악할 수 있으므로, 결산에 필요한 기말재고자산과 매출원가에 관한 자료를 얻을 수 있어 도움이 된다.

실지재고조사법(실사법, periodic inventory system)은 상대적으로 저가이며 빈번하게 거래가 발생하는 재고자산에 적용되며, 판매가 발생할 때마다 그 재고자산의 취득원가를 확인하여 매출원가를 기록하지 않는다. 즉, 매출계정에 판매가격으로 대기할 뿐이다. 이는 재고자산(상품) 단위당 판매이익(마진)이 낮아 사무(회계처리)비용을 감당하기 어렵기 때문이다. 따라서 기말에 실사를 통해 기말재고자산의 수량과 단가를 파악하여 기말재고자산 금액을 산정하고, 〈매출원가 계산공식〉을 이용하여 당기 매출원가를 계산한다.

〈매출원가 계산공식〉

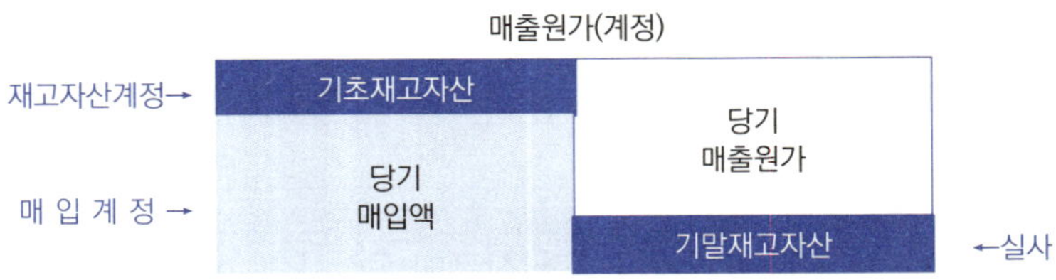

당기 매출원가 = 기초재고자산 + 당기 매입액 – 기말재고자산

4. 재고자산의 원가흐름

실지 실물흐름에 의한 원가흐름에 따라 기말재고자산과 매출원가의 금액을 결정하는 개별법이 있다. 대량생산 및 빈번한 거래로 개별법으로 원가흐름을 파악하는 데 한계가 있어 일정한 가정을 통해 매출원가와 기말 재고자산 금액을 결정하는 방식으로 선입선출법, 후입선출법, 평균법이 있다. 그리고 평균법에는 계속기록법에 의한 평균법인 이동평균법과 실지재고조사법에 의한 평균법인 총평균법(가중평균법)이 있다. 또한 평균법을 포함하여 가정에 의한 각 원가흐름은 계속기록법과 실지재고조사법에 따라 결과가 다르게 나온다는 점에 주의하여야 한다.

〈개별법〉

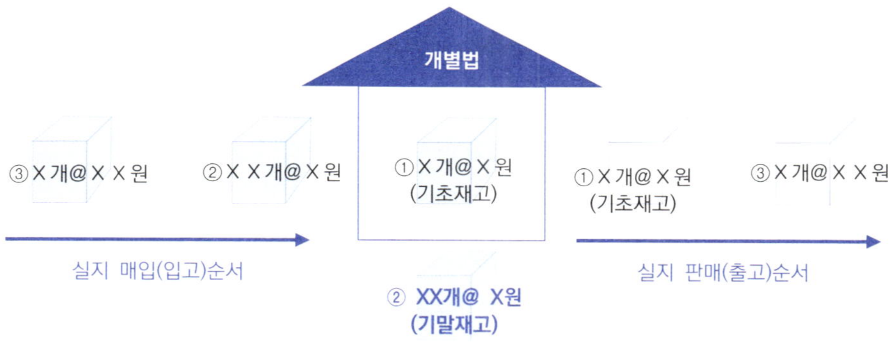

개별법은 실물흐름에 따라서 매출원가와 기말재고자산의 원가를 결정하는 방식이다. ○숫자가 입고 순서를 나타내고, 〈개별법〉에서 실질적으로 ③, ① 순서로 출고(판매)되었다면 재고자산으로 ②가 남게 된다. 이는 선박이나 귀금속 등과 같은 상품에 대하여 적용되는 것으로, 구체적으로 판매되는 상품을 일일이 확인하여 그 판매(출고)된 상품(제품)의 취득원가를 매출원가로 기록하는 방법이다. 기말재고자산도 같은 방식으로 해당 재고자산의 취득원가를 기말재고자산 금액으로 기록한다. 다시 말해서 서로 대체하여 사용·판매될 수 없는 재고자산이나 특정 프로젝트별로 생산되는 제품(서비스)의 원가결정에 이용된다.

선입선출법(First In First Out method: FIFO)은 먼저 매입(입고)한 상품부터 먼저 판매(출고)된다고 가정하고 매출원가와 기말재고자산 금액을 결정하는 방법이다. 〈선입선출법〉에서 ①, ② 순서로 출고(판매)되었다고 가정하면 재고자산으로 ③이 남게 된다.

〈선입선출법〉

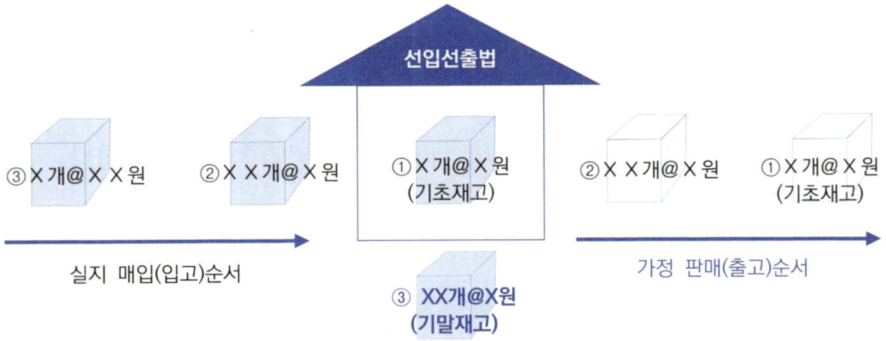

〈이동평균법〉

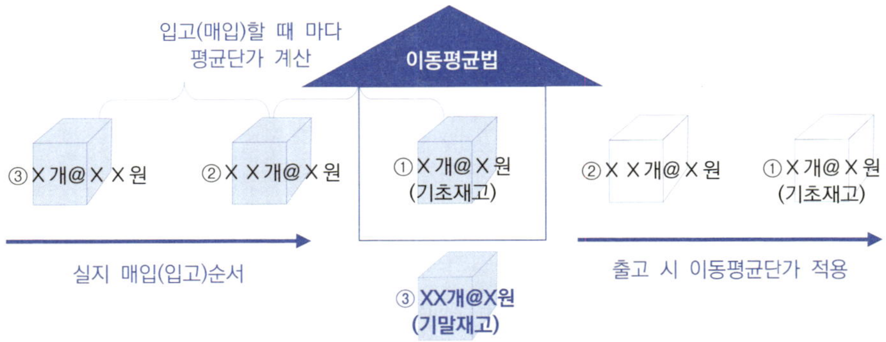

평균법(average cost method)은 계속기록법에 의하면 〈이동평균법〉(moving average cost method)이 적용되고, 실지재고조사법에 의하면 〈총평균(가중)평균법〉 (weighted average cost method)법이 적용된다.

이동평균법은 단가가 다른 상품을 매입할 때마다 그 매입 직전의 재고자산 잔액

(잔고금액)과 매입(입고)금액의 합계액을 매입 직전의 재고자산 수량(잔고수량)과 매입수량의 합계수량으로 나누어 이동평균단가를 계산하고 이 이동평균단가를 이용하여 판매 시마다 매출원가와 잔고의 금액을 정하는 방법이다.

〈총(가중)평균법〉

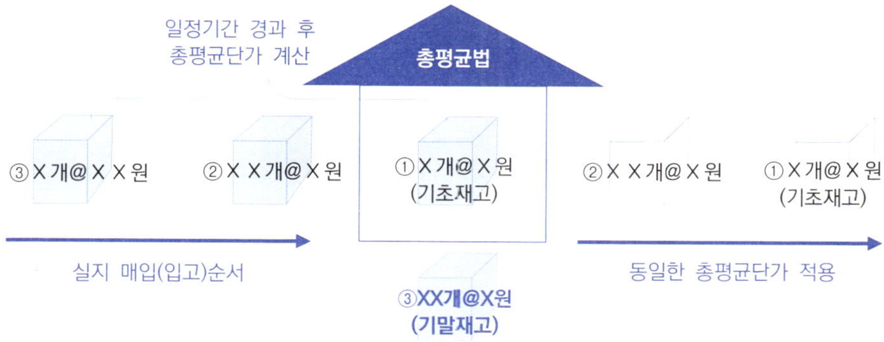

총(가중)평균법은 일정기간(당기)말에 그 기간 초의 재고자산과 매입(입고)한 상품을 더한 총매입액(판매가능재고자산 금액)을 그 총매입(판매가능재고자산) 수량으로 나누어 하나의 총평균단가를 구하여, 이 단가를 그 기간에 매출원가와 기말재고자산 금액 산출에 이용하는 방법이다. 따라서 일정기간(한 회계연도)이 경과된 후 총평균단가가 정해진다.

후입선출법(Lirst In First Out: LIFO)은 가장 최근(나중)에 매입(입고)한 상품부터 먼저 출고(판매)된다고 가정하고 매출원가와 기말재고자산 금액을 결정하는 방법이다. 따라서 물가상승 시에 이 〈후입선출법〉을 적용하면 다른 방법에 비하여 재무상태표의 기말재고자산은 낮은 금액으로 표시되고 포괄손익계산서의 매출원가는 상대적으로 높은 금액이 표시되어 당기 이익이 낮게 나타난다.

〈후입선출법〉

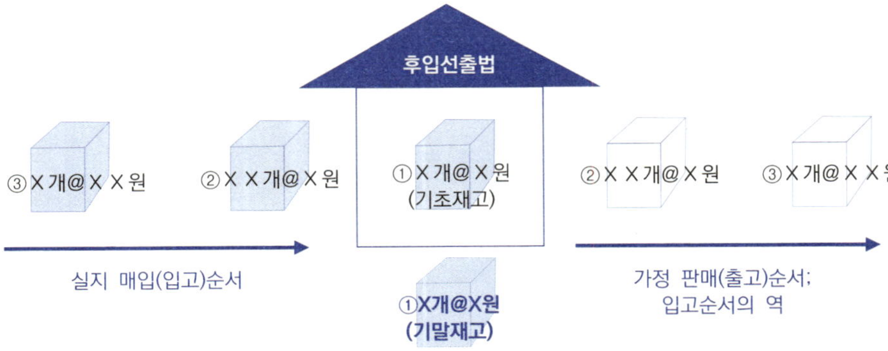

5. 재고자산의 가격결정

재고자산의 원가흐름은 재고자산의 가격결정을 위한 기본가정이며, 여기에 재고자산의 매매 기록법에 따라 〈재고자산 원가흐름의 가정과 매매 기록법〉과 같이 다양한 가격결정 방법이 있다. 각 방법에 따라서 재고자산의 매입가격이 변동하는 상황에서는 기말재고자산과 매출원가가 차이가 있을 수밖에 없다.

〈재고자산 원가흐름의 가정과 매매 기록법〉

원가흐름가정 / 매매기록법	선입선출법	평균법		후입선출법
		총평균법	이동평균법	
계속기록법	○		○	○
실지재고조사법	○	○		○

재고자산의 매매 기록법 중 계속기록법은 매입 시마다 수량, 단가, 원가를 기록하고 판매 시마다 매출원가에 해당하는 수량, 단가, 원가를 기록하고 각 시점마다의 잔액을 기록하는 방법이다. 그리고 실지재고조사법은 매입 시마다 수량, 단가, 원가를 기록하고 판매 시에 매출액만 체크하고 일정시점(기말)의 수량, 단가, 원가

를 실지재고조사를 통해 파악하여 기말재고자산과 기중 매출원가를 계산 · 기록하는 방법이다.

여기서 5장에서 예를 들었던 상품판매회사인 (주)CJW쇼핑의 재고자산의 금액이 어떻게 결정되는지 확인해본다.

5월 1일 기초재고는 10개(@800)가 있었다.

5월 3일 (주)CJW쇼핑은 휴대폰 케이스 6개를 ₩8,000에 (주)청담에 팔고 1개월 뒤에 대금을 받기로 했다.

5월 9일 휴대폰 케이스 16개(@850)를 (주)영동제작소로부터 구입하였는데, 대금 중 ₩3,800은 현금으로 지급하고 나머지는 외상으로 하였다.

5월 17일 휴대폰 케이스 10개를 (주)사과폰에 ₩10,375에 팔고 수표를 받았다.

5월 24일 휴대폰 케이스 5개(@800)를 매입하고 운반비 ₩500을 각각 수표로 지급하였다.

5월 27일 휴대폰 케이스 7개를 ₩9,917에 팔고 수표를 받아 바로 당좌예금에 입금하였다.

5월 31일 실사를 해보니 8개가 남아있었다.

상기의 거래를 요약하면 아래의 그림과 같으며, 이를 이용하고 각 방법에 따른 상품재고장 등을 통해 자세히 들여다본다.

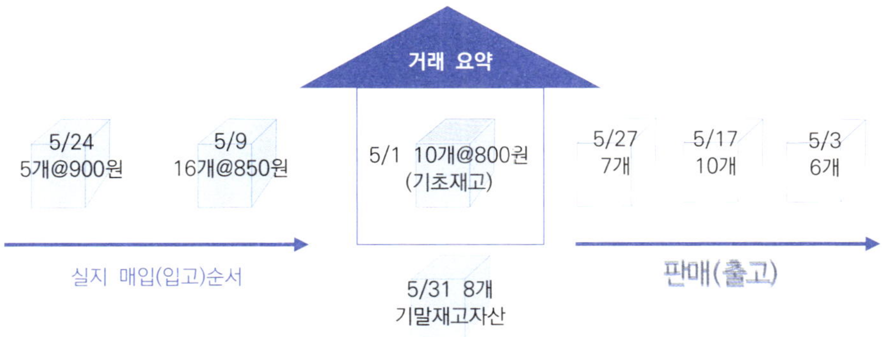

1) 선입선출법 – 계속기록법과 실지재고조사법

계속기록법을 적용하는 상황에서 선입선출법은 상품재고장을 이용하여, 매입 시에 입고 난에 수량, 단가, 원가를 기록하고 그 시점에 잔고 난에 입고된 순으로 수량, 단가, 원가를 합산하지 않고 기록한다. 판매 시에는 그 시점에 재고로 남아 있는 상품 중 먼저 입고된 상품부터 출고기록을 해 나간다. 그리고 기말에 잔고 난의 기말잔액을 출고 난 맨 아래쪽에 차기이월이라고 기록하며 그 수량, 단가, 원가를 기록한다. 그 다음 칸의 입고 난과 출고 난에 수량과 원가의 총합계를 기록하며 두 줄을 긋는다. 마지막 줄에 전기이월이라고 기록하여 입고 난과 잔고 난에 기말 잔액의 수량, 단가, 원가를 기록한다. 매출원가(₩19,050)는 입고 난의 총매입액(판매가능재고자산, ₩26,100)에서 기말재고액(₩7,050)을 차감하여 구한다.

상품재고장

선입선출법(계)		매입(입고)			판매(출고)			잔액(잔고)		
일자	설명	수량	단가	원가	수량	단가	원가	수량	단가	원가
5/ 1	기초재고	10	800	8,000				10	800	8,000
5/ 3	매출				6	800	4,800	4	800	3,200
5/ 9	매입	16	850	13,600				4	800	3,200
								16	850	13,600
5/17	매출				4	800	3,200			
					6	850	5,100	10	850	8,500
5/24	매입	5	900	4,500				10	850	8,500
								5	900	4,500
5/27	매출				7	850	5,950	3	850	2,550
								5	900	4,500
5/31					23		19,050			
	차기이월				3	850	2,550			
					5	900	4,500			
		31		26,100	31		26,100			
6/ 1	전기이월	3	850	2,550				3	850	2,550
		5	900	4,500				5	900	4,500

실지재고조사법을 적용하는 상황에서 선입선출법은 우선 기말에 실사를 통해 기말재고자산 수량(8개)을 파악한다. 선입선출법은 먼저 매입된 재고자산이 먼저 판매된 것으로 가정하는 방법이므로, 기말재고자산은 가장 최근에 매입한 재고자산이 기말에 남아 있게 된다. 따라서 가장 최근에 매입한 재고자산의 단가가 기말재고자산 금액(₩7,050 = 5개@₩900 + 3개@₩850)에 적용되어 산출된다. 매출원가(₩19,050)는 총매입액(₩26,100)에서 기말재고액(₩7,050)을 차감하여 구한다.

결과적으로 선입선출법에서는 입출고마다 계속 기록하여 각 시점마다 잔고를 파악하는 계속기록법의 적용 결과와 기말에 실사를 통해 기말재고 수량, 단가, 원가를 파악하여 기말재고자산과 더불어 일정기간(당기)의 매출원가를 파악하는 실지재고조사법의 적용 결과는 동일하다.

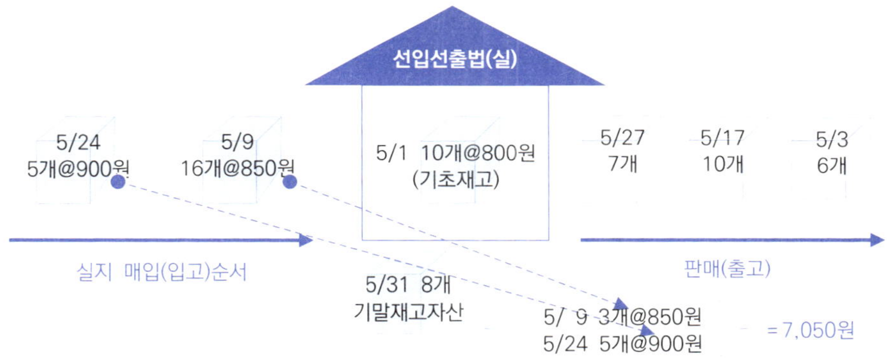

2) 평균법 – 계속기록법과 실지재고조사법

평균법의 하나인 이동평균법은 계속기록법이 적용되는 원가흐름이다. 매입 시에 상품재고장의 입고 난에 수량, 단가, 원가를 기록하고 기존의 재고자산 금액과 신규 입고 금액을 합산하고 그 합산한 수량으로 나누어 매입 시마다 평균단가를 구하여 기록한다. 판매 시에는 그 시점에 평균단가가 적용된 매출원가를 출고 난에 기록해나간다.

상품재고장

이동평균법(계)		매입(입고)			판매(출고)			잔액(잔고)		
일자	설명	수량	단가	원가	수량	단가	원가	수량	단가	원가
5/ 1	기초재고	10	800	8,000				10	800	8,000
5/ 3	매출				6	800	4,800	4	800	3,200
5/ 9	매입	16	850	13,600				20	840	16,800
5/17	매출				10	840	8,400	10	840	8,400
5/24	매입	5	900	4,500				15	860	12,900
5/27	매출				7	860	6,020	8	860	6,880
5/31					23		19,220			
	차기이월				8	860	6,880			
		31		26,100	31		26,100			
6/ 1	전기이월	8	860	6,880				8	860	6,800

그리고 기말에 잔고 난의 기말재고자산의 수량, 단가, 원가를 출고 난 맨 아래쪽에 차기이월이라고 기록하고 그 수량, 단가, 원가를 기록한다. 그 다음 칸에서 입고 난과 출고 난에 동일한 총수량과 총매입액를 기록하며 두 줄을 긋는다. 마지막으로 그 다음 칸에 전기이월이라고 기록하여 기말 잔액의 수량, 단가, 원가를 기록한다. 매출원가(₩19,220)는 입고 난의 총매입액(₩26,100)에서 기말재고액(₩6,880)을 차감하여 구한다.

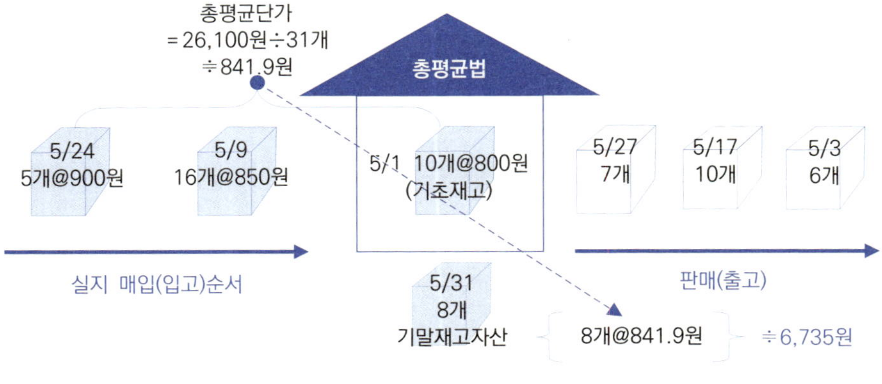

상품재고장

총평균법(실)		매입(입고)			판매(출고)			잔액(잔고)		
일자	설명	수량	단가	원가	수량	단가	원가	수량	단가	원가
5/ 1	기초재고	10	800	8,000				10	800	8,000
5/ 3	매출				6			4		
5/ 9	매입	16	850	13,600				20		
5/17	매출				10			10		
5/24	매입	5	900	4,500				15		
5/27	매출				7			8		
5/31					23		19,365			
	차기이월				8	841.9	6,735			
		31	841.9	26,100	31		26,100			
6/ 1	전기이월	8	841.9	6,735				8	841.9	6,735

평균법의 하나인 총평균법은 실지재고조사법이 적용되는 원가흐름이다. 우선 기말에 실사를 통해 기말재고자산 수량(8개)을 파악한다. 그리고 판매가능재고자산(기초재고자산과 당기 매입)의 누적 수량과 원가(총수량과 총매입원가)를 파악하고 기중 매입 총평균단가(총매입 원가÷총매입 수량=₩2,610÷31≒₩841.9)를 산출한다. 기말재고자산 금액(₩6,735)은 기말재고자산 수량(8개)에 총평균단가(@841.9)를 곱하여 구한다. 매출원가(₩19,365)는 총매입액(₩26,100)에서 기말재고액(₩6,735)을 차감하여 구한다.

3) 후입선출법 – 계속기록법과 실지재고조사법

계속기록법에 의한 후입선출법은 매입 시에 입고 난에 수량, 단가, 원가를 기록하고 그 시점에 잔고 난에 입고된 순으로 수량, 단가, 원가를 합산하지 않고 기록한다. 판매 시에는 재고로 남아 있는 재고자산 중 최근(나중)에 입고된 재고자산부터 출고기록을 해 나간다. 그리고 기말에 잔고 난의 기말잔액을 출고 난 맨 아래쪽에 차기이월이라고 기록하며 그 수량, 단가, 원가를 기록한다. 그 다음 칸의 입고 난과 출고 난에 수량과 원가의 총합계를 기록하며 두 줄을 긋는다. 마지막 줄에 전기이월이라고 기록하여 입고 난과 잔고 난에 기말 잔액의 수량, 단가, 원가를 기록한다. 매출원가(₩19,500)는 입고 난의 총매입액(₩26,100)에서 기말재고액(₩6,600)을 차감하여 구한다.

상품재고장

후입선출법(계)		매입(입고)			판매(출고)			잔액(잔고)		
일자	설명	수량	단가	원가	수량	단가	원가	수량	단가	원가
5/ 1	기초재고	10	800	8,000				10	800	8,000
5/ 3	매출				6	800	4,800	4	800	3,200
5/ 9	매입	16	850	13,600				4 16	800 850	3,200 13,600
5/17	매출				10	850	8,500	4 6	800 850	3,200 5,100
5/24	매입	5	900	4,500				4 6 5	800 850 900	3,200 5,100 4,500
5/27	매출				5 2	900 850	4,500 1,700	4 4	800 850	3,200 3,400
5/31					23		19,500			
	차기이월				4 4	800 850	3,200 3,400			
		31		26,100	31		26,100			
6/ 1	전기이월	4 4	800 850	3,200 3,400				4 4	800 850	3,200 3,400

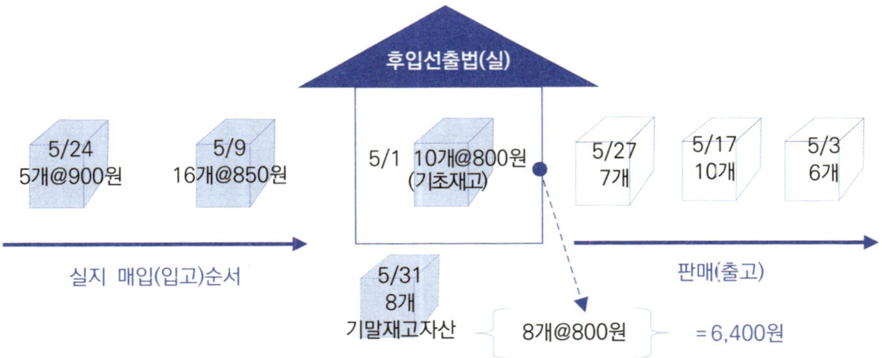

실지재고조사법에 의한 후입선출법은 우선 기말에 실사를 통해 기말재고자산 수량(8개)을 파악한다. 후입선출법은 제일 나중에 매입된 재고자산이 먼저 판매된 것으로 가정하는 방법이므로 기말재고자산은 가장 먼저 매입한 재고자산(기초) 쪽이 기말에 남아 있게 된다.

따라서 제일 먼저 매입한 재고자산(기초) 쪽의 단가가 기말재고자산 금액(₩6,400 = 8개@₩800)에 적용되어 산출된다. 한편 매출원가(₩19,00)는 총매입액(₩26,100)에서 기말재고액(₩6,400)을 차감하여 구한다.

상품재고장

후입선출법(실)		매입(입고)			판매(출고)			잔액(잔고)		
일자	설명	수량	단가	원가	수량	단가	원가	수량	단가	원가
5/ 1	기초재고	10	800	8,000				10	800	8,000
5/ 3	매출				5	900	4,500			
					1	850	850			
5/ 9	매입	16	850	13,600						
5/17	매출				10	850	8,500			
5/24	매입	5	900	4,500						
5/27	매출				5	850	4,250			
					2	800	1,600			
5/31					23		19,700			
	차기이월				8	800	6,400			
		31		26,100	31		26,100			
6/ 1	전기이월	8	800	6,400				8	800	6,400

결과적으로 원가흐름에 따라 매출원가와 기말재고자산 금액의 차이가 발생한다. 전술한 예는 계속해서 취득가격이 상승한다는 가정에서 설명하였다. 이렇게 물가상승이 지속되는 것을 가정하면 〈원가흐름에 따른 매출원가와 기말재고자산 금액의 차이〉와 같은 결과를 얻을 수 있다. 선입선출법에서는 매출원가가 가장 작게 산출되고 기말재고가 가장 많게 산출된다. 반대로 후입선출법에서는 매출원가가

많게 산출되고, 기말재고가 가장 적게 산출된다. KIFRS에서는 재무상태와 경영성과를 왜곡시키는 후입선출법을 인정하지 않고 있다. 또한 원가흐름의 가정을 이용한 상품 평가방법을 수시로 변경하면 이익을 조작할 수 있다. 그래서 일반적으로 인정된 회계원칙(GAAP)은 기본적으로 한번 채택한 방법은 계속기업의 가정에 의하여 변경할 수 없게 하고 있다.

〈원가흐름에 따른 매출원가와 기말재고자산 금액의 차이〉

	선입선출법 (계속 · 실사법)		평균법				후입선출법		
			이동평균법		총평균법		계속기록법		실사법
매출원가	19,050	〈	19,220	〈	19,365	〈	19,500	〈	19,700
기말재고자산	7,050	〉	6,880	〉	6,735	〉	6,600	〉	6,400
합계	26,100		26,100		26,100		26,100		26,100

예제 1

다음의 거래내용으로 상품의 기말재고액과 매출원가를 ① 선입선출법과 ② 총평균법, ③ 후입선출법(실지재고조사법), ④ 이동평균법, ⑤ 후입선출법(계속기록법)에 의해서 구하라.

일자	거래내용	단가	금액
3월 기초재고	재고 500개	@300원	150,000원
3월 8일	매출 300개	@800원(판매단가)	240,000원
3월 17일	매입 600개	@320원	192,000원
3월 26일	매출 500개	@900원(판매단가)	450,000원

| 풀이 |

매출 시 판매단가는 상품 1개당 판매가격(매출액)이라는 사실을 숙지해야 한다. 그리고 각 원가흐름에서 먼저 기말재고액을 구한 다음 매출원가를 구한다. 참고로 상기 데이터에서 기말재고자산 수량(300개)은 총매입(판매가능재고자산) 수량(1,100개 = 500개 + 600개)에 당기판매 수량(800개 = 300개 + 500개))을 차감하여 구한다.

① 선입선출법

계속기록법과 실지재고조사의 결과(기말재고액, 매출원가)가 동일하므로 문제를 접할 경우 간단한 실지재고조사법으로 해결한다. ○숫자 순으로 풀어간 결과, 기말재고액은 ₩96,000이고 매출원가는 ₩246,000이다.

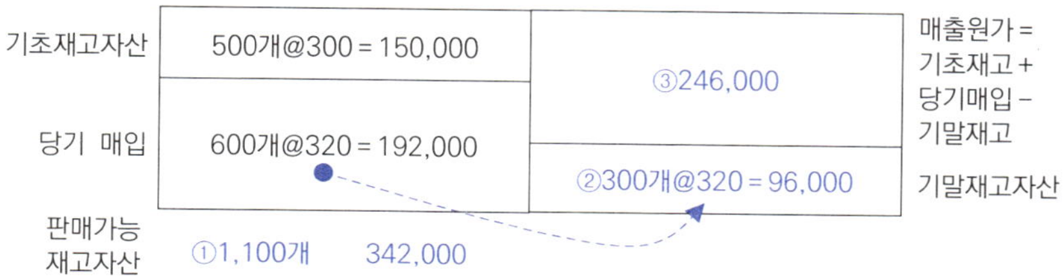

② 총평균법

실지재고조사법이 반영된 평균법이 총평균법이다. 우선 총평균단가를 구하고 ○숫자 순으로 풀어간 결과, 기말재고액은 ₩93,270이고 매출원가는 ₩248,730이다.

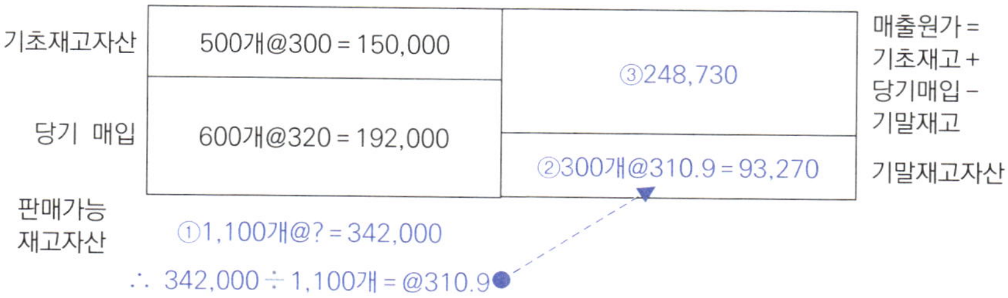

③ 후입선출법(실지재고조사법)

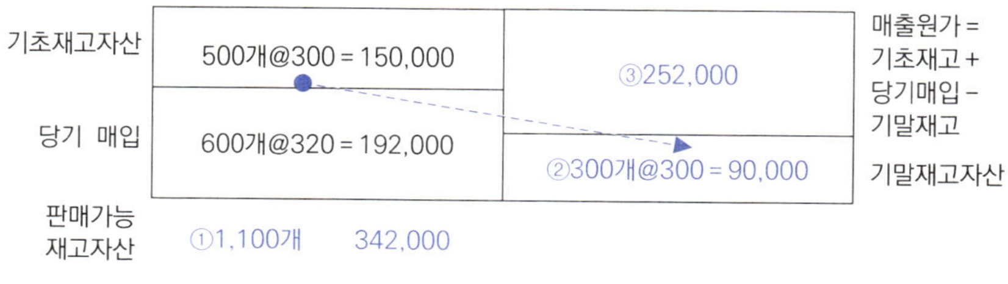

후입선출법은 기말재고에 기초재고나 당기 첫 매입의 단가가 적용된다. ○숫자 순으로 풀어간 결과, 기말재고액은 ₩90,000이고 매출원가는 ₩252,000이다.

④ 이동평균법

이동평균법은 계속기록법의 하나로 다음과 같이 간이 상품재고장 형식으로 풀어나간다. ○숫자 순으로 풀어간 결과, 기말재고액은 ₩94,500이고 매출원가는 ₩247,500이다.

입고		출고		잔고
기초	500개@300 = 150,000			500개@300 = 150,000
		3/8	300개@300 = 90,000	200개@300 = 60,000
3/17	600개@320 = 192,000			800개@315 = 252,000
		3/26	500개@315 = 157,500	300개@315 = 94,500
		기말	② 300개@315 = 94,500	
총매입	① 1,100개 342,000			
③ 매출원가 = 판매가능재고자산(기초재고 + 당기매입) − 기말재고⇒342,000 − 94,500 = 247,500				

⑤ 후입선출법(계속기록법)

계속기록법에 의한 후입선출법도 다음과 같이 간이 상품재고장 형식으로 풀어야 한다. ○숫자 순으로 풀어간 결과, 기말재고액은 ₩92,000이고 매출원가는 ₩250,000이다.

입고		출고		잔고
기초	500개@300 = 150,000			500개@300 = 150,000
		3/8	300개@300 = 90,000	200개@300 = 60,000
3/17	600개@320 = 192,000			200개@300 = 60,000 600개@320 = 192,000
		3/26	500개@320 = 160,000	200개@300 = 60,000 100개@320 = 32,000
		기말	② 200개@300 = 60,000 100개@320 = 32,000	
총매입	① 1,100개 342,000			
③ 매출원가 = 판매가능재고자산(기초재고 + 당기매입) − 기말재고 = 342,000 − 92,000 = 250,000				

6. 재고자산 감모손실과 평가손실

1) 재고자산감모손실

실무상에서는 분실, 도난, 파손 등에 의해서 재고자산(상품)의 수량이 부족한 경우가 종종 있다. 이러한 손실을 재고자산감모손실(inventory shrinkage losses)이라고 한다. 재고자산감모손실(비용)계정의 차변에 기입한다. 좀 더 자세히 말하면, 재고자산(상품)계정이나 상품재고장에 기록된 수량(장부상 수량)과 실지재고조사로 확인한 수량(실지재고수량)과의 차이(장부 수량 > 실사 수량)를 수량부족이라고 하여 감모손실로 인식한다.

재고자산감모손실 = (장부수량 – 실사수량) × 취득원가(단가)

이 감모손실은 원가성이 있는가, 없는가에 따라 포괄손익계산서(손익계산서)에 표시하는 방법이 다르다. 원가성이 있다는 것은 그 발생 정도가 정상적인 경우이며, 통상 발생하는 수준인 것으로 포괄손익계산서(손익계산서)의 매출원가에 포함시켜 인식한다. 따라서 정상적인 감모손실(비용)은 계정 상 매출원가(비용)계정으로 인식한다. 원가성이 없다는 것은 그 발생 정도가 비정상적인 감모손실이며, 원인에 이상이 있는 것으로 포괄손익계산서(손익계산서)의 기타비용에 재고자산감모손실로 인식한다. 그리고 비정상적인 감모손실은 계정 상 재고자산감모손실계정으로 인식한다.

계속기록법을 적용하는 경우, 이 감모손실이 발생하면 바로 정상적인 감모와 비정상적인 감모로 구분하여 회계처리한다. 실지재고조사법을 적용하는 경우, 비정상적인 감모가 발생하면 바로 회계처리하지만, 정상적인 감모는 기중에 처리하지 않으므로 기말에 저절로 매출원가에 포함된다. 그리고 기말에 감모를 인식하는 경우, 실지재고조사법에서는 매출원가를 산출하는 수정분개 이전에 감모손실(기타비용)을 인식하는 처리를 한다.

예제 2

(주)32아이스크림은 보관 중인 모카 아이스크림 20통 중에 냉동고의 고장으로 8통이 녹아 흘러버렸다. 1통의 취득원가는 ₩4,500이다. 그러나 이중 2통은 정상적으로 발생할 수 있다고 판단하였다. 계속기록법과 실지재고조사법에 의한 감모손실을 인식하는 회계처리(분개)를 하고 부분 재무제표를 작성하라.

| 풀이 |

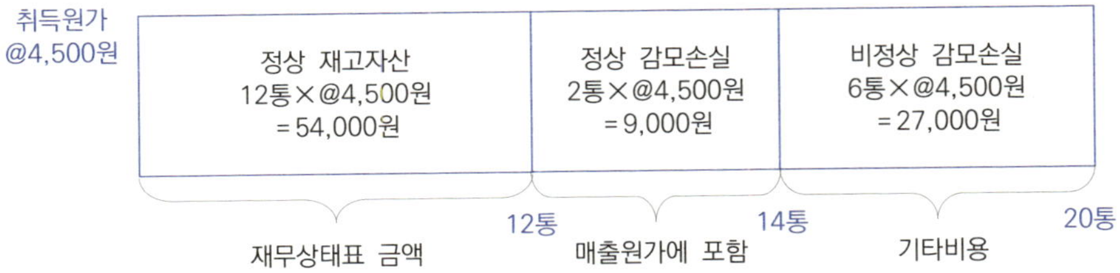

	차변		대변	
계속기록법	재고자산감모손실(매출원가)	9,000	재고자산	36,000
	재고자산감모손실(기타비용)	27,000		
실사법	재고자산감모손실(기타비용)	27,000	재고자산	27,000

재무상태표

유동자산		
재고자산	54,000	

포괄손익계산서

매출원가	…
재고자산감모손실	9,000
기타비용	
재고자산감모손실	27,000
…	

2) 재고자산평가손실

기말에 보유하고 있는 상품(재고자산)의 가치가 하락하여, 순실현가능가치가 취득원가보다 하락한 경우(취득원가>순실현가능가치)에는 순실현가능가치까지 재고자산의 금액을 감소시켜야 한다. 이 하락한 부분을 **재고자산평가손실**(=취득원가-순실현가능가치)이라고 한다. 이것은 기말재고자산의 평가에서 취득원가와 순실현가능가치 중 낮은 금액을 적용한다는 저가기준을 활용하기 때문이다. 이때 동종 재고자산별, 유사한 재고자산별(그룹별)로 저가기준을 적용한다. 그렇다면 **순실현가능가치**란 추정 판매가격에서 추정 판매비용을 차감한 금액이고 정상적인 영업활동에서 실현될 것으로 기대되는 금액, 즉 판매로 유입될 금액을 의미한다. 이는 시가에 가까운 의미를 갖고 있다. 반대로 순실현가능가치가 취득원가보다 상승한 경우에는 취득원가까지만 인식하고 취득원가 이상 상승한 부분은 무시한다. 이는 취득원가와 순실현가능가치 중 낮은 금액으로 평가하는 **저가기준**을 적용하기 때문이다.

재고자산평가손실이 발생할 경우 재고자산의 금액을 직접 차감할 수 있으나, 추후에 취득원가보다 하락한 순실현가능가치가 향후에 다시 상승할 수도 있어서, 재고자산평가손실이 발생할 경우 재고자산의 금액을 간접 차감하여 표시할 수도 있다. 즉, 재무상태표에서 대손충당금(평가계정)과 같이 **재고자산평가손실충당금**(allowance to reduce inventory to market)을 이용하여 간접 차감하는 방식(충당금설정법)으로 표시할 수 있다. 이와 같이 기말에 재고자산평가손실이 발생하면 회계처리를 다음과 같이 한다.

(차변) 재고자산평가손실(매출원가)	×××	(대변) 재고자산평가충당금	×××

따라서, 재고자산평가손실은 포괄손익계산서(손익계산서)에서 매출원가(비용)에 포함시킨다. 그리고 실지재고조사법에서는 매출원가를 산출하는 수정분개 이전에 재고자산 평가를 시행한다.

한편 순실현가능가치가 상승하여 취득원가 이상이 된 경우는 재고자산평가충당금의 잔액이 0원이 될 때까지만, 즉 취득원가까지만 회복시키는 회계처리를 다음과 같이 한다. 재고자산평가손실충당금환입은 매출원가에서 차감 처리한다.

(차변) 재고자산평가손실충당금	×××	(대변) 재고자산평가손실충당금환입	×××

예제 3

(주)32아이스크림은 기말에 취득원가가 1통에 ₩4,500인 모카 아이스크림 12통이 남아 있었는데, 혹한으로 순실현가능가치가 1통에 ₩3,000이다. 기말의 적절한 수정분개를 하고 부분 재무제표를 작성하라.

| 풀이 |

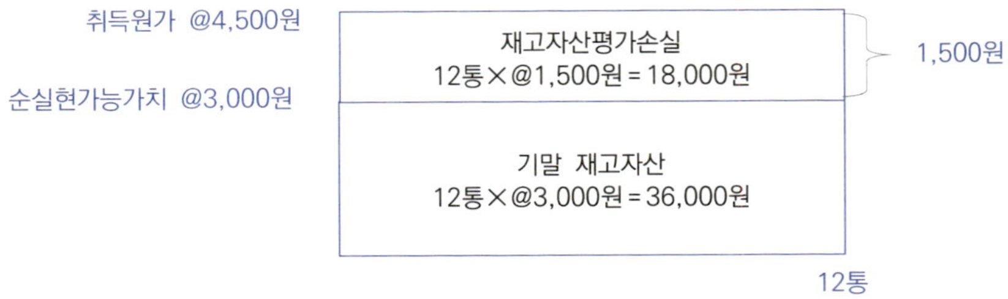

차변		대변	
재고자산평가손실(매출원가)	18,000	재고자산평가충당금	18,000

재무상태표		
유동자산		
재고자산	54,000	
재고자산평가손실충당금	(18,000)	
	36,000	

포괄손익계산서	
매출원가	
재고자산평가손실	+18,000
…	

예제 4

(주)32아이스크림은 기말에 장부상 20통의 아이스크림이 남아 있었다. 실사 결과, 냉동고의 고장으로 모카 아이스크림 8통이 녹아 흘러버렸다. 그러나 이중 2통은 정상적인 발생이라고 판단하였다. 1통의 취득원가는 ₩4,500이다. 결과적으로 정상적인 모카아이스크림은 12통 남아있는데, 혹한으로 순실현가능가치가 1통에 ₩3,000이다. 계속기록법과 실지재고조사법에 의한 감모손실과 평가손실을 인식하는 수정분개를 하라.

| 풀이 |

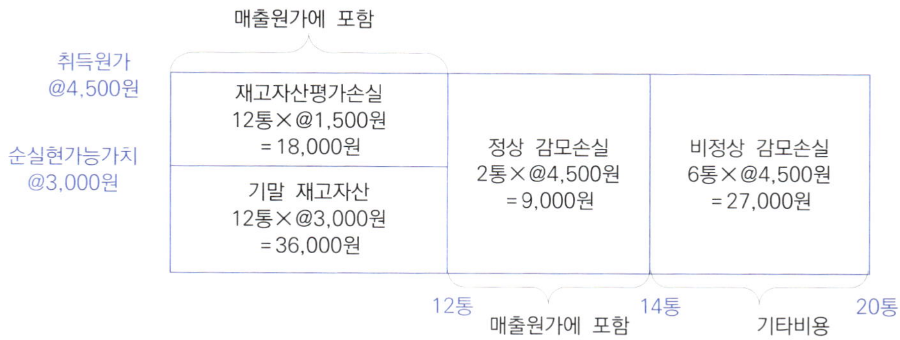

	차변		대변	
계속기록법	재고자산감모손실(매출원가)	9,000	재고자산	36,000
	재고자산감모손실(기타비용)	27,000		
	재고자산평가손실(매출원가)	18,000	재고자산평가손실충당금	18,000
실사법	재고자산감모손실(기타비용)	27,000	재고자산	27,000
	재고자산평가손실(매출원가)	18,000	재고자산평가손실충당금	18,000

재무상태표	
유동자산	
재고자산	54,000
재고자산평가손실충당금	(18,000)
…	36,000

포괄손익계산서	
매출원가	…
재고자산감모손실	+9,000
재고자산평가손실	+18,000
기타비용	
재고자산감모손실	27,000
…	

7. 재고자산의 추정

전술한 원가흐름가정에 근거한 재고자산 가격결정방법 외에, 원가흐름가정에 근거하지 않지만 실무상 편의를 위해 KIFRS가 인정하는 **소매재고법**(retail inventory method)이 있다.

백화점이나 체인스토어, 슈퍼마켓 등 대형마트와 같이 다양하고 비교적 값싼 제품을 대량으로 취급하는 유통업의 경우, 제품별로 제품원가의 측정 등의 사무업무가 매우 과대해진다. 반면 재고자산을 소매가(판매가격)로 인식하면 상대적으로 수월해질 수 있다. 이익률이 유사하고 품종이 다양한 상품들을 취급하는 유통업에서 실무적으로 다른 원가측정방법을 사용할 수 없는 경우에 적용되며, **매출가격환원법**이라고도 한다. 다음과 같은 절차를 통해 수행된다.

① 원가율 = $\dfrac{\text{판매가능재고자산 원가}}{\text{판매가능재고자산 판매가격}} = \dfrac{\text{기초재고자산원가} + \text{당기매입원가}}{\text{기초재고자산판매가격} + \text{당기매입판매액}}$

② 기말재고자산 판매가격 = 기초재고자산 판매가격 + 당기 매입 판매가격 − 매출액

③ 기말재고자산 원가 = 기말재고자산 판매가격 × ①원가율

④ 매출원가 = 매출액 × ①원가율 = 판매가능재고자산 원가 − 기말재고자산 원가

소매재고법은 실사 없이 재고자산을 추정할 수 있다는 장점이 있다. 그래서 이 방법을 이용하면 상당히 신속하고 믿을 만한 재고자산 추정치를 얻을 수 있어서 아주 유용하다. 화재, 홍수, 도난 등 천재지변으로 인한 손실액을 추정할 때에도 이 방법을 사용할 수 있다. 그리고 실사를 할 경우에도 판매가격만 기록하고 원가는 기록할 필요가 없으므로 실사 사무비용과 시간을 절약할 수 있다.

예제 5

(주)삼화의류센타의 재고자산에 관한 다음 자료를 이용하여 소매재고법에 의한 기말재고자산 원가와 매출원가를 구하라.

	기초재고자산	당기 매입	당기 매출
원가	₩6,300	₩28,350	−
소매가(판매가격)	9,000	40,500	₩38,250

| 풀이 |

편의 상, 매출원가계정을 이용하여 기말재고자산 원가와 매출원가를 산출한다.

	판매가격	매출원가		판매가격	
기초재고	₩9,000	₩6,300	?④	₩38,250	매출액
당기매입	40,500	28,350	?③	②?	기말재고
판매가능액	49,500	34,650			

① 원가율 = ₩34,650 ÷ ₩49,500 = 0.7(70%)
② 기말재고자산 판매가격 = ₩9,000 + ₩40,500 - ₩38,250 = ₩11,250
③ 기말재고자산 원가 = ₩11,250 × 0.7 = ₩7,875
④ 매출원가 = ₩38,250 × 0.7 = ₩26,775

8. 기타 재고자산

1) 미착상품

회계담당자는 아직 도착하지 않은 재고자산(상품)은 자사의 재고자산인지, 거래처의 재고자산인지 분석해야 한다. 이때 소유권 이전 여부를 기준으로 결정하는데, 매매계약서의 조건으로 도착지인도조건인지, 선적지인도조건인지에 따라 다르다.

도착지인도조건(F.O.B. destination)은 상품이 도착지(자사)에서 소유권이 판매자(거래처)로부터 매입자(자사)에게 이전되는 조건이며 운송비는 판매자(거래처)의 판매비용이다. 따라서 운송과정에 있는 상품은 판매자(거래처)의 재고자산이며, 도착한 이후로는 매입자(자사)의 재고자산이다.

반면, 선적지인도조건(F.O.B. shipping point)은 상품이 선적지(거래처)에서 운송수단에 상품을 선적함으로써 소유권이 매입자(자사)에게 이전되는 조건이며 운송비도 매입자(자사)의 부담이다. 따라서 이때의 미착품은 매입자(자사)의 재고자산에 포함된다. 이 미착상품은 운송업체로부터 화물대표증권(화물상환증, 선화증권 등)을 받는데, 이 서류를 이용하여 미착한 상품이지만 제3자에게 판매할 수 있다. 미착품에 관한 회계처리는 다음과 같다.

구분	차변		대변	
화물대표증권 매입	미착품	×××	외상매입금	×××
상품 도착	매입	×××	미착품	×××
화물대표증권 매출	매입 외상매출금	××× ××××	미착품 (미착상품)매출	××× ××××

2) 위탁판매

위탁거래란 위탁자(consignor)가 수탁자(consignee)에게 상품을 보내면, 수탁자(거래처)는 위탁자(자사)의 대리자격으로 수탁상품을 소비자에게 판매하고 그 대가로 수수료를 지급받는 거래를 일컫는다. 이 상품을 위탁자(자사) 입장에서 **적송품**(위탁품)이라고 하며 위탁자(자사)의 재고자산이다.

따라서 수탁자(거래처)의 재고자산에 포함시키면 안 된다. 위탁자(자사)는 적송운임을 포함한 취득원가로 적송품을 기록하며, 수익은 수탁자가 판매한 날 인식하고 적송품에 관한 회계처리는 다음과 같다.

구분	차변		대변	
위탁판매 적송 시	적송품	×××	매입 현금(적송운임)	××× ××
적송품 판매	매입 판매수수료 외상매출금	××× ×× ××××	적송품 (적송품)매출	××× ××××

3) 시용판매

시용판매는 상품을 고객에게 발송하여 시험적으로 사용해 본 후 구입여부를 결정하는 판매형태이다. 시용매출의 수익은 고객(매입자)이 매입의사를 표시한 날 인식한다. 따라서 고객의 매입의사 표시 이전에는 자사의 재고자산이며 **시용품**(시송품)계정으로 구분하여 기재한다. 이 시용품에 관한 회계처리는 다음과 같다.

구분	차변		대변	
시용품 발송	시용품	×××	매입	×××
고객 매입의사 표시	외상매출금 매입	×××× ×××	(시용)매출 시용품	×××× ×××
고객으로부터 반송	매입	×××	시용품	×××

4) 할부판매

할부판매는 상품의 판매대금을 여러 차례로 분할하여 받는 조건으로 판매하는 형태이다. 하지만, 수익의 인식은 상품을 인도하는 시점에 인식하고 대금은 외상매출금으로 처리한다. 일반적인 매출과 동일한 회계처리를 하며, 단지 외상매출금 회수가 여러 차례일 뿐이다. 할부외상매출금, 할부매출이라는 계정을 사용하여 일반적인 매출과 구분할 수 있다.

연습문제

01 기초상품재고액 ₩60,000, 매입에누리 ₩10,000, 기말상품재고액 ₩80,000, 매출원가 ₩200,000인 경우 당기 상품매입액은 얼마인가?

① ₩70,000　② ₩130,000
③ ₩230,000　④ ₩330,000

02 다음 데이터를 근거로 당기의 판매가능액을 계산하면 얼마인가?

당기 매출액	₩100,000	매입할인	₩500	당기 매입액	₩60,000
매입에누리	₩700	기초상품재고액	₩5,000	기말상품재고액	₩4,000

① ₩59,800　② ₩62,000
③ ₩63,800　④ ₩65,000

03 다음은 (주)여울의 20X7년 상품거래와 관련된 데이터이다. 이 데이터에 의한 20X7년 매출원가는 얼마인가?

매입운임	₩15,000	매입할인	₩5,000	당기 매입액	₩500,000
매입에누리	₩8,000	기초상품재고액	₩120,000	기말상품재고액	₩75,000

① ₩545,000　② ₩547,000
③ ₩560,000　④ ₩565,000

04 다음 표는 9월 중 키홀더 A에 대한 내용이다. 월말재고액을 선입선출법으로 계산한 금액으로 옳은 것은?

월초재고		당월매입		당월매출	
1일	10@1,000원	5일	20개@1,100원	20일	40개@2,200원
		10일	30개@1,200원		

① ₩21,000　② ₩22,000
③ ₩23,000　④ ₩24,000

05 다음 중 재고자산의 매입원가를 산출하는 산식으로 틀린 것은?

① 매입원가 = 매입금액 + 매입운임 - 매입환출 및 매입에누리
② 매입원가 = 매입금액 + 매입운임 - 매입할인 및 매입에누리
③ 매입원가 = 매입금액 + 매입운임 - 매입환출 및 매입할인
④ 매입원가 = 매입금액 + 매입운임 - 매출환입 및 매출에누리

06 다음은 계속기록법에 의해 기록된 (주)삼청의 4월 매입과 매출 자료이다. 이동평균법을 적용하여 기장한 경우 월말재고자산의 단가는 얼마인가?

일자	입출고			잔액		
	수량	단가	금액	수량	단가	금액
4월 1일	200개	₩150	30,000원	200개	₩150	₩30,000
4월 5일	300개	₩175	52,500원	500개	…	…
4월 12일	100개	판매에 의한 출고		400개	…	…
4월 28일	100개	₩200	20,000원	500개	…	…

① ₩165 ② ₩170
③ ₩172 ④ ₩175

07 다음은 (주)상아의 재고자산관련 자료이다. 선입선출법에 의해 재고원가를 결정하는 경우 기말 현재 재고금액은 얼마인가?(단, 기말시점에 계속기록법에 의한 재고수량과 실지재고조사법에 의한 재고수량은 일치한다.)

일자별 현황	수량	매입단가	금액
기초재고	150개	₩30	₩4,500
2월 1일 매입	200개	₩35	₩7,000
5월 1일 판매	(200개)		
7월 1일 매입	150개	₩40	₩6,000
9월 5일 판매	(300개)		
12월 1일 매입	100개	₩45	₩4,500

① ₩4,500 ② ₩6,000
③ ₩6,500 ④ ₩7,000

연습문제

08 다음은 (주)삼일의 재고자산관련 자료이다. 총평균법에 의해 재고단가를 결정하는 경우 매출원가와 기말재고자산 금액은 각각 얼마인가?(단, 기말시점에 계속기록법에 의한 재고수량과 실지재고조사법에 의한 재고수량은 일치한다.)

일자별 현황	수량	매입단가	금액
기초재고	100개	₩10	₩1,000
3월 1일 매입	150개	₩12	₩1,800
5월 6일 판매	(100개)		
6월 30일 매입	200개	₩13	₩2,600
7월 2일 판매	(250개)		
8월 27일 매입	100개	₩12	₩1,200

	매출원가	기말재고자산
①	₩2,000	₩4,600
②	2,400	4,200
③	4,100	2,500
④	4,200	2,400

09 다음 중 재고자산의 평가손실이 발생한 경우에 대한 설명으로 적절하지 않은 것은?

① 물리적으로 손상된 경우
② 완전히 또는 부분적으로 진부화된 경우
③ 판매가격이 하락한 경우
④ 완성하거나 판매하는데 필요한 원가가 하락한 경우

10 다음은 20X9년 (주)청담의 회계자료이다. 매출총이익률이 25%(원가율 = 75%)일 때 재고자산감모손실은 얼마인가?(단, 감모손실은 비정상적으로 발생하였다.)

기초상품재고액	₩140,000	매출액	₩981,000
당기 매입액	₩745,000	기말상품실사액	₩110,000

① ₩39,250 ② ₩32,500
③ ₩129,250 ④ ₩149,250

11 다음 중, 물가가 지속적으로 상승하는 경우 재고자산의 평가방법을 이동평균법에서 총평균법으로 변경하였을 때 포괄손익계산서의 각 항목에 미치는 영향으로 적절한 것은?

① 매출액이 상승한다.
② 매출원가가 상승한다.
③ 당기순이익이 상승한다.
④ 기말상품재고액이 상승한다.

12 다음 중 재고자산의 회계처리에 대한 설명으로 적절하지 못한 것은?

① 재고자산의 시가가 장부금액 이하로 하락하여 발생한 평가손실은 재고자산의 차감계정으로 표시하고 매출원가에 가산한다.
② 재고자산의 장부상 수량과 실제수량과의 차이에서 발생하는 감모손실의 경우 정상적으로 발생한 감모손실은 기타비용으로 분류한다.
③ 재고자산평가를 위한 저가법은 종목별로 적용한다.
④ 재고자산항목들이 서로 유사하거나 관련되어 있는 경우에는 저가법을 조별로 적용할 수 있다.

13 (주)삼구는 20X9년 중 최초로 영업을 개시하였다. 20X9년 말 (주)삼구가 상품을 평가한 결과, 상품 100개의 가치가 크게 하락하여 단위당 시가가 500원(취득원가는 단위당 800원)이라고 할 때, 이와 관련하여 기말에 수행할 분개로 옳은 것은?

	차변		대변	
①	분개없음			
②	재고자산평가손실	50,000	재고자산	50,000
③	재고자산감모손실	30,000	재고자산감모손실충당금	30,000
④	재고자산평가손실	30,000	재고자산평가손실충당금	30,000

14 다음 중 재고자산에 해당하는 것은?

① 판매를 목적으로 한 부산물 · 작업폐물 등
② 기업의 제조과정과 관련없이 소모되는 소모품
③ 판매목적으로 보유하거나 부수적 영업활동의 대상인 금융상품
④ 부동산매매회회사가 아닌 기업이 소유하고 있는 토지

연습문제

15 (주)맑은우산은 기말에 장부상 100개의 비닐우산이 남아 있었다. 실사 결과, 재고관리부실로 15개의 비닐우산이 파손되어 있었다. 이 중 5개는 정상적으로 발생한다고 판단하였다. 비닐우산 1개의 원가는 2,200원이지만, 올해 비가 오지 않아 순실현가능가치는 1,600원이다. 실지재고조사법에 의한 비정상감모손실과 정상감모손실, 평가손실의 금액은?

	비정상감모손실	정상감모손실	재고자산평가손실
①	₩22,000	₩ 4,600	₩33,000
②	33,000	42,000	24,000
③	11,000	22,000	51,000
④	22,000	11,000	51,000

16 (주)해리슨텍스타일은 A제품의 20X5년 기말재고자산의 장부금액은 ₩100,000이었으나, 순실현가능가치가 ₩60,000이었다. 20X4년 기말 A제품의 재고자산평가충당금이 ₩30,000이었다면 20X5년 기말 적절한 분개는?

	차변		대변	
①	재고자산평가손실	40,000	재고자산평가손실충당금	40,000
②	재고자산평가손실	30,000	재고자산평가손실충당금	30,000
③	재고자산평가손실	20,000	재고자산평가손실충당금	20,000
④	재고자산평가손실	10,000	재고자산평가손실충당금	10,000

17 (주)CIW.com에서는 20X5년 중에 재고자산의 도난사건이 발생했다. 20X5년1월1일 기초재고자산은 ₩500이며, 20X5년 중의 매입액은 ₩1,500이고 매출액은 ₩2,000이다. (주)CIW.com의 매출총이익률은 매년 30%로 일정하다. 기말재고자산은 실사 결과 ₩400이라면 재고자산의 도난 추정금액은?

① ₩100　② ₩200
③ ₩1,000　④ ₩1,100

18 (주)학동은 재고자산 평가일인 20X6년 말에 화재로 인하여 재고자산의 20%가 소실되었다. (주)학동은 재고자산 매입원가에 30%의 판매이익을 가산하여 판매가격을 결정하고 있다. 20X6년 기초재고자산은 ₩600,000이고 매입액은 ₩2,800,000이며, 매출액은 ₩3,900,000이었다. 화재로 소실된 재고자산의 금액은?

① ₩80,000　　② ₩108,000
③ ₩134,000　　④ ₩160,000

19 다음 중 KIFRS에 의한 수익인식 시점이 아닌 것은?

① 용역매출: 진행기준에 따라 실현
② 할부매출: 재화를 인도한 날
③ 위탁매출: 수탁자가 위탁품을 판매한 날
④ 시용매출: 시용품의 인도한 날

20 다음 중 KIFRS에 의하여 일반적으로 판매자의 재고자산으로 볼 수 없는 것은?

① 도착지인도기준에 따라 항해운송 중인 미착상품
② 소비자가 매입의사표시를 하지 않은 시용품
③ 할부로 판매된 상품
④ 수탁자가 보관하고 있는 위탁상품

연습문제

정답 및 풀이

1. ③: ₩200,000(매출원가) = ₩60,000(기초상품재고액) + 당기매입액 – ₩10,000(매입에누리 – ₩80,000(기말상품재고액) ∴당기 상품매입액 = ₩230,000

2. ③: 판매가능액 = ₩5,000(기초상품재고액) + ₩60,000(당기 매입액) – ₩500(매입할인) – ₩700(매입에누리) ∴판매가능액 = ₩63,800

3. ②: 당기 순매입액 = ₩500,000(당기매입액) + ₩15,000(매입운임) – ₩8,000(매입에누리) – ₩5,000(매입할인) = ₩502,000
   매출원가 = ₩120,000(기초재고) + ₩502,000(당기 순매입액) – ₩75,000(기말재고) ∴ 매출원가 = ₩547,000

4. ④: 판매가능수량60개 – 당월매출수량40개 = 월말재고수량20개
   월말재고수량20개 × @1,200원(10일 매입단가) = 월말재고액24,000원

5. ④: 재고자산의 취득원가는 매입가격에 매입운임, 하역료 및 보험료 등 취득과정에서 정상적으로 발생한 직접부대원가를 가산한 금액이며, 매입과 관련된 할인, 에누리 및 기타 유사한 항목은 매입가격에서 차감한다. 매출환입 및 매출에누리는 매출액에 대한 차감항목이다.

6. ③: 4월 5일 입고 시 단가 = (200개 × 150원 + 300개 × 175원) ÷ 500개 = 165원
   4월 12일 출고 시 단가 = 165원
   4월 28일 입고 시 단가 = (400개 × 165원) + (100개 × 200원) ÷ 500개 = 172원

7. ①: 선입선출법으로 당기에 판매된 9월 5일까지 매입된 재고(기초포함)수량이 판매된 수량과 일치한다. 따라서 기말재고는 12월 1일에 매입한 것으로만 이루어져 있으므로, 기말재고금액은 100개 × @45원 = 4,500원이다.

8. ④: 기말재고자산 단가 = (1,000원 + 1,800원 + 2,600원 + 1,200원) ÷ 550개 = 12원
   기말재고수량 = 200개, 기말재고자산 금액 = 200개 × 12원 = 2,400원
   매출원가 = 350개 × 12원 = 4,200원

9. ④: 재고자산평가손실은 보유한 재고자산에 대한 가치하락을 의미하는 것이다. 판매하는데 필요한 원가는 판매비(물류원가)와 관리비가 감소하고 완성하는데 원가가 하락하면 제조원가가 감소하는 것이다.

10. ①: 이 문제에는 기말상품실사액이 제시되어 있으므로 우선 장부상의 기말재고액을 구해야 한다.
    매출원가 = ₩981,000(매출액) × 75% = ₩735,750
    장부상 기말재고액 = ₩140,000(기초상품재고액) + ₩745,000(매입액) – ₩735,750(매출원가) = ₩149,250
    ∴ 재고자산감모손실 = ₩149,250(장부상 기말재고액) – ₩110,000(기말상품실사액) = ₩39,250

11. ②: 원가흐름과 맥출액은 직접적인 연관이 없다. 물가상승 시 매출원가는 이동평균법보다 총평균법이 높게 나타나고 반대로 이익은 낮게 나타난다. 총평균법은 매출원가가 높게 나타나니 상대적으로 기말상품재고액은 낮게 나타난다.

12. ②: 재고자산의 장부상 수량과 실제수량과의 차이에서 발생하는 감모손실의 경우 정상적으로

발생한 감모손실은 매출원가에 가산하고 비정상적으로 발생한 감모손실은기타비용으로 분류한다.

13. ④: 재고자산평가손실은 취득원가에서 순실현가능가치(시가)를 차감하여 구한다.

14. ①: 제조과정의 부산물로 가치가 있는 것으로 판매 도적이라면 재고자산이며, 제조과정과 관련이 없이 소모되는 것이라면 관리비로 인식되고 금융상품은 근본적으로 재고자산에 해당하지 않고 부동산매매회사가 아닌 기업의 토지는 투자목적이라면 투자부동산, 사용목적이라면 유형자산에 해당한다.

15. ④:

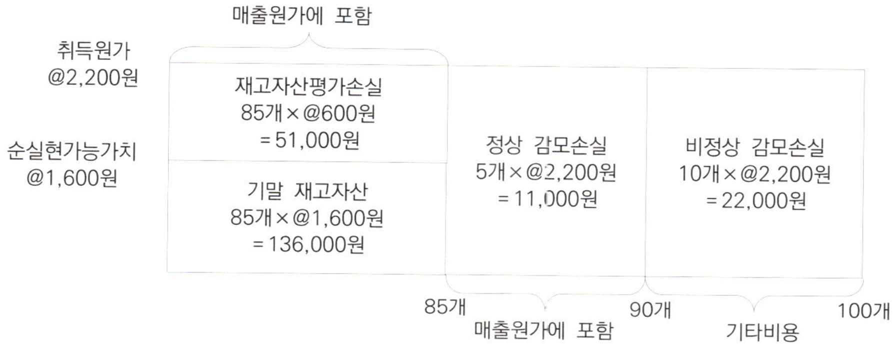

16. ④: 20X5년의 포괄손익계산서에 표시될 재고자산평가손실은 ₩40,000(20X5년 말 장부금액 ₩100,000 – 순실현가능가치 ₩60,000)이지만, 20X4년 말 재고자산평가손실충당금이 ₩30,000이 남아있으므로 ₩10,000만 20X5년 재고자산평가손실충당금으로 인식한다.

17. ②: 소매재고법은 원가율을 이용하여 추정하는데, 문제에서는 그 반대개념인 매출총이익률(30%)을 제공하였다.

ⓐ원가율 = 100% – 30% = 70%

ⓑ매출원가 = ₩2,000(매출액) × 0.7 = ₩1,400

ⓒ₩400(기말재고자산) = ₩500 + ₩1,500 – ₩1,400(매출원가) – 도난 재고자산

∴ 도난 재고자산 = ₩500 + ₩1,500 – ₩1,400(매출원가) – ₩400(기말재고자산) = ₩200

18. ①: 문제에서 매입원가에 30%의 판매이익을 가산하여 판매가격을 정한 경우의 원가율을 구할 수 있어야 한다. 문제 상 비율은 매출액이 130%이고 원가율은 100/130이므로 약 77%에 해당하며 매출총이익률은 약 23%이다. 그러나 소수점이 계속되므로 계산 상 분수를 적용한다.

구분	비율	합계
이익	+30% = 0.3	130%
원가	100% = 1	

구분	비율	계산	합계
이익률	30/130	= 0.3/1.3 ≒ 23%	100%
원가율	100/130	= 1/1.3 ≒ 77%	

ⓐ 원가율 = 100% ÷ 130% = 1/1.3 ≒ 77%

ⓑ 매출원가 = ₩3,900,000(매출액) × 1/1.3 = ₩3,000,000

ⓒ 기말재고자산 = ₩600,000(기초재고) + ₩2,800,000(당기매입) − ₩3,000,000(매출원가)
= ₩400,000

ⓓ 소실 재고자산 = ₩400,000(기말재고) × 20% = ₩80,000

19. ④: 시용매출은 매입자(고객)가 구매의사표시한 시점에 수익을 인식한다.

20. ③: 할부로 판매된 상품의 소유권은 구매자의 것이다.

제 7 장

현금 · 수취채권 · 지급채무

1. 금융자산
2. 소액현금제도와 은행계정조정표
3. 수취채권과 지급채무
4. 매출채권과 매입채무
5. 어음의 회계처리
6. 기타유동자산과 유동부채

제7장 현금 · 수취채권 · 지급채무

1. 금융자산

1) 현금 및 현금성자산

기업은 경영활동을 원만히 수행하기 위하여 거래의 수단으로 일정한 수준의 현금을 보유한다. 또한, 미래 비상사태나 돌발적 상황에 대처하기 위하여, 미래 더 좋은 투자처에 투자하기 위하여 적정한 금액의 현금을 보유하기도 한다.

회계에서 **현금**(cash)은 통화(자국 및 외국의 화폐)와 통화대용증권을 일컫는다. 여기서 **통화대용증권**이란 당좌수표, 자기앞수표, 송금수표, 우편환증서, 만기가 도래한 채권의 이자표, 배당지급통지표(배당증권) 등 언제나 통화와 교환 가능한 증권이다. 기업은 일반적으로 현금을 당좌예금으로 보유하는데, 언제나 수표를 발행하는 형태로 인출할 수 있는 요구불예금이다. 따라서 기업은 보유하고 있는 당좌예금에서 당좌수표를 발행하면 당좌예금계정을 감소처리(대변기록)하고 당좌수표를 받은 경우는 현금계정 증가처리(차변기록)하거나 수령 즉시 입금시키면 당좌예금계정을 증가처리(차변기록)한다.

참고로 대부분의 기업은 보유하는 당좌예금의 거래은행과 **당좌차월계약**을 한다. 당좌차월(bank overdraft)계약은 당해 당좌예금잔액이 없어도 계약에 의해 설정된 당좌차월 한도액을 초과하지 않는 범위 내에서 수표를 발행할 수 있는 계약이다. 결과적으로 당좌예금 통장 잔액이 마이너스(-)가 되어도 수표의 부도를 막을 수 있어서 기업의 신용도를 관리할 수 있게 된다. 당좌예금 통장 잔액이 마이너스(-)가 되면 기업은 당좌예금계정 잔액을 ₩0으로 처리하고 마이너스(-)된 금액을 단기차입금계정(유동부채)으로 기록한다.

〈금융자산 간편 분류〉

<table>
<tr><th>분류</th><th>분류기준</th><th>금융상품의 종류</th><th>주의</th></tr>
<tr><td>현금</td><td>통화와
통화대용증권</td><td>화폐, 당좌수표, 타인발행 수표, 송금환, 우편환증서, 만기가 도래한 채권의 이자표, 배당증권 등</td><td></td></tr>
<tr><td>현금성자산</td><td>취득일 기준
만기일 3개월 이내</td><td>국공채, 환매조건부 채권·어음 등</td><td>현금 전환 용이성,
가치변동 위험성 경미</td></tr>
<tr><td>단기금융자산</td><td>결산일 기준
만기가 1년 이내</td><td rowspan="2">정기예금, 정기적금, 국공채, 환매조건부 채권·어음, 어음관리계좌, 양도성 예금증서, 금전신탁, 대여금 등</td><td>사용제한 없어야 함</td></tr>
<tr><td>장기금융자산</td><td>결산일 기준
만기가 1년 이상</td><td></td></tr>
</table>

한편, 기업은 현금을 포함한 당좌자산(즉시 현금화 가능한 자산)을 많이 보유하면 상대적으로 투자수익의 기회를 잃게 되므로 조금이라도 이식을 획득하고자 금융자산에 투자하기도 한다. 기업은 현금이 긴급하게 필요하면 환금성이 높은 금융자산을 처분하여 현금을 획득하여 적정 현금을 보유할 수 있도록 하고 있다. 회계에서는 이러한 환금성이 높은 금융자산을 **현금성자산**(cash equivalent)이라고 하며, 재무상태표에 현금과 함께 '현금 및 현금성자산'으로 통합하여 표시한다.

〈금융자산 간편 분류〉를 통해 다양한 금융상품을 확인해 볼 수 있다. 이 금융상품 중 재무제표 상 현금성자산으로 분류되는 조건은 매각 시에 ① 확정된 금액으로 현금 전환이 용이(시장성이 있는 금융상품으로 거래비용이 상대적으로 소액)하여야 하며, ② 가치변동의 중요성(위험성)이 경미하여야 하며, ③ 취득일로부터 만기일이 3개월 이내이어야 한다. 이 세 가지 조건을 모두 충족해야 현금성자산으로 분류할 수 있으며, 특히 취득 당시에 만기가 3개월 이내인 국공채, 환매조건부 채권·

어음 등이 이에 해당한다. 그러나 이 조건을 충족하였다 해도 사용이 제한된 금융상품은 현금성자산이 아니라 단기금융자산으로 분류한다.

2) 단기금융자산

현금성자산으로 분류되지 않고 결산일(재무제표 작성일)을 기준으로 만기가 1년 이내에 도래한 금융상품을 **단기금융자산**(short-term financial assets)이라고 한다. 단기금융자산은 기업이 단기적으로 여유 자금을 운용할 목적으로 보유하는 것으로 정기예금, 정기적금, 국공채, 환매조건부 채권·어음, 어음관리계좌, 단기대여금 등이 이에 해당한다.

또한, 결산일(재무제표 작성일)을 기준으로 만기가 1년 이상 남아 있는 금융상품은 **장기금융자산**(long-term financial assets)이라고 하며 비유동자산에 속한다.

참고로 단기금융자산에 속하는 금융상품을 소개한다. **기업어음**(commercial paper: CP)은 기업이 단기적인 자금조달을 위해 발행하는 어음(융통어음)을 일컫는다. **양도성 예금증서**(certificate of deposit: CD)는 은행이 정기예금에 대해 발행한 무기명 잔고증서로 시장에서 유통할 수 있다. 만기일이 되면 은행은 이 증서의 소지자에게 약정된 원리금을 지급한다. **어음관리계좌**(cash management account: CMA)는 고객이 예탁한 예금을 금융회사가 어음, 단기채권, 양도성 예금증서 등에 투자하여 수익을 창출한 후 일정한 수수료를 받고 고객에게 돌려주는 금융상품이다. **환매조건부 채권**(repurchase agreements: RP)은 금융기관이 보유하고 있는 채권을 담보로 하여 고객의 자금을 투자받아서 다시 채권에 투자하는 금융상품이며, 일정기간 경과 후 원리금을 고객에게 지급한다. **금전신탁**(money in trust)은 고객의 여유자금을 은행이 위탁받아 유가증권 등에 운용하여 그 실적을 고객에게 배당하는 금융상품이다. 〈금융자산 간편 분류〉를 통해 잘 정리해두고 금융자산에 관한 구체적인 사항은 10장 금융자산에서 설명한다.

2. 소액현금제도와 은행계정조정표

1) 소액현금제도

기업은 일상적인 업무를 수행하는 과정에서 소액의 현금지출이 빈번하게 발생한다. 종업원에게 시내출장비 성격의 교통비를 지급하거나, 택배료, 회식비, 소모품 구입 등의 현금을 지출해야 하는 경우, 매번 신용카드를 사용하거나 수표를 발행하기가 어렵다. 이때 현금출납담당자가 당좌예금에서 일정액을 인출하여 **소액현금기금**을 설정하여 필요시에 이 기금에서 현금을 사용하도록 한다. 이러한 제도를 **소액현금제도**(petty cash system)라고 한다. 월별 또는 주별 등으로 사용 후 받은 영수증을 회수하여 보고받고 일정금액의 소액현금기금이 유지되도록 사용한 금액만큼 당좌예금에서 인출하여 일정기금액을 유지하는 제도이다. 일정기금을 유지시킨다고 하여 정액기금전도제도(impres fund system)라고도 한다. 이 기금의 잔액도 재무제표 상에 현금 및 현금성자산으로 표시한다.

예제 1

(주)청담은 이번 달 초부터 영업부에 소액현금기금을 ₩300,000을 설정하여 당좌예금에서 인출하여 지급하였다. 월말이 되어 현금출납담당자는 영업부로부터 다음과 같은 영수증 회수와 함께 소액현금기금 잔액을 보고 받았다. 현금출납담당자는 이를 확인하여 즉시 영업부에 소액현금기금을 보충하였다. 소액현금기금 설정 시와 보충 시의 분개를 하라.

사무용품비 ₩85,000	통신비 ₩54,000	교통비 ₩93,000	현금잔액 ₩68,000

| 풀이 |

	차변		대변	
월초 설정시	소액현금	300,000	당좌예금	300,000
월말 보충시	사무용품비	85,000	당좌예금	232,000
	통신비	54,000		
	교통비	93,000		

예제 1)에서와 같이 소액현금기금 보충 시, 소액현금계정이 나타나지 않는 점에 유의하여야 한다. 원래는 소액현금기금 보충 시, 다음과 같은 분개를 해야 하지만, 결과가 동일하므로 예제 1)과 같이 분개한다. 즉, 소액현금의 사용액과 보충액이 동일하여 상계되고, 당좌예금계정이나 기타비용계정들 잔액이 동일하다는 것이다.

	차변		대변	
소액현금기금 보충시	사무용품비 통신비 교통비	85,000 54,000 93,000	소액현금	232,000
	소액현금	232,000	당좌예금	232,000

2) 은행계정조정표

기업은 보유하고 있는 모든 은행계좌의 잔고와 기업이 설정한 장부상의 각 예금계정의 잔액이 일치하는지 정기적으로 확인할 필요가 있다. 특히 기말에 회계담당자는 재무상태표에 정확한 예금 잔액이 얼마인지를 인식하기 위하여 당좌예금계정 잔액을 수정해야한다. 즉, 특정시점(회계연도 말)에 은행 측이 제시하는 예금 잔고(통장잔액)와 기업의 장부상 각 예금계정잔액이 일치하지 않는 경우가 종종 있다. 회계담당자는 이를 조정하는 은행계정조정표(bank reconciliation statement)라는 것을 작성하여 수정한 후의 잔액으로 장부상의 각 예금계정을 수정(수정분개)하고 그 수정 후의 잔액으로 재무제표에 현금 및 현금성자산의 일부로 보고해야 한다.

이러한 수정은 대부분 기업 측의 입출금기록과 은행 측의 입출금기록의 시점차이가 주된 원인으로 발생한다. 간혹 기록오류나 관련 종업원의 부정으로도 발생한다. 이 차이를 확인하기 위하여 기업은 은행에 은행계정증명서(bank statement)를 요청하거나 인터넷을 통해 확인하여 은행 측의 잔고를 확인하고 기업의 장부상 당해 예금계정의 잔액을 비교한다. 이러한 차이를 분석해 보면 대개 다음의 7가지 원인으로 발생한다.

① **미결제수표**(outstanding check): 기업이 수표를 발행하여 대금을 지급하였으나 거래처가 아직 현금을 인출하지 않은 경우로써, 기업의 입장에서 은행 측의 예금 잔고가 과대하게 표시된 것이다.

② **미기록예금**(deposit in transit): 기업이 은행계좌에 입금시키기 위하여 우송(송금)하였으나 아직 은행 측 예금계좌에 입금되지 않은 경우로써, 기업의 입장에서 은행 측의 예금 잔고가 과소하게 표시된 것이다.

③ **미통지예금**(deposit by third parties): 거래처로부터 대금결제를 위하여 기업에 입금하였으나 통지하지 않은 온라인 입금의 경우로써, 기업이 예금계정에 기록하지 않아 당해 예금계정 잔액이 과소하게 표시된 것이다.

④ **은행수수료**(bank service charges): 은행이 당좌거래 혹은 기타용역을 제공하고 기업에 통보 없이 일정한 수수료(이자)를 부과하는 경우로써, 기업이 예금계정에 기록하지 않아 당해 예금계정 잔액이 과대하게 표시된 것이다.

⑤ **이자수익**(interest revenue): 은행이 기업의 예금에 대한 이자를 기업에 통보하지 않고 예금계좌를 통해 입금한 경우로써, 기업이 예금계정에 기록하지 않아 당해 예금계정 잔액이 과소하게 표시된 것이다.

⑥ **부도수표**(NSF check): 거래처 등으로부터 타인발행수표를 수취하여 은행의 예금계좌에 입금하였으나 수표발행인의 부실로 은행으로부터 수표가 반송된 경우로써, 기업이 부도수표에 대하여 예금계정에 기록하지 않아 당해 예금계정 잔액이 과대하게 표시된 것이다.

⑦ **기장오류**(entry error): 거의 없는 일이지만, 은행 측의 오류라면 기업은 수정요청을 해야 하고 기업의 오류라면 수정분개를 통해서 수정한다.

이 원인 중 ③, ④, ⑤, ⑥, ⑦에 관한 사항을 기업 측 잔액에 가감처리하여 수정 후 잔액을 구하고, 은행 측 잔액에 ①, ②, ⑦에 관한 사항을 가감처리하여 수정 후 잔액을 구한다. 양자의 잔액이 일치하지 않으면 다시 원인분석을 해야 한다. 양자의 잔액이 일치하면 그 수정 후 잔액이 재무상태표 현금 및 현금성자산의 일부가 되는 것이다. 특히 기업 측이 수정해야하는 ③, ④, ⑤, ⑥, ⑦에 관한 사항을 반영하여, 당좌예금계정에 관한 수정분개를 해야 한다. 기업의 입장에서 ①, ②, ⑦에 관한 사항에 대해서는 특별한 분개를 하지 않고 은행계정조정표에서 은행측 잔액에 대하여 가감처리할 뿐이다. 〈은행계정조정표 작성요령〉에 의하여 적정 잔액을 구하는데, 구체적인 사항은 **예제 2)**를 통해서 은행계정조정표 작성과 수정분개를 확인해본다.

〈은행계정조정표 작성요령〉

원인	기업측 수정분개 유무	기업측 잔액	은행측 잔액
① 미결제수표	×		−
② 미기록예금	×		+
③ 미통지예금	○	+	
④ 은행수수료	○	−	
⑤ 이자수익	○	+	
⑥ 부도수표	○	−	
⑦ 기장오류	○	+ or −	+ or −
재무상태표에 게재할 일부 금액		수정 후 잔액 =	수정 후 잔액

예제 2

(주)청담의 회계담당자는 20X8년 12월 31일 재무제표 작성에 앞서 당좌예금에 관한 다음 자료를 확인하였다. 아래 사실을 반영하여 회계담당자가 작성해야하는 은행계정조정표와 수정할 분개를 하라.

은행계정명세서 잔액	(주)청담의 장부상 잔액	차액
₩50,000	₩40,000	₩10,000

회계담당자는 이 차액의 원인을 각 장부와 은행계정명세서를 면밀히 분석하여 다음 사실을 파악하였다.

① 20X8년 중에 발행하였던 #753 수표 ₩10,200이 당좌예금계정에서 아직 인출되지 않았다.

② 12월29일 출장 중인 종업원이 송금한 ₩5,200이 은행계정명세서에 입금으로 표시되

지 않았다.

③ 은행계정명세서에 기업이 모르게 거래처로부터 입금된 ₩6,000이 게재되어 있어, 거래처에 문의한 결과, 외상매출금에 대한 입금임을 확인하였다.

④ 12월25일 은행측에서 기업에 통보 없이 기중에 일시적인 당좌차월로 인한 이자비용(수수료) ₩2,000을 부과하고 당좌예금계좌에서 차감한 사실을 은행계정명세서에서 확인하였다.

⑤ 12월25일 당좌예금계좌에 1년분의 이자 ₩5,000이 입금된 사실을 은행계정명세서에서 확인하였다.

⑥ 12월 27일 거래처에 상품을 팔고 대가로 받아 예입한 거래처 발행수표 ₩3,000이 은행계정명세서에서 부도처리 되었음을 확인하였다.

⑦ 상품 운송비를 지급하기 위하여 #776 수표 ₩11,000을 발행하였으나 회계담당자의 실수로 당좌예금계정에 ₩10,000으로 기록하였음을 확인하였다.

| 풀이 |

은행계정조정표

(주)청담 20X8년 12월 31일 현재 (단위: 원)

기업측 장부상 잔액		₩40,000	은행계정명세서상 잔액		₩50,000
가산	③ 미통지예금	6,000	가산	② 미기록예금	5,200
	⑤ 이자수익	5,000			
감산	④ 이자비용	2,000	감산	① 미결제수표	10,200
	⑥ 부도수표	3,000			
	⑦ 기장오류	1,000			
수정 후 잔액		₩45,000	수정 후 잔액		₩45,000

	차변		대변	
③ 미통지예금	당좌예금	6,000	외상매출금	6,000
④ 이자비용	이자비용	2,000	당좌예금	2,000
⑤ 이자수익	당좌예금	5,000	이자수익	5,000
⑥ 부도수표	부도수표	3,000	당좌예금	3,000
⑦ 기장오류	운송비	1,000	당좌예금	1,000

3. 수취채권과 지급채무

수취채권(receivables)은 기업이 재화나 용역 등을 신용판매(외상판매)하고 그 대가로 미래에 현금을 수취할 수 있는 권리를 갖는 경우와 다른 기업에 자금을 대여하고 그 대가로 어음이나 차용증서를 받은 경우, 발생하는 채권을 대표적으로 일컫는 용어이다.

반대로, 지급채무(payables)는 기업이 재화나 용역 등을 신용구매(외상구매)하고 그 대가로 미래에 현금을 지급할 의무를 갖는 경우와 다른 기업으로부터 자금을 대여 받고 그 대가로 어음이나 차용증서를 양도한 경우, 발생하는 의무를 대표적으로 일컫는 용어이다.

〈수취채권과 지급채무의 분류〉와 같이 나누어지는데, 매출채권(trade receivables)은 기업의 주된 영업활동과 관련하여 재화나 용역(서비스)을 제공하고 대금을 수취하지 못한 상태에서 발생한 채권을 매출채권이라고 한다. 반대로 재화나 용역(서비스)을 매입하면서 대금을 지불하지 않은 상태에서 발생하는 채무를 매입채무(trade payables)라고 한다. 매출채권은 외상매출금(accounts receivable)과 받을어음(notes receivable)으로 세분되고, 매입채무는 외상매입금(accounts payable)과 지급어음(notes payable)으로 세분된다.

그리고 수취채권과 지급채무 중에 주영업활동이 아닌 부수적인 영업활동에서 발생하는 단기적 권리와 의무에는 대여금과 차입금, 미수금과 미지급금, 미수수익과 미지급비용, 선급금과 선수금, 선급비용과 선수수익, 가지급금과 가수금, 예수금 등이 있다.

〈수취채권과 지급채무의 분류〉

4. 매출채권과 매입채무

기업은 현금매출만 거래하면 판매부진에 빠져 경영실적이 악화될 우려도 있고 거래처 확보차원에서도 외상판매를 하는 경우가 많다. 즉, 이를 신용매출(credit sales)이라고 하여 대금을 일정기간 후에 받기로 약속한 외상매출금이 있으며, 약속어음이라는 증서를 받아 일정기간 후에 대금을 결제받기로 약속한 받을어음이 있다. 반대로 신용매입(신용구매)한 기업은 각각 외상매입금, 지급어음이라고 한다. 외상매출금이나 외상매입금은 일반적으로 3개월 이내에 회수되거나 지급되어 비교적 결제 기간이 단기여서 이자가 붙지 않는다. 어음은 결제기간이 3개월 이상 장기일 때 많이 사용하며, 제3자에게 양도할 수 있고 만기 이전에 은행에서 일정한 할인율에 의한 할인료(수수료)를 지급하고 현금화할 수 있다.

이러한 매출채권과 매입채무는 기업의 주영업활동(재화나 용역 등의 신용매매활동)에서 발생하는 권리 · 의무관계를 인식할 때 사용되는 항목이라는 점에 유의해야한다.

상술한 외상매출금과 받을어음은 제3자로부터 현금을 받을 계약상의 권리이므로 대표적인 금융자산(financial assets)이며, 외상매입금과 지급어음은 반대로 현금을 지급해야 하는 계약상 의무이므로 대표적인 금융부채(financial liabilities)이다.

1) 매출채권의 손상차손(대손)

매출채권이 거래처의 도산이나 지급불능으로 회수되지 않을 경우가 있다. 이를 대손(bad debts) 또는 손상(impairments)이라고 한다. 대손 또는 손상이 확정되기 전에 매출채권의 전부 또는 일부가 회수될 수 없을 것으로 예상되면, 손상의 발생 또는 대손의 발생이라고 하여 회수불가능액(손상금액)을 추정하여 기업의 외부정보이용자에게 재무제표를 통해서 알려야 한다. 매출채권 뿐만 아니라 모든 수취채권에 대해 보고한다.

이러한 손상발생에 대한 객관적인 근거를 통해서 미래 회수불가능액에 어떤 영향을 미칠 것인가 판단해야 한다. 이때 각 매출채권별로 또는 집합별(유사한 보유채권의 집합 또는 거래처별 집합)로 손상금액을 추정한다. 일반적으로 결산을 맞이하면, 과거의 경험치, 즉 과거 대손율 등에 근거하여 손상금액을 추정하는 방법을 사용한다. 매출채권은 대개 경과기간이 길면 길수록 회수가능성이 떨어지므로 경과기간(연령)별로 회수가능금액을 추정한다. 그리고 경과기간의 장단에 맞추어 과거 경험을 통해 평균적인 회수율(≠대손율)을 산정하여 당회계년도의 경과기간별 매출채권에 적용하여 회수예상금액을 추산한다. 이를 연령분석법(aging methods)이라고 한다.

2) 대손상각비(손상차손)인식과 대손충당금 설정

대손상각비(bad debt expenses)와 손상차손은 같은 뜻으로 사용되며 비용항목(판매비와 관리비)의 하나이다. 기말에 이 대손을 예상하여 인식해서 재무제표에 표시하는 방법은 직접차감법(direct write off method)과 간접차감법(충당금설정법: allowance method) 두 가지가 있다. 그 인식과 추정에 대하여 예제로 확인해 본다.

우선 당기말에 처음으로 대손상각비를 추정하거나 전기말 대손충당금(allowance for uncollectable accounts)을 설정하지 않은 경우에는 예제 3)과 같이 처리한다.

예제 3

(주)CJW쇼핑은 20X4년 12월 31일 기말에 확인해보니 매출채권계정의 잔액이 ₩800,000이었다. 최근 3년간 매출채권의 회수율이 92%였다. 이를 근거로 손상차손(대손)을 인식하기로 했고 전기에는 대손충당금이 없었다. 적절한 기말 수정분개를 하고 관련 재무제표를 작성하라.

| 풀이 |

대손율 = 1 - 0.92 = 0.08(8%), 대손추정액 = ₩800,000 × 0.08 = ₩64,000

차변		대변	
대손상각비	64,000	대손충당금	64,000

(직접차감법)재무상태표		
유동자산:		
매출채권		736,000
…		

포괄손익계산서	
…	
대손상각비	64,000
…	

(간접상각법)재무상태표		
유동자산		
매출채권	800,000	
대손충당금	64,000	736,000
…		

포괄손익계산서	
…	
대손상각비	64,000
…	

대손충당금계정은 해당 매출채권의 차감계정(contra accounts)이라 대변에 잔액이 있으며 영구계정이다. 이와 같은 차감계정을 해당 자산에 대한 평가계정이라고도 한다.

직접차감법에 의한 재무상태표에는 매출채권의 기말잔액 ₩800,000에서 대손충당금을 차감한 장부금액 736,000원을 기록하고 손익계산서에 대손상각비 ₩64,000을 기록한다.

간접차감법은 재무상태표에 매출채권의 기말잔액 ₩800,000과 대손충당금 ₩64,000을 대비하여 기록하고 차감한 장부금액 ₩736,000, 세 금액을 모두 표시하고 손익계산서에 대손상각비 ₩64,000을 기록한다. 그리고 예제 3)에서는 회수율을 제시했는데, 그 반대 용어는 대손율(손상률)이다.

그리고 전년도 말에 대손충당금을 설정했거나 그 금액이 일부 당해 연도 말까지 남아 있는 경우에는 예제 4)와 같이 처리한다.

예제 4

(주)CJW쇼핑은 20X6년 12월 31일 기말에 확인해보니 매출채권계정의 잔액이 ₩1,000,000이었다. 최근 3년간 매출채권의 대손율이 8%였고, 전연도말에 설정한 대손충당금은 ₩30,000이 남아 있었다. 적절한 기말 수정분개를 하고 관련 재무제표를 작성하라.

| 풀이 |

대손추정액 = ₩1,000,000 × 0.08 = ₩80,000
대손상각비 = ₩80,000(대손추정액) - ₩30,000(수정분개 전 대손충당금 잔액)
= ₩50,000

차변		대변	
대손상각비	50,000	대손충당금	50,000

대손상각비

12/31 대손충당금 50,000	

대손충당금

	1/ 1 전기이월 30,000
	12/31 대손상각비 50,000

(간접상각법)재무상태표

유동자산			
매출채권	1,000,000		
대손충당금	80,000	920,000	
…			

포괄손익계산서

…	
대손상각비	50,000
…	

상술한 예제 4)는 기말 대손추정액(매출채권의 손상금액)이 수정분개 전 대손충당금 잔액보다 큰 경우(기말 대손추정액(손상금액) ₩80,000>수정분개 전 대손충

당금 잔액 ₩50,000)이다. 반대로, 기말 대손추정액(매출채권의 손상금액)이 수정분개 전 대손충당금 잔액보다 작은 경우는 예제 5)로 확인한다. 오히려 대손충당금을 감소시켜야 하며, 감소한 그 차액은 **대손충당금환입(매출채권손상차손환입)**으로 분류하며 당기 기타수익으로 인식한다.

예제 5

(주)CJW쇼핑은 20X6년 12월 31일 기말에 확인해보니 매출채권계정의 잔액이 ₩1,000,000이었다. 최근 3년간 매출채권의 대손율이 8%였고, 전연도말에 설정한 대손충당금은 ₩90,000이 남아 있었다. 적절한 기말 수정분개를 하고 관련 재무제표를 작성하라.

| 풀이 |

대손추정액 = ₩1,000,000 × 0.08 = ₩80,000
대손상각비 = ₩80,000(대손추정액) - ₩90,000(수정분개 전 대손충당금 잔액)
= - ₩10,000〉〉〉대손상각비가 (-)인 경우는 대손충당금환입으로 처리한다.

차변		대변	
대손충당금	10,000	대손충당금환입	10,000

대손충당금

12/31 충당금환입 10,000	1/1 전기이월 90,000

대손충당금환입

	12/31 대손충당금 10,000

(간접상각법)재무상태표

유동자산			
매출채권	1,000,000		
대손충당금	80,000	920,000	
…			

포괄손익계산서

…	
기타수익:	
대손충당금환입	10,000
…	

3) 대손확정과 매출채권의 제거

대손충당금은 회수불능 확정금액이 아니고 회수불능 추정금액이다. 반면에 기업이 매출채권에 대해 실질적으로 회수불능하다고 확정판단을 하면 **대손확정**이라고 한다. 이때의 회계처리 또한 예제 6)으로 확인해 본다.

예제 6

(주)CJW쇼핑은 20X7년 6월 15일 매출채권 잔액은 ₩850,000이고 대손충당금 잔액은 전기에 이월된 ₩80,000이 남아 있었다. 거래처인 (주)IW Company의 심각한 부실로 매출채권 ₩60,000을 받지 못할 것으로 대손확정하였다. 6월 15일의 분개와 관련 재무제표를 작성하라.

| 풀이 |

차변		대변	
대손충당금	60,000	매출채권	60,000

매출채권

차변	대변
850,000	6/15 대손충당금 60,000

대손충당금

차변	대변
6/15 매출채권 60,000	1/1 전기이월 80,000

(간접상각법)재무상태표

유동자산		
매출채권	790,000	
대손충당금	20,000	770,000
…		

기업이 매출채권에 대해 실질적으로 회수불능하다고 확정판단을 하였을 때, 회수불능 추정금액이 그 시점의 대손충당금보다 크게 대손이 확정되는 경우도 있다. 이때는 기중이지만 대손충당금을 초과하는 부분을 대손상각비로 인식한다. 이때의 회계처리 또한 예제 7)로 확인해 본다.

예제 7

(주)CJW쇼핑은 20X7년 6월 15일 매출채권 잔액은 ₩850,000이고 대손충당금 잔액은 전기에 이월된 ₩80,000이 남아 있었다. 거래처인 (주)IW Company의 심각한 부실로 대손확정된 매출채권이 ₩90,000이라고 한다면, (주)CJW쇼핑은 6월 15일의 분개와 관련 재무제표를 작성하라.

| 풀이 |

차변		대변	
대손충당금	80,000	매출채권	90,000
대손상각비	10,000		

매출채권

850,000	6/15 90,000

대손상각비

6/15 매출채권 10,000	

대손충당금

6/15 매출채권 80,000	1/1 전기이월 80,000

(간접상각법)재무상태표

유동자산:	
매출채권 760,000	
…	

포괄손익계산서

…	
대손상각비	10,000
…	

대손상각비는 당해년도 매출(수익)과 관련이 있는 매출채권에 대하여 기말수정분개를 통해 산출되는 것으로, 수익비용대응의 원칙에 부응하는 회계처리라고 할 수 있다. 이는 당해 매출(수익)이 발생한 연도에 관련비용(대손상각비)을 대응시킬 수 있기 때문이다. 대손충당금은 어디까지나 대손 추정금액이므로 추후(차기 이후)에 일부 또는 전부 회수될 수도 있으므로 매출채권의 차감(평가)계정이라 하며, 영구계정의 하나이다. 대손확정처리 이후 매출채권의 회수에 대해서는 다음 기회에 다룬다.

5. 어음의 회계처리

1) 어음의 시스템

수취채권과 지급채무의 하나인 어음의 수취와 발행은 주영업활동에서 각각 매출채권과 매입채무에 해당한다. 그러나 부수적 영업활동, 예를 들어 타기업에 자금을 빌려주고 어음을 수취하였다면 받을어음이 아니라 대여금으로 처리하고, 타기업으로부터 자금을 빌려 받고 어음을 발행하였다면 지급어음이 아니라 차입금으로 처리하여야 한다.

약속어음(받을어음, 지급어음)에는 상품이나 용역의 거래(주영업활동)에서 발생하는 어음을 **진성어음**, 제3자에게 자금을 대차하여 주고 받은 어음을 **융통어음**이라 일컫는다. 또한, 어음은 권면에 액면금액과 이자가 표시되어 있으면 **이자부어음**이라고 하며, 권면에 이자표시가 없이 액면금액만 있으면 **무이자부어음**이라고 한다. 그러나 무이자부어음 액면금액에는 이자상당액이 포함되어 있는 것이 일반적이다. 그리고 외상거래처의 현금사정이 좋지 않을 때 외상매출금의 회수수단으로, 또는 외상매입금의 현금결제 대신 어음이 사용되기도 한다.

〈이자부어음의 양식〉을 보면 약속어음은 앞면에 액면금액, 액면이자율 · 이자지급방법(무이자부어음의 경우, 액면이자율 없음), 발행일, 만기일, 지급은행 등이 명시되어 있다. 뒷면에는 어음을 양도하는 양도인, 즉 배서인의 서명 난이 있는데, 이를 배서 난이라고도 한다.

〈이자부어음의 양식〉

약속어음

수취인 : ○ ○ ○

액면금액 : ₩2,000,000

이자율 : 연 12%

만기일 : 20X4년 10월 31일	발행일 : 20X4년 5월 1일
지급기관 : ◇◇은행	발행이관·발행자 : ◇◇은행
이자지급방법 : 만기일	주소 : ▷▷▷

〈어음의 시스템〉

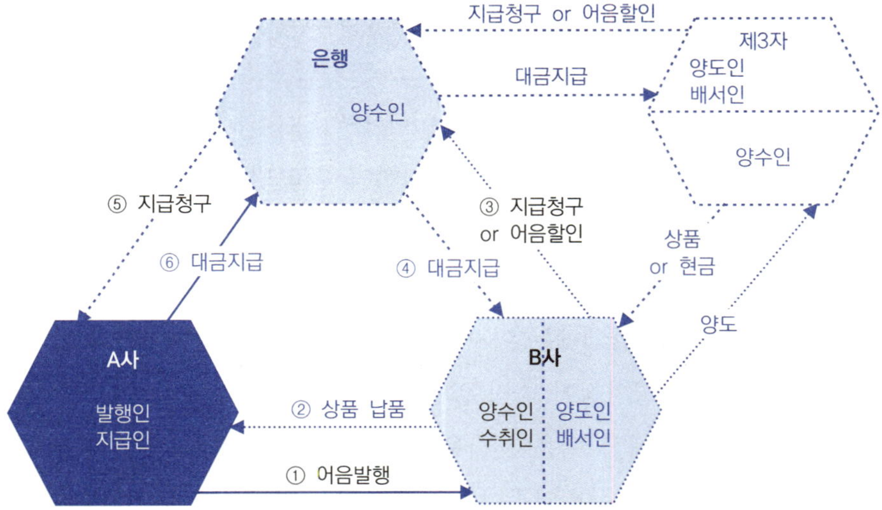

〈이자부어음의 양식〉을 보면 어음을 발행하고 만기가 6개월이 지나서 도래함을 알 수 있다. 따라서 이 6개월간의 이자는 ₩2,000,000(액면금액)×0.12(이자율)×(6/12) =₩120,000이다. 어음발행인은 만기가 되면 원금과 이자를 합산한 ₩2,120,000을 어음소지인에게 지급하여야 한다.

어음의 발행인은 만기가 되면 최종적으로 지급의무를 갖는 지급인이기도 하다. 〈어음의 시스템〉과 같이 발행인으로부터 어음을 받은 수취인(양수인: 어음소지인)은 이 받을어음의 처분에 세 가지 선택안이 있다. 우선 만기가 될 때까지 보유하다가 발행인의 거래은행에 지급 · 청구하여 액면의 원리금을 받는 것이다. 두 번째로 만기가 도래하기 전에 현금이 필요하면 은행에 지급 · 청구(할인)를 하고, 남은 기간의 이자상당액은 은행에게 수수료로 지불하고 차액을 지급받는 것이다. 이를 **어음할인**이라고 하며, 이 수수료를 할인료라고 한다. 세 번째로 제3자에게 진 채무의 변제 또는 자금의 융통을 위하여 어음을 양도하거나 제3자로부터 재화나 용역을 제공받고, 대가를 이 어음으로 지불(양도)하는 것이다. 이 제3자도 세 가지 선택안을 갖게 된다.

예제 8

20X9년 5월 1일 (주)삼릉기계는 절삭기계 1대를 (주)좋은책출판사에게 판매하고 발행금액 ₩300,000, 이자율 12% 조건의 어음을 받았으며 만기일에 적절하게 회수되었다. 어음을 발행 받은 5월 1일의 분개와 그리고 만기일인 10월 31일의 분개를 하라.

| 풀이 |

	판매회사 : (주)삼릉기계				구매회사 : (주)좋은책출판사			
	차변		대변		차변		대변	
20X9. 5. 1	받을어음	300,000	매출	300,000	기계장치	300,000	지급어음	300,000
20X9.10.31	현금	318,000	받을어음	300,000	지급어음	300,000	현금	318,000
			이자수익	18,000	이자비용	18,000		

6개월간 이자 = ₩300,000(액면금액) × 0.12(이자율) × (6/12) = ₩18,000
원리금 = ₩300,000(액면금액) + ₩18,000(이자) = ₩318,000

2) 어음의 부도와 할인

한편, 만기일에 수취인(양수인: 어음소지인)이 거래은행에 어음 추심을 의뢰하였으나 어음발행인의 지급불능으로 인하여 부도가 발생할 경우도 있다. 부도발생 시 거래상대방이 발생한 어음을 자신이 소유한 경우에는 대손으로 확정되기 전까지 별도의 분개(회계처리)를 하지 않는다.

재무상태표에는 외상매출금과 받을어음뿐만 아니라 부도어음도 모두 함께 매출채권이라는 과목으로 보고한다. 부도어음의 금액이 크거나 중요한 경우, 그 내용과 사유를 주석에 공시한다. 또한, 부도어음이 매출채권에 포함되어 있고 그 회수가능성이 불확실하면 회계기말의 매출채권 회수가능성 평가 시에 대손충당금을 추가로 설정한다. 따라서 대손충당금이 증가하면 매출채권의 장부금액이 그 만큼 감소할 것이다.

받을어음은 외상매출금과 같이 채권 자체를 금융회사(은행 등)에게 매각할 수 있다. 이러한 경우를 받을어음의 할인이라고 한다. 즉, 어음의 액면금액보다 낮은 금액으로 할인하여 판다는 것이다.

무이자부어음의 할인은 액면금액을 기준으로 어음을 할인하는 시점부터 만기일까지의 기간동안 일정율의 할인율을 적용하여 수수료를 계산하고 이를 액면금액에서 차감한 잔액을 받게 된다. 예제 9)로 확인해 본다.

예제 9

(주)discount.com은 외상매출금 결제대금으로 무이자부어음을 받았다. 이 어음의 조건은 만기 90일, 액면금액 ₩100,000이다. (주)discount.com은 발행일로부터 30일 경과 후 은행으로부터 연이자율 15% 조건으로 할인하여 현금을 수령하였다. 이 어음 할인관련 분개는?

| 풀이 |

할인료 = ₩100,000(액면금액) × 0.15(할인율) × (60일/360일*) = ₩2,500
*1년은 365일이지만 소수점을 회피하고자 360일을 분모로 함.

차변		대변	
현금	97,500	받을어음	100,000
이자비용(할인료)	2,500		

이자부어음의 할인은 매각거래로 보는가, 차입거래로 보는가에 따라 회계처리가 다르다. 어음에 **상환청구권**이 없는 경우(권리와 의무가 양도인과 분리되어 실질적으로 이전되는 때)는 어음의 양도가 완전한 매각거래이므로 받을어음을 제거하는 회계처리를 한다. 어음에 상환청구권이 있는 경우는 부도발생 시 양수인(은행)은 상환청구권를 양도인에게 행사할 수 있으므로 양도인은 만기까지 받을어음을 제거하지 않고 자금을 차입한 형태로 보고 차입금으로 회계처리한다.

이자부어음의 할인 시 할인료 계산은 발행일부터 만기까지의 이자를 포함한 어음의 만기금액(원리금)을 기준으로 다음 두 가지 경우가 있다. 먼저 총할인료(잔여기간)가 총이자수익(발행일부터 만기까지)보다 많은 경우(총할인료〉총이자수익), 표시할 할인료(실질 할인료)는 총할인료에서 총이자수익을 차감한 후의 잔액으로 한다. 또한, 총할인료(잔여기간)가 총이자수익(발행일부터 만기까지)보다 적은 경우(총할인료<총이자수익), 표시할 이자수익(실질 이자수익)은 총이자수익에서 총할인료를 차감한 후의 잔액으로 한다. 예제 10)으로 확인해 본다.

예제 10

(주)discount.com은 외상매출금 결제대금으로 이자부어음을 받았다. 이 어음의 조건은 만기 90일, 액면금액 ₩100,000, 연이자율 12%이다.

1) **총할인료가 총이자수익을 초과하는 경우**: 어음을 수취하여 즉시 은행으로부터 연이자율 15%로 할인받았을 경우 분개?

| 풀이 |

총이자수익 = ₩100,000(액면금액) × 0.12(액면이자율) × (90일/360일) = ₩3,000
만기금액 = ₩100,000(액면금액) + ₩3,000(총이자수익) = ₩103,000
총할인료 = ₩103,000(만기금액) × 0.15(할인율) × (90일/360일) = ₩3,863
∴ 할인료(매출채권처분손실) = ₩3,000(총이자수익) − ₩3,863(총할인료) = − ₩863
실수령액 = ₩103,000(만기금액) − ₩3,863(총할인료) = ₩99,137

매각거래		차입거래	
차변	대변	차변	대변
현금 99,137 매출채권처분손실 863	받을어음 100,000	현금 99,137 이자비용(할인료) 863	차입금 100,000

2) **총이자수익이 총할인료를 초과하는 경우**: 어음을 수취하여 1개월 후 은행으로부터 연이자율 15%로 할인받았을 경우 분개?

| 풀이 |

총이자수익 = ₩100,000(액면금액) × 0.12(액면이자율) × (90일/360일) = ₩3,000
만기금액 = ₩100,000(액면금액) + ₩3,000(총이자수익) = ₩103,000
총할인료 = ₩103,000(만기금액) × 0.15(할인율) × (60일/360일) = ₩2,575
∴ 할인료(매출채권처분이익) = ₩3,000(총이자수익) − ₩2,575(총할인료) = ₩425
실수령액 = ₩103,000(만기금액) − ₩2,575(총할인료) = ₩100,425

매각거래				차입거래			
차변		대변		차변		대변	
현금	100,425	받을어음	100,000	현금	100,425	차입금	100,000
		매출채권처분이익	425			이자수익	425

3) 만기일에 어음발행인이 대금을 지급한 경우: 1), 2)의 경우, 만기일에 어음발행인이 은행에 대금을 지급한 경우 분개?

매각거래		차입거래			
차변	대변	차변		대변	
분개없음		차입금	100,000	받을어음	100,000

6. 기타유동자산과 유동부채

앞에서 설명한 수취채권과 지급채무인 매출채권과 매입채무는 주된 영업거래에서 발생되는 것이지만, 주로 부수적 영업거래에서 발생하는 유동자산과 유동부채를 〈기타유동자산과 기타유동부채〉라고 하고 다음과 같은 것들이 있다.

〈기타유동자산과 기타유동부채〉

기타유동자산	발생원인	기타유동부채
단기대여금	일정기간 자금의 대차	단기차입금
미수금	재고자산 이외의 자산 매매 / 대금 미결제 상태	미지급금
미수수익	부수적 영업거래 수익과 비용 발생 / 대금 미결제 상태	미지급비용
선급금	미래 재고자산, 용역 매매계약 / 대금 미리 결제	선수금
선급비용	부수적 영업거래 추후 발생 비용과 수익에 대해 미리 결제	선수수익
가지급금	현금 유출입 발생 / 금액과 계정과목 미확정 상태	가수금
	종업원이 제3자에게 지급할 금액을 기업이 대신 일시적 보유	예수금
	법인세비용과 관련하여 향후 납부해야 하는 경우	미지급법인세

1) 단기대여금과 단기차입금

신용거래나 차용증서, 어음 등을 받고 금전을 제3자에게 일정기간(1년 이내) 빌려주고 추후에 상환받기로 한 것으로 단기대여금이라는 단일계정을 사용한다.

신용거래나 차용증서, 어음 등을 제공하고 금전을 제3자로부터 일정기간(1년 이내) 차입하고 추후에 상환하기로 한 것으로 단기차입금이라는 단일계정을 사용한다. 그리고 기업은 은행과 사전계약을 통하여 예금 잔액을 초과하여 사용할 수 있는 경우를 당좌차월이라고 하는데 이 역시 단기차입금에 해당한다.

	대여				차입			
	차변		대변		차변		대변	
현금 대차시	단기대여금	×××	현금	×××	현금	×××	단기차입금	×××
결제시	현금	×××	단기대여금 이자수익	××× ×××	단기차입금 이자비용	××× ×××	현금	×××

2) 미수금과 미지급금

미수금과 미지급금은 기업이 부수적인 영업거래로 발생하는 것으로, 기업이 재고자산 이외의 자산을 외상(신용)으로 팔았을 때 미수금이라는 계정을 사용한다. 기업이 재고자산 이외의 자산을 외상(신용)으르 샀을 때 미지급금이라는 계정을 사용한다.

	미수(비품 신용매각)				미지급(비품 신용구매)			
	차변		대변		차변		대변	
비품 매매	미수금	×××	비품	×××	비품	×××	미지급금	×××

3) 미수수익과 미지급비용

미수이자, 미수수수료, 미수임대료 등과 같이 부수적 영업거래에서 수익이 발생하였으나 아직 현금회수가 안된 경우 **미수수익**을 인식한다. 미지급이자, 미지급수수료, 미지급임차료 등과 같이 부수적 영업거래에서 비용이 발생하였으나 아직 현금지급이 안된 경우 **미지급비용**을 인식한다. 이 미수수익과 미지급비용은 기중에 수익과 비용이 발생하였으나 파악하지 못하다가, 기말시점이 되어 파악·산출하여 당기 발생 수익과 비용을 인식한 것이다.

	수익 당기 발생분 인식		비용 당기 발생분 인식	
	차변	대변	차변	대변
기말 시점	미수수익 ×××	해당 수익 ×××	해당 비용 ×××	미지급비용 ×××

4) 선급금과 선수금

기업이 상품, 제품, 원재료 등의 재고자산이나 용역을 미래에 공급받기로 계약하고 매입대금을 미리 지급했을 때 **선급금**이라는 계정을 사용한다. 이와 반대로 기업이 상품, 제품, 원재료 등의 재고자산이나 용역을 미래에 공급하기로 계약하고 대금을 미리 받았을 때 **선수금**이라는 계정을 사용한다.

	선급(매입)		선수(매출)	
	차변	대변	차변	대변
계약금 수수시	선급금 ×××	현금 ×××	현금 ×××	선수금 ×××
매출 매입	매입 ×××	선급금 ××× 외상매입금 ×××	선수금 ××× 외상매출금 ×××	매출 ×××

5) 선급비용과 선수수익

선급비용과 선수수익은 주영업거래 이외에서 발생한다. 선급보험료, 선급이자, 선급임차료 등과 같이 추후에 발생할 비용을 미리 지급한 부분을 **선급비용**이라고 하고, 선수이자, 선수임대료 등과 같이 추후에 특정 서비스를 제공하기로 하고 대금을 미리 수취한 부분을 **선수수익**이라고 한다. 이 선급비용과 선수수익은 기중 발생 시에도 각각 해당 비용계정이나 수익계정으로 회계처리할 수도 있다. 기말시점에 미리 지급한 부분(금액)과 미리 수취한 부분(금액)을 파악 · 산출하여 차기로 이연시킨다.

	선급				선수			
	차변		대변		차변		대변	
계약시	선급비용	×××	현금	×××	현금	×××	선수수익	×××
기말	해당 비용	××	선급비용	××	선수수익	××	해당 수익	××

6) 가지급금과 가수금

가지급금은 기업이 종종 현금을 지급하였으나 이를 처리할 정확한 계정과목 또는 금액 확정되지 않았을 때 임시적으로 사용하는 계정과목이다. 예를 들면 출장비를 지급하고 종업원이 귀사하여 보고할 때까지 그 내역을 알 수 없을 때 가지급금계정을 사용한다. 반대로 **가수금**은 기업이 현금을 수수하였지만 처리할 정확한 계정과목이나 금액이 확정되지 않았을 때 임시적으로 사용하는 계정과목이다. 예를 들어 미통지예금이나 출장 간 종업원으로부터 송금이 있었을 때 가수금계정을 사용한다.

	가지급				가수			
	차변		대변		차변		대변	
수수시	가지급금	×××	현금	×××	현금	×××	가수금	×××
판명	해당 비용	×××	가지급금	×××	가수금	×××	매출채권 등	×××

7) 예수금과 미지급법인세

예수금과 미지급법인세는 둘 다 부채이다. **예수금**은 기업이 최종적으로 제3자(국세청)에게 지급해야 할 금액을 종업원이나 거래처로부터 미리 받아 일시적으로 보관하는 경우 사용되는 계정이다. 예를 들어 종업원의 소득세를 일시적으로 원천징수하여 보관하다가 납기일에 국세청에 납부하는 소득세예수금계정 등이다.

미지급법인세는 법인세비용과 관련하여 향후 납부할 부채로서, 미지급금, 미지급비용은 금융부채이지만 미지급법인세는 재무상태표에 별도로 표시한다.

연습문제

01 다음의 회계자료를 보고 재무상태표에 현금 및 현금성자산으로 보고할 금액은 어느 것인가?

• 가계수표	₩300,000	• 부도수표	₩710,000
• 만기 3개월 이내의 채권	₩100,000	• 만기된 받을어음	₩500,000
• 만기 1년 이내의 채권	₩200,000	• 고객이 발행한 수표	₩850,000
• 양도성 예금증서(취득시 만기 6개월 후)	₩130,000		

① ₩1,750,000　　② ₩2,500,000
③ ₩1,650,000　　④ ₩1,880,000

02 (주)Isfnet Korea는 컴퓨터 마우스를 100개를 ₩300,000에 외상으로 매입하고 매입수수료 ₩5,000과 매입운반비 ₩10,000을 현금으로 지급하였다. 다음 중 적절한 분개는?

	차변		대변	
①	매입	₩315,000	외상매입금	₩300,000
			현금	15,000
②	매입	300,000	외상매입금	300,000
	운반비	10,000	현금	10,000
③	매입	310,000	외상매입금	310,000
	수수료비용	5,000	현금	5,000
④	매입	300,000	외상매입금	300,000
	운반비	10,000	현금	15,000
	수수료비용	5,000		

03 매출채권이 대송충당금 잔액 범위 내에서 대손확정되는 경우, 다음 중 분개의 영향을 올바르게 설명한 것은?

① 대손충당금에는 영향을 미치지 않는다.
② 매출총이익에는 영향을 미치지 않는다.
③ 매출총이익을 감소시킨다.
④ 유동자산을 증가시킨다.

연습문제

04 계정과목이나 금액이 미확정된 것을 지급할 경우, 확정될 때까지 일시적으로 처리하는 가계정으로 다음 중 재무상태표에 기재해서는 안 되는 것은?

① 예수금
② 선수금
③ 가지급금
④ 미지급금

05 대손충당금을 설정할 경우의 거래내용과 회계처리가 적절하지 않은 것은?

거래내용	회계처리
① 대손예상액 > 대손충당금 잔액	(차)대손상각비 ××(대)대손충당금 ××
② 대손예상액 = 대손충당금 잔액	(차)대손상각비 ××(대)대손충당금 ××
③ 대손예상액 < 대손충당금 잔액	(차)대손충당금 ×(대)대손충당금환입 ×
④ 대손충당금 잔액이 없을 경우	(차)대손상각비 ××(대)대손충당금 ××

06 다음은 (주)Netalking의 결산일 현재 당좌예금 관련자료이다. 현금 및 현금성자산의 일부로 보고할 정확한 당좌예금 잔액은 얼마인가?

- 회사장부 잔액 ₩100,000
- 은행측 예금잔액 ₩120,000
- 미결제수표 ₩10,000
- 외상매출금 회사 미기록 ₩15,000
- 당좌차월이자 중 회사의 미기록 ₩5,000

① ₩100,000
② ₩105,000
③ ₩110,000
④ ₩120,000

07 다음의 자료를 토대로 기말 대손상각비로 계상할 금액은 얼마인가?

- 기초 매출채권에 대한 대손충당금 잔액은 ₩200,000이다.
- 3월 3일 거래처의 파산으로 매출채권 ₩80,000이 회수불능되었다.
- 기말 매출채권에 대한 대손예상액은 ₩150,000이다.

① ₩10,000
② ₩20,000
③ ₩30,000
④ ₩40,000

08 다음 연속된 거래를 보고 20X9년 10월 10일의 분개로 옳은 것은?

> • 20X8년 12월31일: 외상매출금 잔액 ₩2,000,000에 대하여 2%의 대손을 예상하다. (단, 기초대손충당금 잔액 ₩30,000 있음)
> • 20X9년 10월10일: 거래처의 파산으로 외상매출금 ₩50,000이 회수불능되다.

	차변		대변	
①	대손상각비	₩40,000	외상매출금	₩40,000
②	대손충당금	40,000	외상매출금	40,000
③	대손상각비	50,000	외상매출금	50,000
④	대손충당금	40,000	외상매출금	50,000
	대손상각비	10,000		

09 매출채권에 대한 대손충당금계정의 성격으로 옳은 것은?

① 자본계정
② 차감적 평가계정
③ 부채계정
④ 자산계정

10 다음 회계자료를 보고 은행계정조정표 작성전의 회사측 당좌예금계정 잔액(장부금액)은 얼마인가?

> • 은행측 예금잔액 ₩15,000 • 미결제수표 ₩3,500
> • 회사 장부에 반영되지 않은 사항(미기록): 은행수수료 ₩500, 입금액 ₩1,500

① ₩10,500
② ₩12,500
③ ₩13,500
④ ₩15,000

11 다음 중 매출채권과 미수수익에 대한 설명으로 적절하지 못한 것은?

① 둘 다 유동자산이다.
② 미래에 현금으로 회수될 항목이다.
③ 미수수익은 손익계산서의 매출 다음으 수익항목이다.
④ 매출채권은 일반적인 상거래에서 발생한다.

연습문제

12 기중 매출채권이 충당금설정액 이내에서 대손이 확정되었을 때, 재무상태표에 미치는 영향은?

① 유동자산의 감소와 매출수익의 감소
② 재무상태표 자산총계에 미치는 영향이 없음
③ 유동자산의 감소와 비용의 발생
④ 유동자산의 감소와 소유주지분(자본)의 감소

13 부동산회사가 상품으로 보유하던 취득원가 ₩2,000,000의 건물을 ₩2,500,000에 매각하고 3개원 후에 대금을 받기로 하였다면 이 수취채권의 적절한 계정은?

① 매출채권
② 미수수익
③ 미수금
④ 기타수익

14 다음 거래에 관한 일별 분개 중에서 잘 못된 것은?

> 12월 15일: 직원 출장 시 출장비를 대략 개산하여 ₩250,000을 현금으로 지급했다.
> 12월 20일: 출장지에서 직원이 원인불명의 금액 ₩130,000을 보냈다.
> 12월 25일: 직원의 귀사 후 정산결과 직원에게 출장비 ₩5,000을 추가 지급했다.
> 12월 26일: 원인불명의 송금액은 매출채권을 회수한 것으로 판명되었다.

	일자	차변		대변	
①	12월15일	가지급금	₩250,000	현금	₩250,000
②	12월20일	현금	130,000	가수금	130,000
③	12월25일	여비교통비	50,000	현금	50,000
④	12월26일	가수금	130,000	매출채권	130,000

15 (주)불꽃은 화재가 발생하여 다음과 같이 보험금을 받았다. (주)불꽃의 재해손실은 얼마인가?

> 화재로 인하여 장부금액 ₩15,000,000, 화재 시의 감가상각누계액 ₩5,000,000인 건물이 전소하였다. 이후에 화재보험사로부터 ₩7,000,000의 보험금을 받아 당좌예입하였다.

① ₩3,000,000
② ₩7,000,000
③ ₩20,000,000
④ ₩10,000,000

16 당좌수표 ₩200,000을 발행하여 (주)Net.com에게 빌려주고 2개월 후에 받기로 하고 약속어음을 받았다. 이 거래에 대한 설명으로 적합하지 않은 것은?

① 거래 후 당좌자산 총액은 변동이 없다.
② 거래 후 유동자산 총액은 변동이 없다.
③ (주)Net.com이 발행한 어음은 융통어음이다.
④ 거래를 분개하면 차변에 기록한 계정과목은 받을어음이다.

17 (주)와신상담은 20×9년 3월 1일 자문용역을 제공하고 고객으로부터 액면금액 ₩100,000, 만기 20×9년 8월31일의 무이자부어음을 수령하였다. 그리고 Banbank은행으로부터 20×9년 4월 30일 연 15%의 할인조건으로 할인 받았다. (주)와신상담이 수령한 현금과 부담한 할인료는 얼마인가?

	현금수령액	할인료
①	₩92,500	₩7,500
②	95,000	5,000
③	100,000	5,000
④	95,000	7,500

18 다음 중에서 백화점이 발행(판매)한 상품권과 관련된 설명으로 틀린 것은?

① 고객이 상품권을 환불 요청하는 경우 선수금과 상계한다.
② 매출수익은 상품과 교환에 의한 상품권 회수 때 인식한다.
③ 장기 미회수 상품권은 상법 상 소멸시효가 완성된 경우, 이 상품권 잔액을 전부 기타수익으로 인식한다.
④ 상품권은 발행(판매) 즉시 매출수익으로 인식한다.

19 부도어음은 다음 어느 계정에 속하는가?

① 비용계정 ② 부채계정
③ 자산계정 ④ 차감계정

연습문제

20 상품대금으로 받은 (주)Candystore가 발행한 약속어음 ₩100,000을 거래은행에서 할인료 ₩5,000을 내고 실수령액을 당좌예금에 입금하였다. 이 약속어음의 할인은 매각거래에 해당한다. 다음 중 이에 대한 적절한 분개는?

	차변		대변	
①	당좌예금	₩95,000	받을어음	₩100,000
	매출채권처분손실	5,000		
②	매출채권처분손실	5,000	받을어음	5,000
③	당좌예금	95,000	단기차입금	100,000
	이자비용	5,000		
④	매출채권처분손실	5,000	단기차입금	5,000

정답 및 풀이

1. ①: 현금 및 현금성자산 = 가계수표 + 만기 3개월 이내 채권 + 만기된 받을어음 + 고객이 발행한 수표
₩1,750,000 = ₩300,000 + ₩100,000 + ₩500,000 + ₩850,000
참고로 부도수표는 추심에 시간이 걸리므로 단기금융자산으로 분류된다.
2. ①: 매입 시 제비용은 기본적으로 원가에 포함된다.
3. ②: 대손확정시 '(차)대손충당금××(대)매출채권××'이라고 분개하므로 원래 대변 잔액인 대손충당금은 감소하고 매출채권이라는 유동자산은 감소한다. 대손과 매출총이익은 직접적인 관련이 없다.
4. ③: 가지급금은 기말에 원인을 파악하여 적절한 계정으로 옮겨, 가지급금계정 잔액을 ₩0으로 처리해야 한다.
5. ②: 대손예상액과 대손충당금 잔액이 같은 경우는 분개할 필요가 없다.
6. ③:

은행계정조정표

기업측 장부상 잔액		₩100,000	은행계정명세서상 잔액		₩120,000
가산	입금미기록	15,000	가산		
감산	당좌차월이자	5,000	감산	미결제수표	10,000
수정 후 잔액		₩110,000	수정 후 잔액		₩110,000

7. ③: 대손상각비 = 기말대손예상액 − (기초대손충당금 − 당기대손확정액)
₩30,000 = ₩150,000 − (₩200,000 − ₩80,000)
8. ④: 대손발생 시 대손충당금이 ₩40,000 설정되어 있으므로 이를 우선 상계하고, 초과분 ₩10,000은 대손상각비로 처리한다.
9. ②: 대손충당금은 부채계정이 아니라 매출채권 등을 차감하는 성격의 평가계정이다.
10. ①: 은행계정조정표에서 기업측 잔액의 수정후 잔액과 은행측 잔액의 수정 후 잔액은 일치하게 되어있으므로, 역산하여 기업측 잔액을 구한다.

은행계정조정표

기업측 장부상 잔액		?(₩10,500)	은행계정명세서상 잔액		₩15,000
가산	예금 입금	1,500	가산		
감산	은행수수료	500	감산	미결제수표	3,500
수정 후 잔액		₩11,500	수정 후 잔액		₩11,500

11. ③: 미수수익은 재무상태표의 유동자산에 속한다.
12. ②: 기말에 새롭게 대손예상액을 추정하여 충당금을 설정하지 않는 한, 기중 재무상태표의 자산 총계는 동일하다.
13. ①: 부동산회사에게는 토지나 건물의 매매활동이 영업활동이므로 매출채권(외상매출금)계정을 사용한다.
14. ③: 출장비 정산 시, 다음과 같은 분개를 해야 한다.

차변		대변	
여비교통비	300,000	가지급금	250,000
		현금	5,000

15. ①: 건물 전소로 인한 회계처리와 보험금 수령 분개를 통해 재해손실을 파악한다.

차변		대변	
감가상각누계액	5,000,000	건물	15,000,000
현금	7,000,000		
재해손실	3,000,000		

16. ④: 당좌수표는 당좌자산인 당좌예금 구좌에서 발행되지만, 자금을 빌려 주고 받은 어음은 융통(금융)어음이며, 단기차입금으로서 3개월 이내에 현금화 되는 현금성자산이므로 당좌자산에 속한다.

17. ②: 할인료 = 액면금액 × 할인율 × 만기까지의 잔여기간 = ₩100,000 × 0.15 × 4/12 = ₩5,000, 현금수령액 = 액면금액 − 할인료 = ₩100,000 − ₩5,000 = ₩95,000

18. ④: 상품권의 판매는 선수금으로 기타유동부채에 해당한다.

19. ③: 어음이 부도 발생하면, 부도어음계정으로 분류하지만, 대손확정될 때까지는 매출채권(자산)이다.

20. ①: 이 받을어음은 상품대금 대신 받은 것으로 매출채권에 해당한다. 그리고 매각거래로 본다고 하였으므로 매출채권의 매각으로 보고 할인료를 매출채권처분손실로 처리한다.

제 8 장

유형자산과 무형자산

1. 유형자산의 의의와 종류
2. 유형자산의 취득원가
3. 감가상각
4. 감가상각에 대한 회계처리
5. 유형자산의 후속원가
6. 유형자산 처분
7. 유형자산 손상
8. 무형자산
9. 투자부동산

제8장 유형자산과 무형자산

1. 유형자산의 의의와 종류

기업이 장기에 걸쳐 사용하기 위하여 보유하는 자산 중에 구체적으로 물리적 형태를 갖고 있는 자산을 유형자산(property, plant & equipment)이라고 한다. 이와 같이 유형자산의 분류요건에는 구체적으로 세 가지 키워드가 있다.

첫째는 상품이나 용역의 생산 및 제공 등을 위하여 영업활동과정에서 사용하는 자산이며, 둘째는 보고기간말(재무제표 작성일)에서부터 1년 이상 장기에 걸쳐 사용하는 자산이다. 셋째는 생산시설이나 판매시설로서 물리적 형체가 있는 비화폐성자산이다. 대표적으로 토지가 있으며, 건물부속설비를 포함한 건물, 주차장 및 기타 토목설비를 포함한 구축물, 운송설비 등을 포함한 기계장치, 자가 건설 중인 건물이나 구축물을 말하는 건설 중인 자산, 기타 유형자산으로 대별된다.

유형자산과 관련된 수익은 장기간에 걸쳐 발생하므로 수익비용대응의 관점에서 유형자산의 취득을 비용으로 처리하지 않고 내용연수 동안 원가배분(비용의 기간배분)하여 감가상각한다. 따라서 유형자산은 상각자산과, 비상각자산으로 구분할 수 있다. 시간이 경과되거나 사용으로 인하여 가치가 감소되는 자산을 상각자산이라고 일컬으며, 기계장치, 선박, 자동차, 건물 등이 있다. 시간이 경과되거나 사용을 하여도 가치가 감소되지 않는 자산을 비상각자산이라고 일컬으며, 토지가 대표적이다.

2. 유형자산의 취득원가

단순하게 〈유형자산의 취득원가〉는 '유형자산 취득원가 = 구입가격 + 직접관련원가(= 직접부대원가 + 전환원가 등)' 이다. 유형자산의 취득원가는 당해 자산을 취득하기 위해 제공한 대가와 경영진이 의도하는 방식으로 자산을 이용하기 위하여 필요한 장소와 상태에 이르게 하는데 직접 관련된 원가를 의미하며, 필요한 경우 해당 자산을 해체, 제거하거나 부지를 복구하는데 소요될 것으로 최초에 추정되는 원가로 구성된다. 보다 구체적으로는 다음과 같다.

일반적으로 구입가격은 외부구입가격에 해당하고 리베이트 등을 차감한 순구입가격을 일컫는다. 직접관련원가(부대비용)는 경영진이 의도하는 방식으로 자산을 이용하는데 필요한 장소와 상태에 이르게 하는데 직접 관련된 원가로, 유형자산의 매입 또는 건설과 직접적으로 관련되어 발생하는 종업원급여, 설치장소 준비원가, 최초의 운송 및 취급관련원가, 설치원가 및, 조립원가, 정상 작동 여부를 파악하는 과정에서 발생하는 시험원가(단, 이 과정에서 생산된 재화의 순매각금액은 당해 원가에서 차감), 유형자산의 취득과 관련하여 전문가에게 지급하는 수수료, 유형자산의 취득과 관련한 각종 세금 등이다.

또한, KIFRS(제1023호)에 따르면 적격자산(재고자산, 제조설비자산, 전력생산설비, 무형자산, 투자부동산 등에 관하여 의도된 용도로 사용하거나 판매가능한 상태로 이르게 하는 데 상당한 기간이 필요한 자산)의 취득, 건설 또는 제조와 직접 관련된 차입원가는 당해 자산의 원가 일부로 자본화해야 한다고 되어 있어, 적격재고자산의 제조 등에 직접 관련된 차입원가는 재고자산원가에 포함시킨다. 한편, 해당 유형자산과 관련성이 없는 차입원가는 발생기간의 비용으로 인식해야한다.

그리고 기업의 유형자산으로 계상된 시설물을 일정기간 사용 후, 해체, 제거하거나 부지를 복원하는데 소요될 것으로 추정되는 복구원가(현재가치)는 해당 유형자산을 취득시점 또는 특정기간 동안 재고자산 생산 이외의 목적으로 사용한 결과 발생한 것으로 해당 유형자산의 취득원가에 포함되는 것이 합리적이다.

〈유형자산의 취득원가〉

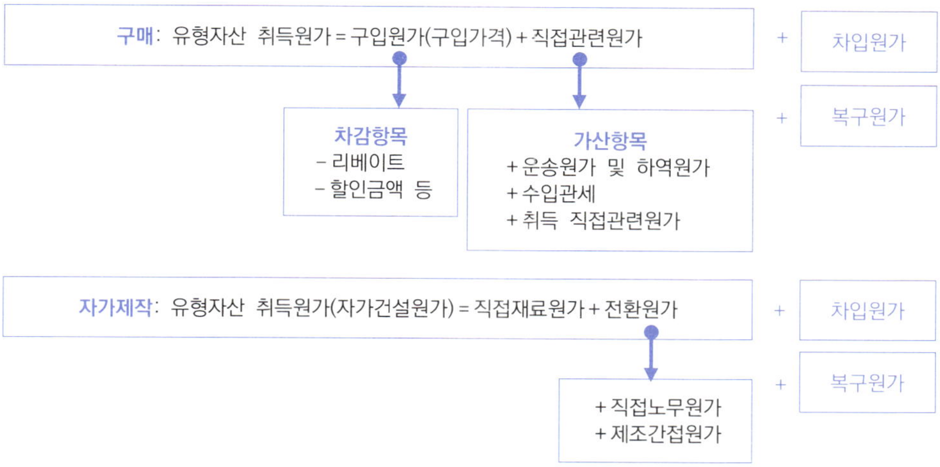

예제 1

(주)SS제화는 구두제작용 미싱을 한 대 ₩9,000,000에 구입했다. 운송비 ₩200,000은 미싱제작회사가 지급했고, 설치비 ₩300,000, 시운전비 ₩500,000이 들었다. 이 미싱의 취득원가는 얼마인가?

| 풀이 |

운송비는 미싱제작회사가 지급하였으므로 취득원가에 포함되지 않는다.

미싱 취득원가 = 구입가격(₩9,000,000) + 설치비(₩300,000) + 시운전비(₩500,000)
= ₩9,800,000

3. 감가상각

토지와 건설 중인 자산을 제외한 건물, 비품, 차량운반구 등의 유형자산은 사용 또는 시간의 경과 등으로 점차 가치가 감소하는데 이것을 감가라고 한다. 결산일이 도래하면 당기 중에 가치의 감소분을 당기의 비용으로 계상하고, 그 감가분에 상당하는 금액으로 해당 유형자산의 취득원가를 감소시키는 처리를 한다. 이 절차를 **감가상각**이라고 하고 감가분에 상당하는 금액, 즉 감가상각액을 **감가상각비**라고 한다.

보다 구체적으로 말하면 가치의 감소는 사용기간 중 수익획득에 공헌한 것으로, 기말에 해당 유형자산의 취득원가를 가치감소에 따라 내용연수에 걸쳐 비용(원가) 배분하는 절차를 진행한다. 따라서 배분된 원가는 감가상각비로서 비용계상된다.

감가상각의 재무제표 표시방법에는 직접차감법과 간접차감법이 있으나, 장부기입방법은 동일하다. 직접차감법은 감가상각비를 차변에 계상하면서 동일한 금액을 감가상각누계액계정의 대변에 기입하고, 재무제표에서는 감가상각누계액을 해당 유형자산(취득원가)에서 차감하여 순액(장부금액)으로 표시한다. 그리고 주석에 취득원가와 감가상각누계액을 표시하여야 한다. 간접차감법은 감가상각비를 차변에 계상하면서 감가상각누계액계정의 대변에 기입하고 재무제표에서는 해당 유형자산의 취득원가와 감가상각누계액, 장부금액(재무상태표 표시금액 = 취득원가 - 감가상각누계액)을 모두 표시한다. 이 **감가상각누계액계정**은 해당 유형자산의 평가(차감) 계정이다.

유형자산을 사용하면서 매년 그 유용성(가치)이 얼마나 감소하였는지 정확하게 측정하기 어렵다. 따라서 감가상각은 일정의 계획적 · 규칙적 방법으로 비용배분을 하는데, 그 대표적인 방법으로 정액법, 체감상각법(정율법, 이중체감잔액법, 연수합계법), 생산량비례법 등이 있다.

그리고 기중에 유형자산을 취득하여 기말을 맞이하면 우선 1년치 감가상각비를 계산하여 당해연도 사용월수에 따라 계산하는 월단위 계산을 한다. 물론 일단위 계산도 가능하지만 실무에서는 월단위를 주로 이용한다.

참고로 〈감가상각법에 따른 장부금액의 변화〉와 같이 정액법은 매기 일정한 금액이 상각된다고 가정하여 장부금액이 하향 일직선의 특징을 갖고, 체감상각법은 취득초기에 가치가 많이 감소한다고 가정하여 0점에 볼록한 하향곡선의 특징을 갖는다.

〈감가상각법에 따른 장부금액의 변화〉

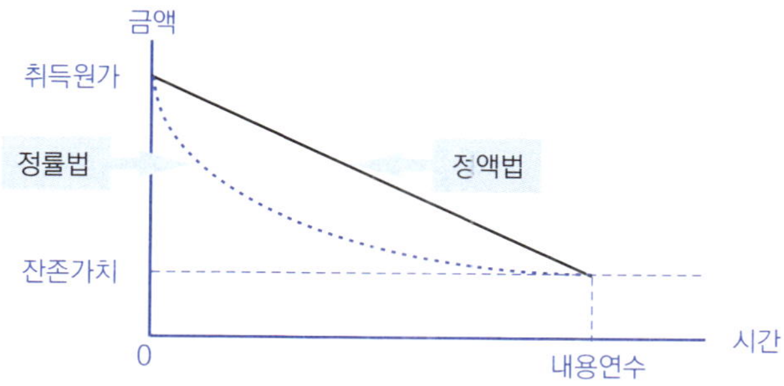

1) 정액법

정액법(straight line method)은 매기 동일한 일정액의 감가상각비를 정하는 방법으로 다음의 계산식에 의하여 1년치를 산출한다. 전술한 바 있는 취득원가는 구입가격에 직접관련원가를 더한 것이고 **내용연수**는 유형자산의 사용가능연수를 추정한 것이다. **잔존가치**는 유형자산의 내용연수가 도래했을 때 처분하여 획득할 수 있는 금액을 추정한 것이다. 잔존가치가 ₩0인 경우도 있다. 우리나라 기업의 80% 이상이 이 정액법을 채택하고 있다. 그리고 공식에서 분자의 '취득원가 - 잔존가치'는 **감가상각대상액**이라고도 한다.

$$\text{감가상각비} = \frac{\text{취득원가} - \text{잔존가치}}{\text{내용연수}} = \frac{\text{감가상각대상액}}{\text{내용연수}}$$

예제 2

(주)CJW쇼핑은 20X4년도 1월에 상품포장기계장치 1대를 ₩900,000에 취득하였다. 잔존가치는 10%인 90,000원이고 내용연수는 4년이다. 정액법에 의한 각 4년간의 감가상각비와 감가상각누계액은 얼마인가?

| 풀이 |

정액법	연도별 감가상각비		연도별 감가상각누계액	연도말 장부금액 (미상각잔액)
1차 연도	(₩900,000 - ₩90,000) ÷ 4년	₩202,500	₩202,500	₩697,500
2차 연도	(₩900,000 - ₩90,000) ÷ 4년	202,500	405,000	495,000
3차 연도	(₩900,000 - ₩90,000) ÷ 4년	202,500	607,500	292,500
4차 연도	(₩900,000 - ₩90,000) ÷ 4년	202,500	810,000	90,000

2) 정율법

정율법(fixed percentage method)은 매기 유형자산의 장부금액(= 취득원가 - 감가상각누계액)에 매기 동일한 상각률을 곱하여 계산하는 방법이다. 여기서 미상각잔액이란 용어가 나오는데 말 그대로 상각하지 않고 남아 있는 부분으로서 취득원가에서 사용기간 동안의 감가상각누계액(= 사용기간 동안의 감가상각비의 합계)을 뺀 금액으로 기초장부금액, 또는 전기말 장부금액이라는 용어의 의미와 같다. 유형자산의 사용초기에 많이 상각하고 시간이 지나면 적게 상각하는 방법인 체감상각법의 한 방법이다. 따라서 매년 감각상각비는 같지 않고 점차 줄어든다.

$$\text{감가삼각비} = (\text{취득원가} - \text{기초시점까지의 감가상각누계액}) \times \text{상각률}$$
$$= \text{미상각잔액} \times \text{상각률}$$
$$\text{상각률} = 1 - \left(\frac{\text{잔존가치}}{\text{취득원가}}\right)^{1/n} = 1 - \sqrt[n]{\frac{\text{잔존가치}}{\text{취득원가}}} \quad (n = \text{내용연수})$$

일반적으로 회계관련 문제에서는 상각률이 제시되지만, 상기 공식에 의해서 구하면 된다. 주의해야 할 것은 마지막 연도 감가상각비인데, 기초장부금액에 상각률을 곱하면 감가상각비가 잔존가치까지 차감되는 결과를 얻게 되므로 마지막 연도의 감가상각비는 상각률을 적용하지 않고 잔존가치에 맞추어 잔여금액을 모두 감가상각비로 인식한다. 즉 내용연수의 마지막 연도의 감가상각비는 미상각잔액에서 잔존가치를 차감하여 계산한다. 상각률 공식에서 n은 내용연수이다.

예제 3

(주)CJW쇼핑은 20X4년도 1월에 상품포장기계장치 1대를 ₩900,000에 취득하였다. 잔존가치는 10%인 ₩90,000이고 내용연수는 4년이며, 상각률은 0.5이다. 정율법에 의한 각 4년간의 감가상각비와 감가상각누계액은 얼마인가?

| 풀이 |

정율법	연도별 감가상각비		연도별 감가상각누계액	연도말장부금액 (미상각잔액)
1차 연도	₩900,000×0.5	₩450,000	₩450,000	₩450,000
2차 연도	(₩900,000－₩450,000)×0.5	225,000	675,000	225,000
3차 연도	(₩900,000－₩675,000)×0.5	112,500	787,500	112,500
4차 연도	₩900,000－₩787,500－₩90,000	22,500	810,000	90,000

3) 이중체감잔액법

이중체감잔액법(double declining balance method)은 정율법과 동일한 감가상각비 산출 공식을 사용하나, 상각률은 잔존가치를 고려하지 않고 정액법의 2배를 적용한 '(1/내용연수)×2'라는 상이한 상각률로 감가상각하는 방법으로 체감상각법의 하나이다. 내용연수의 마지막 연도의 감가상각비는 미상각잔액에서 잔존가치를 차감하여 계산한다.

$$감가상각비 = (취득원가 - 기초시점까지의\ 감가상각누계액) \times 상각률$$
$$= 미상각잔액 \times 상각률$$
$$상각률 = \frac{1}{내용연수} \times 2$$

4) 연수합계법

연수합계법(sum of the year's dights method)도 초기에 많이 감가상각하는 체감상각법의 하나이다. 감가상각비가 초기에 크고 점차 줄어드는 매년 다른 상각률이 적용된다. 전술한 정액법과 이중체감잔액법과는 달리 감가상각대상액(= 취득원가 - 잔존가치)에 내용연수를 이용한 특정 상각률을 곱하여 계산한다. 예를 들어, 내용연수가 4년인 경우, 연수합계는 10(= 1 + 2 + 3 + 4)이다. 이를 이용한 1차 연도 상각률은 4/10, 2차 연도 상각률은 3/10, 3차 연도 상각률은 2/10, 4차 연도 상각률은 1/10이다.

$$감가상각비 = (취득원가 - 잔존가치) \times 상각률 \qquad 상각률 = \frac{당기초\ 잔존내용연수}{내용연수합계}$$

5) 생산량비례법

생산량비례법은 유형자산의 이용(사용)도 또는 생산량에 비례하여 매기 감가상각비를 계산하는 방법이다. 차량운반구, 복사기와 같은 비품, 기계장치 등과 같이 총이용가능량과 당기이용량을 일정 기준으로 측정할 수 있는 자산에 적용할 수 있다. 감가상각비는 아래의 공식에 의해서도 구할 수 있고, 취득 시에 생산(소비) 1단위당 감가상각비를 미리 구하여 기말에 당기이용량을 파악하여 곱해주면 감가상각비를 구할 수도 있다.

이용도나 생산량에 따라 수익창출에 공헌하므로 이에 근거한 감가상각비 인식은 수익비용대응원칙에 적합하며 감가의 원인이 물리적인 원인에 의해 발생할 때 적절한 방법이다.

$$감가상각비 = (취득원가 - 잔존가치) \times \frac{당기이용량}{총이용가능량}$$

$$\text{or} \quad 감가상각비 = 당기이용량 \times 생산(소비)1단위당감가상각비$$

$$생산(소비)1단위당감가상각비 = \frac{취득원가 - 잔존가치}{총이용가능량}$$

예제 4

(주)CJW쇼핑은 20X4년도 1월에 상품포장기계장치 1대를 ₩900,000에 취득하였다. 잔존가치는 10%인 ₩90,000이고 내용연수는 4년이다. 이 기계로 총 405,000개의 상품을 포장할 수 있으며 1차 연도에 200,000개, 2차 연도에 100,000개, 3차 연도에 100,000개, 4차 연도에 5,000개의 상품을 포장하였다고 가정한다. 생산량비례법에 의한 각 4년간의 감가상각비와 감가상각누계액은 얼마인가?

| 풀이 |

생산량 비례법	연도별감가상각비		연도별 감가상각누계액	연도말장부금액 (미상각잔액)
생산1단위당 감가상각비 = (₩900,000 − ₩90,000) ÷ 405,000 = ₩2/단위				
1차 연도	200,000개 × @₩2/단위	₩400,000	₩400,000	₩500,000
2차 연도	100,000개 × @₩2/단위	200,000	600,000	300,000
3차 연도	100,00개 × @₩2/단위	200,000	800,000	100,000
4차 연도	5,000개 × @₩2/단위	10,000	810,000	90,000

4. 감가상각에 대한 회계처리

1) 유형자산 취득과 감가상각에 대한 회계처리

전술한 예제 2)를 이용하여 설명한다. (주)CJW쇼핑은 20X4년도 1월에 상품포장기계장치 1대를 현금 ₩900,000을 지불하고 취득하였다. 잔존가치는 10%인 ₩90,000이고 내용연수는 4년이다. 감가상각은 정액법으로 처리한다고 한다. 취득시 분개는 다음과 같이 처리한다.

20X4년 1월 1일	차변		대변	
	기계장치	900,000	현금	900,000

그리고 첫 회계연도 말이 도래하면 다음과 같은 수정분개를 해 준다.

20X4년 12월 31일	차변		대변	
	감가상각비	202,500	감가상각누계액	202,500

이 유형자산과 감가상각에 관련한 사항을 재무제표에 표시하면 다음과 같다.

〈직접차감법〉	재무상태표		
유형자산 :			…
기계장치		697,500	

포괄손익계산서	
…	
감가상각비	202,500
…	

〈직접차감법〉	재무상태표		
유형자산 :			…
기계장치	900,000		
감가상각누계액	202,500	697,500	

포괄손익계산서	
…	
감가상각비	202,500
…	

두 번째 회계연도 말이 도래하면 다음과 같은 수정분개를 해준다.

20X5년 12월 31일	차변		대변	
	감가상각비	202,500	감가상각누계액	202,500

이 유형자산과 감가상각에 관련한 사항을 재무제표에 표시하면 다음과 같다.

〈직접차감법〉	재무상태표		포괄손익계산서	
유형자산 :		…	…	
기계장치	495,000		감가상각비	202,500
			…	

〈직접차감법〉	재무상태표			포괄손익계산서	
유형자산 :				…	
기계장치	900,000		…	감가상각비	202,500
감가상각누계액	405,000	495,000		…	

2) 기중 취득한 유형자산의 회계처리

여기서는 전술한 예제 3)과 관련하여 20X4년도 10월에 취득한 것으로 가정하여 설명한다. (주)CJW쇼핑은 20X4년도 **10월**에 상품포장기계장치 1대를 ₩900,000에 취득하였다. 잔존가치는 10%인 ₩90,000이고, 내용연수는 4년이며 상각률은 0.5이다. 감가상각은 정율법으로 처리한다고 한다. 그리고 첫 회계연도말이 도래하면 다음과 같이 3개월분 감가상각에 대한 수정분개를 한다.

20X4년 12월 31일	차변		대변	
	감가상각비	112,500	감가상각누계액	112,500

〈기중 취득 시 감가상각 계산방법〉은 우선 취득일 기준으로 내용연수에 맞추어 1년씩 감가상각비를 계산한다. 이를 바탕으로 각 회계연도에 해당하는 사용기간을 월단위로 계산하여 해당 회계연도의 감가상각비를 산출한다.

아래의 〈기중 취득 시 감가상각 계산표〉와 같이 취득일 기준으로 1년분의 감가상각비를 계산하면 ₩450,000이지만, 1차 연도는 3개월분만 사용하였으므로 3/12을 곱한 감가상각비만 인식한다. 2차 연도는 1차 연도의 9개월분과 취득일 기준 2년째의 감가상각비 3개월분을 합하여 감가상각비를 구해나간다.

〈기중 취득 시 감가상각 계산방법〉

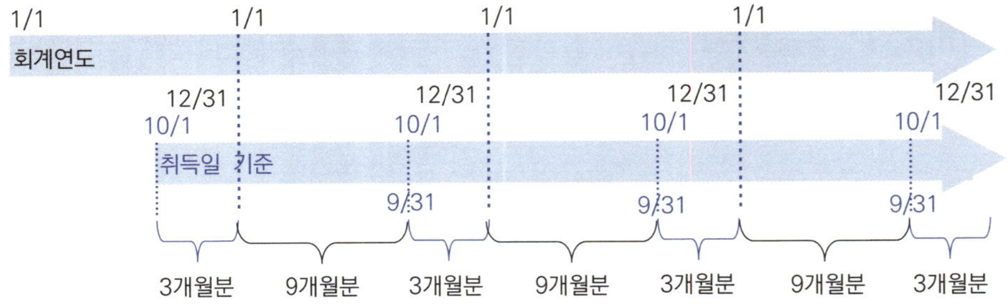

〈기중 취득 시 감가상각 계산표〉

<table>
<tr><th>정율법</th><th>취득일 기준 감가상각비</th><th colspan="3">회계연도 기준 연도별 감가상각비</th><th>연도별 감가 상각누계액</th><th>연도말장부금액 (미상각잔액)</th></tr>
<tr><td>1차 연도</td><td rowspan="2">₩450,000</td><td>×3/12 =</td><td>₩112,500</td><td>₩112,500</td><td>₩112,500</td><td>₩787,500</td></tr>
<tr><td rowspan="2">2차 연도</td><td>×9/12 =</td><td>337,500</td><td rowspan="2">393,750</td><td rowspan="2">506,250</td><td rowspan="2">393,750</td></tr>
<tr><td rowspan="2">225,000</td><td>×3/12 =</td><td>56,250</td></tr>
<tr><td rowspan="2">3차 연도</td><td>×9/12 =</td><td>168,750</td><td rowspan="2">196,875</td><td rowspan="2">703,125</td><td rowspan="2">196,875</td></tr>
<tr><td rowspan="2">112,500</td><td>×3/12 =</td><td>28,125</td></tr>
<tr><td rowspan="2">4차 연도</td><td>×9/12 =</td><td>84,375</td><td rowspan="2">90,000</td><td rowspan="2">793,125</td><td rowspan="2">106,875</td></tr>
<tr><td rowspan="2">22,500</td><td>×3/12 =</td><td>5,625</td></tr>
<tr><td>5차 연도</td><td>×9/12 =</td><td>16,875</td><td>16,875</td><td>810,000</td><td>90,000</td></tr>
</table>

따라서 1차 연도 유형자산 관련 재무제표는 다음과 같다.

〈간접차감법〉 재무상태표			
유형자산 :			
기계장치	900,000		…
감가상각누계액	112,500	787,500	

포괄손익계산서	
…	
감가상각비	112,500
…	

5. 유형자산의 후속원가

유형자산은 일반적으로 장기에 걸쳐 사용하는 자산으로 취득 이후에 지속적으로 수선 또는 개량하여 사용하므로 추가적인 지출, 즉 후속원가가 발생한다. 이러한 수선 또는 개량에 지출되는 비용 중 미래 경제적 효익을 증가시키는 지출은 자본적 지출(capital expenditure)이라고 하며, 내용연수나 생산능력의 향상(원가절감, 품질향상 등)을 가져온다. 다시 말해서 해당 유형자산의 가치가 상승하는 효과를 가져와 취득원가에 가산된다. 그리고 감가상각은 해당 유형자산의 잔여 내용연수(또는 잔여 내용연수+자본적 지출에 의해 늘어난 내용연수)에 걸쳐 새로운 취득원가(미상각잔액+자본적 지출)를 상각한다,

한편, 수선 또는 개량에 지출되는 비용 중 해당 유형자산의 원상을 회복시키거나 능률유지를 위한 지출은 수익적 지출(income expenditure)이라고 하며, 이 지출이 발생한 시점의 당기 비용(수선비, 차량유지비 등)으로 인식한다.

구분	차변		대변	
자본적 지출	유형자산	×××	현금(당좌예금)	×××
수익적 지출	수선비	×××	현금(당좌예금)	×××

미래 경제적 효익이 유입될 가능성이 높고 투입원가를 신뢰성 있게 측정할 수 있다면 자산으로 인식할 수 있지만, 유형자산에 대한 자본적 지출인가, 수익적 지출인가의 판단은 〈유형자산의 후속원가에 대한 회계처리〉와 같이 한다.

〈유형자산의 후속원가에 대한 회계처리〉

후속원가	판단 근거	예	회계처리
자본적 지출	증설	설비, 건물 증설	해당 유형자산 취득원가에 가산
	주요 수선	대폭적인 교체	
수익적 지출	사소한 수선	경미한 부품 교체	당기 비용 처리
	일반적 기능유지	페인트, 오일 칠	

6. 유형자산 처분

유형자산은 장기간 사용하는 자산이지만, 기업의 필요에 의해서 처분할 수도 있다. 이러한 처분은 매각, 교환 등의 자발적 처분과 재해 등의 비자발적 처분으로 나눠 볼 수 있으나, 유형자산 처분 시에는 **유형자산처분손익**(loss and gain on disposal of fixed asset)을 인식해야 한다. 이 손익은 내용연수 기간동안 다 사용하고 제거하게 되어도 발생하게 된다. 기말에 포괄손익계산서의 기타수익 또는 기타비용으로 표시한다.

유형자산처분손익 = 처분금액-장부금액(취득원가-처분 시까지의 감가상각누계액)

회계기간 중에 처분하게 되면 우선 처분년도 기초에서 처분시점까지의 감가상각비에 관한 분개를 하여, 취득 시부터 처분시점까지의 감가상각누계액을 산출한다. 그 다음 해당 유형자산을 제거하는 분개를 다음과 같이 한다.

	차변		대변	
처분년도 상각	감가상각비	×	감가상각누계액	×
유형자산 제거	현금(당좌예금) 감가상각누계액	××× ××	유형자산 유형자산처분손익	××× ×

예를 들어, 전술한 예제 4)와 관련하여 설명한다. (주)CJW쇼핑은 20X4년도 1월에 상품포장기계장치 1대를 ₩900,000에 취득하였다. 잔존가치는 10%인 ₩90,000이고 내용연수는 4년이다. 이 기계로 총 405,000개의 상품을 포장할 수 있으며 1차연도에 200,000개, 2차 연도(20X5년도) 6월말까지 50,000개의 상품을 포장하고 ₩870,000에 처분하였다고 가정한다. 그러면 우선 20X5년도 6월말까지의 6개월 치 감가상각비(50,000개×@₩2 = ₩100,000)를 계산하여 분개한다. 그리고 상품포장

기계장치 취득원가, 20X4년과 20X5년 6월말까지 감가상각누계액(=₩400,000 + ₩100,000)을 제거하고 처분금액과 처분손익을 인식하는 분개를 한다.

	차변		대변	
20X5년도 상각	감가상각비	100,000	감가상각누계액	100,000
유형자산 제거	현금(당좌예금) 감가상각누계액	870,000 500,000	유형자산 유형자산처분이익	900,000 470,000

7. 유형자산 손상

유형자산은 기업이 정상적인 영업활동에 사용할 목적으로 취득한 자산으로서 역사적(취득) 원가로 기록하고 감가상각을 통하여 장부금액을 체계적으로 감소시킨다. 그러나 시장가치의 급격한 하락, 진부화, 천재지변 등으로 미래 경제적 효익(회수가능액)이 현재 보유하고 있는 유형자산의 장부금액에 미달하는 징후가 있는 경우, 손상이 발생한 것으로 보고 이를 당기비용으로 반영하기 위하여 손상차손(impairment losses)을 인식한다. 한편, 이러한 유형자산의 기말 재평가에 관해서 원가모형과 재평가모형이 있는데, 우선 원가모형을 중심으로 설명한다.

회수가능액(recoverable amount)이란 해당 유형자산을 향후 계속 사용하거나 처분한다고 가정하였을 때 유입이 예상되는 미래현금흐름(미래 경제적 효익)의 추정액이다. 구체적으로 회수가능액은 사용가치(value in use)와 순공정가치(fair value less costs to sell) 중에 큰 금액이다.

사용가치는 향후 해당 유형자산을 사용하여 기업이 벌어들일 수 있는 미래현금흐름의 현재가치로 측정한다. 순공정가치는 해당 유형자산의 처분 시 공정가치(fair value)에서 처분비용을 차감하여 측정한다. 그리고 공정가치는 정상적인 시장에서 거래를 통해 수취할 수 있는 가치(판매가능 금액)이다. 다시 말해서 시장가격이 공정가치이지만, 이 시장가격이 존재하지 않는 특수한 상황의 경우는 감정사 등 전문가를 통해 추정한다.

> 회수가능액 = 사용가치와 순공정가치 중 큰 금액
> 유형자산손상차손 = 장부금액 - 회수가능액

손상차손에 대한 회계처리는 다음과 같으며, **손상차손누계액**은 감가상각누계액과 같이 해당 유형자산의 평가계정으로 재무상태표에서 차감하는 형식으로 표시한다.

손상처리한 유형자산의 회수가능액이 차기 이후에 회복되어 장부금액(= 취득원가 - 손상차손누계액 - 감가상각누계액)을 초과하는 경우에는 **손상차손환입**(당기이익)을 인식한다. 그리고 해당 유형자산이 손상차손을 인식하지 않았을 경우의 감가상각 후 장부금액을 한도로 환입할 수 있다.

> • 회복액 = 회수가능액-손상차손 후 장부금액(취득원가 - 전년도말까지 손상차손누계액
> 　　- 당해 연도말까지 감가상각누계액)
> • 유형자산손상차손환입(한도액) = 손상차손을 인식하지 않았을 경우(원래)의 감가상각 후 장부금액
> 　　(취득원가 - 당해 연도말까지 감가상각누계액)
> 　　- 손상차손 후 장부금액

관련분개는 다음과 같다.

	차변		대변	
손상 시	유형자산손상차손	×××	손상차손누계액	×××
환입 시	손상차손누계액	××	유형자산손상차손환입	××

한편, **재평가모형**(revaluation model)은 유형자산을 공정가치로 평가하여 재평가차액을 인식하는 것이다. 공정가치가 상승하면 상승분만큼 당해 유형자산의 장부금액(차변)을 증가시키고 대변에 **자산재평가잉여금**(asset revaluation reserve)

을 기록한다. 자산재평가잉여금은 수익항목이 아니며 재무상태표 자본항목 중 기타포괄손익누계액에 속하므로 당기손익에 영향을 미치지 않는다는 점에 주의하여야 한다. 그리고 자산재평가잉여금을 인식할 때 기존의 동일 유형자산의 자산재평가손실이 있었다면 먼저 그만큼 자산재평가손실(차변)을 감소시키고 초과 상승분은 자산재평가잉여금(대변)으로 인식한다.

반대로, 공정가치가 하락하면 그만큼 당해 유형자산의 장부금액(대변)을 감소시키고 차변에 자산재평가손실(차변)을 기록한다. 주의할 점은 이 자산재평가손실이 손익계산서의 비용항목으로 당기순이익을 감소시킨다는 것이다. 이는 회계의 관습인 보수주의에 입각한 회계처리인 것이다. 그리고 자산재평가손실을 인식할 때 기존의 동일 유형자산의 자산재평가잉여금이 있다면 먼저 그만큼 자산재평가잉여금을 감소(차변)시키고 초과 하락분은 자산평가손실(차변)로 인식한다.

8. 무형자산

1) 무형자산의 의의와 종류

무형자산(intangible assets)은 물리적 형체가 없는 비유동자산으로, 기업이 생산 또는 판매 활동을 위해 사용하는 자산으로 1년 이상 장기에 걸쳐 보유하는 자산이다.

구체적으로 무형자산은 식별가능성조건을 충족하기 위해서 당해 자산이 분리가능하거나, 계약상 권리 또는 기타 법적 권리로부터 발생하는 것이며, 이 자원을 통해 미래 경제적 효익을 확보할 수 있고 그 효익에 대한 제3자의 접근을 제한할 수 있는, 즉 기업이 당해 자산에 대한 통제를 하고 있는 것이다. 무형자산의 미래 경제적 효익은 제품의 매출, 용역수익, 원가절감 또는 자산의 사용에 따른 기타 효익의 형태로 발생할 수 있다. 그리고 당해 자산의 취득원가를 신뢰성 있게 측정할 수 있어야 한다.

무형자산은 기업의 영업활동에서 유사한 성격과 용도를 가진 자산끼리 묶어서 분류한다. 무형자산은 브랜드명(내부 창출된 것은 제외), 컴퓨터소프트웨어, 라이선스와 프랜차이즈, 저작권, 산업재산권(특허권, 실용실안권, 의장권, 상표권 등), 용역운영권, 설계 및 시제품, 사업결합에 의한 영업권 등 실체가 없지만 식별가능한 비화폐성자산이다.

2) 무형자산의 인식과 취득

유형자산과 같이 당해 자산을 취득하기 위하여 직접 지출한 원가뿐만 아니라 당해 자산을 기업이 의도한 용도로 사용가능하게 하기 위하여 지출한 모든 원가를 가산하여 무형자산의 취득원가를 결정한다.

따라서 유상으로 외부로부터 취득한 무형자산은 당해 자산의 구입원가와, 이와 관련하여 발생하는 모든 직접관련원가(등록비, 제세공과, 법률수수료 등)를 포함하여 취득원가로 계상한다.

기업 내부에서 창출한 무형자산은 미래 경제적 효익에 대한 실현이 확실하게 보장되고 그 권리를 독점적·배타적으로 사용할 수 있고 무형자산 개발을 위해 실제 지출한 원가를 명확히 구분할 수 있을 때에만 지출한 원가에 한하여 이를 무형자산의 취득원가로 계상할 수 있다. 상기의 조건을 충족시키지 못한 경우에는 무형자산으로 기록할 수 없고 해당 지출은 손익계산서의 당기비용으로 처리한다. 여기서는 개발비와 영업권에 대하여 구체적으로 알아본다.

(1) 개발비

기업의 연구개발활동 중 연구활동과 관련하여 발생한 지출은 자산인식요건을 충족해도 판매비와 관리비(물류원가, 연구비 등)로 인식하지만, 개발활동과 관련하여 발생한 지출 중 미래 경제적 효익이 기업에 유입될 가능성이 높으며, 그 원가를 신뢰성 있게 측정 가능한 경우 개발비(무형자산)로 인식한다. 그러나 개발활동과 관련하여 발생한 지출 중 자산인식요건을 충족시키지 못하는 지출은 제조원가, 판매비와 관리비에서 경상개발비로 인식한다. 참고로 연구단계와 개발단계의 구분을 할 수 없는 경우는 연구단계에 발생한 지출(비용)로 보며, 일반적으로 연구단계와 개발단계의 구분은 다음과 같다.

연구단계는 ① 새로운 지식을 얻고자하는 활동, ② 연구결과나 기타 지식을 탐색, 평가, 최종선택, 응용하는 활동, ③ 재료, 장치, 제품, 공정, 시스템이나 용역에 대한 여러 가지 대체안을 탐색하는 활동, ④ 새롭거나 개선된 재료, 장치, 제품, 공정, 시스템이나 용역에 대한 여러 가지 대체안을 제안, 설계, 평가, 최종 선택하는 활동을 일컫는다.

개발단계는 ① 생산이나 사용 전의 시제품과 모형을 설계, 제작, 시험하는 활동, ② 새로운 기술과 관련된 공구, 기구, 주형, 금형 등을 설계하는 활동, ③ 상업적 생산목적이 아닌 시험공장을 설계, 건설, 가동하는 활동, ④ 신규 또는 개선된 재료, 장치, 제품, 공정, 시스템이나 용역에 대하여 최종적으로 선정된 안을 설계, 제작, 시험하는 활동을 일컫는다.

따라서 자산의 인식요건과 연구개발단계의 구분을 정리한 다음 조건을 모두 충족하는 경우의 지출은 개발비(무형자산)로 인식하고 하나라도 충족하지 못하는 경우의 지출은 경상개발비(판매비와 관리비)로 인식한다.

① 무형자산을 사용하거나 판매하기 위해 그 자산을 완성할 수 있는 기술적 실현가능성
② 무형자산을 완성하여 사용하거나 판매하려는 기업의 의도
③ 무형자산을 사용하거나 판매할 수 있는 기업의 능력
④ 무형자산의 미래 경제적 효익 창출 가능성
⑤ 무형자산의 개발을 완료하고 그것을 판매하거나 사용하는데 필요한 기술적, 재정적 자원 등의 입수가능성
⑥ 개발과정에서 발생한 무형자산 관련 지출에 대한 신뢰성 있는 측정 가능성

(2) 영업권

영업권(goodwill)은 특정 기업이 다른 기업에 비하여 정상적인 수익률 이상의 이윤을 획득할 수 있는 초과수익력(earning power of excess return)을 화폐가치로 표시한 것이다. 우수한 경영진, 뛰어난 판매조직, 법률적·경제적 독점 지위 등의 요인들이 동종업종의 타 기업에 비하여 특별히 유리한 사항들을 집합한 무형의 자원이 갖고 잇는 초과수익력을 의미한다. 그래서 다른 무형자산과는 달리 식별 가능하지 않고 개별적으로 판매되거나 교환하기 어려워 기업 전체와 관련하여 확인 가능하다는 특징이 있다. 따라서 내부에서 창출된 영업권은 취득원가를 신뢰성 있게 측정하기 어렵고 기업이 통제하고 있는 식별가능한 자원이 아니라 무형자산으로 인정하지 않는다.

한편, 특정 기업이 다른 기업을 매수·합병하는 경우, 영업권(무형자산)을 인식한다. 피취득자의 순자산(=자산-부채) 공정가치를 초과하여 지급한 이전대가를 영업권으로 처리한다. 그래서 이러한 기업 간 거래에 의하여 외부적으로 발생한 취득원가는 신뢰성 있게 측정 가능하다.

영업권 = 이전대가 - (피취득자의 순자산의 공정가치 × 취득지분율)

3) 무형자산의 상각과 손상

내용연수가 유한한 무형자산과 비한정인 무형자산으로 분류할 수 있다. 내용연수가 유한한 무형자산은 체계적인 방법으로 내용연수에 걸쳐 상각(amortization)하고 잔존가치는 특별한 경우를 제외하고 영(0)으로 본다. 이 무형자산의 상각방법에는 정액법, 체감잔액법, 생산량비례법을 적용하나, 당해 자산의 경제적 효익이 소비되는 형태를 반영하는 방법을 채택하여야 한다. 다만, 소비되는 형태를 신뢰성 있게 결정할 수 없는 경우에는 정액법을 사용한다. 각 무형자산의 내용연수는 관련 법규에 따라 정해진 내용연수 기간 동안 상각한다.

내용연수가 비한정인 무형자산은 내용연수를 한정할 수 없기 때문에 상각하지 않는다. 여기서 '비한정'이란 무한이라는 뜻이 아니고 당해 무형자산으로 인한 미래현금창출의 기대 기간을 한정적으로 추정할 수 없다는 것이다. 다만, 새로운 상황 변화로 내용연수를 한정할 수 있게 되면 이때부터 한정 내용연수에 걸쳐 상각을 시작한다.

매 보고기간 말마다 자산손상을 시사하는 징후가 있는지 검토하여, 그 징후가 있다면 당해 무형자산의 회수가능액을 추정하여 손상검사를 한다. 다만, 내용연수가 비한정인 무형자산 또는 아직 사용할 수 없는 무형자산, 사업결합으로 취득한 영업권에 대해서는 자산손상을 시사하는 징후가 있는지에 관계없이 매년 회수가능액을 추정하여 손상검사를 한다. 그리고 상술한 상황 이외에 무형자산의 손상 및 재평가와 관련된 회계처리는 유형자산과 유사하다.

9. 투자부동산

투자부동산(investment property)은 기업이 임대수익이나 시세차익을 얻기 위하여 보유하고 있는 토지 및 건물과 같은 부동산으로서 유형자산에 포함시키지 않고 투자부동산으로 별도로 분류한다. 이에 비하여 기업이 영업활동(생산 및 판매활동) 목적으로 자체 사용하는 부동산은 유형자산이다.

투자부동산의 취득원가도 유형자산이나 무형자산과 같이 최초 인식시점에서 구입원가에 직접관련원가를 포함하여 인식한다. 취득 후의 평가는 원가모형과 재평가모형을 선택하여 적용할 수 있다.

연습문제

01 주어진 자료에서 당기 말 현재(20X8.12.31.) 손익계산서에 계상될 감가상각비는 얼마인가?

> 20X8년 1월 1일 차량운반구 취득
> - 내용연수: 5년
> - 취득가액: ₩10,000,000
> - 자동차보험료(1년분): ₩600,000
> - 잔존가액 : ₩0
> - 취 득 세: ₩200,000
> - 상각방법 : 정액법

① ₩2,000,000 ② ₩2,040,000
③ ₩2,160,000 ④ ₩2,180,000

02 유형자산의 감가상각비를 계산하는 방법으로 옳은 것은?

① 정액법: (취득원가 - 감가상각누계액)÷내용연수
② 정률법: (취득원가 - 잔존가치)×상각률
③ 연수합계법: (취득원가 - 감가상각누계액)×(잔여내용연수÷내용연수의 합계)
④ 생산량비례법: (취득원가 - 잔존가치)×(당기실제생산량÷총추정생산량)

03 다음 거래내용을 자료로 건물의 취득원가를 계산한 금액으로 옳은 것은?

> 7/1: 창고용 건물 1동을 ₩8,000,000에 구입하고, 취득세 및 등기비용 ₩500,000과 함께 당좌수표를 발행하여 지급했다.
> 7/2: 사용 전 수리비 ₩700,000을 현금으로 지급했다.
> 7/5: 건물의 화재보험에 가입하고, 보험료 ₩600,000을 현금으로 납입했다.

① ₩9,100,000 ② ₩9,200,000
③ ₩9,300,000 ④ ₩9,800,000

04 다음과 같은 업무용 자동차에 대하여 20X3년 12월 31일 결산 시 손익계산서에 표시될 차량운반구에 대한 감가상각비를 계산한 금액으로 옳은 것은?

> - 취득일: 20X2년 1월 1일
> - 취득원가: ₩5,000,000
> - 내용연수: 5년
> - 정률(상각률): 연 40%
> - 상각방법: 정률법
> - 단, 결산은 연 1회이며 매년 정상적으로 상각함.

① ₩1,000,000 ② ₩1,200,000
③ ₩2,000,000 ④ ₩3,200,000

05 다음 중 지출된 기간의 당기비용으로 처리되어야 할 것은?

① 영업용 건물의 중개수수료　　② 건물의 화재보험료
③ 건물의 취득세　　④ 건물의 등록세

06 (주)서울물류가 물류센타를 신축할 목적으로 토지를 취득하였다. 그러나 이 토지 위에 구 건물을 철거하는 데 비용이 들었다. 다음 중 이 비용은 어떻게 처리해야 하는가?

① 토지의 취득원가에 가산
② 신건물의 취득원가에 가산
③ 발생기간의 특별손실
④ 토지개량비로 계상한 후 일정기간에 걸쳐 상각

07 다음 중 유형자산에 대해 감가상각을 하는 목적으로 적절한 것은?

① 교체용 자산의 취득자금 확보
② 특정기간 동안 자산의 가치감소분을 측정
③ 자산의 정확한 가치평가
④ 자산의 취득원가를 체계적으로 기간배분

08 (주)알바커피는 커피머신을 구입하였다. 잔존가치는 없고 내용연수가 3년이다. 회사는 감가상각방법으로 다음 방법을 고려하고 있다. 구입 후 3년째 마지막 회계연도에 보고할 감가상각비가 가장 큰 것은?

① 정률법　　② 정액법
③ 연수합계법　　④ 이중체감잔액법

09 유형자산의 취득 후 사용 중에 다음의 추가적 지출이 있을 경우 당해 유형자산의 가치증가(자본적 지출)에 해당하는 것은?

① 유형자산의 상태나 기능을 유지하기 위한 경우
② 유형자산의 내용연수를 연장시키는 경우
③ 지출금액이 상대적으로 적은 경우
④ 지출효과가 당기내에 소멸되는 경우

10 (주)정밀제작소는 절삭기를 20X4년 1월 1일 ₩70,000,000에 취득하였다. 기계의 내용연수는 10년이고 잔존가치는 ₩10,000,000원으로 추정되었고 매년 말 정액법으로 상각하기로 하였다. 20X7년 7월 1일 이 절삭기를 ₩50,000,000에 매각하였다. 이 절삭기 매각 시의 관련 분개는 다음 중 어느 것인가?

	차변		대변	
①	현금	50,000,000	절삭기	49,000,000
			유형자산처분이익	1,000,000
②	감가상각비	3,000,000	감가상각누계액	3,000,000
	현금	50,000,000	절삭기	70,000,000
	감가상각누계액	21,000,000	유형자산처분이익	1,000,000
③	현금	50,000,000	절삭기	70,000,000
	감가상각누계액	18,000,000		
	유형자산처분손실	2,000,000		
④	현금	50,000,000	절삭기	70,000,000
	감가상각누계액	21,000,000	유형자산처분이익	1,000,000

11 (주)남강은 취득원가 ₩100,000의 토지를 20X9년 5월 5일 구입하며 매년 말 재평가하기로 하였다. 20X9년 말 이 토지의 공정가치가 ₩140,000으로 재평가되었다. 이 재평가가 20X9년 말 (주)남강의 재무제표에 미친 영향으로 옳은 것은?

① 재평가이익 ₩40,000만큼의 이익잉여금이 증가한다.
② 재평가이익 ₩40,000은 포괄손익계산서에 보고되지 않는다.
③ 재평가이익 ₩40,000만큼의 당기순이익이 증가한다.
④ 재평가이익 ₩40,000만큼의 자본이 증가한다.

12 무형자산의 개념 및 회계처리에 대한 설명으로 적절하지 않은 것은?

① 금액이 크고 중요한 연구활동비는 무형자산으로 인식될 수 있다.
② 무형자산은 형태가 없는 자산으로 산업재산권, 저작권, 광업권 등이 포함된다.
③ 유한 내용연수를 가진 무형자산은 체계적이고 합리적인 방법으로 상각해야 한다.
④ 무형자산의 잔존가치는 처분으로 회수가능한 금액을 근거로 하여 추정하여 적어도 매 회계기간 말에 검토한다.

13 무형자산의 회계처리에 대한 설명으로 옳지 않은 것은?

① 내용연수가 비한정인 무형자산은 상각하지 않고 매년 손상검사를 실시하여 손상차손을 인식한다.

② 내부적으로 창출한 영업권은 무형자산으로 인식하지 않는다.

③ 연구개발활동과 관련하여 연구단계와 개발단계에서 발생한 지출은 무형자산의 취득원가로 처리한다.

④ 무형자산은 미래 경제적인 효익이 기업에 유입될 가능성이 높고 취득원가를 신뢰성 있게 측정할 수 있을 때 인식한다.

14 다음 중 무형자산에 속하지 않는 것은?

① 연구비 ② 산업재산권

③ 프랜차이즈 ④ 개발비

15 다음 중 무형자산에 대한 설명이 잘못된 것은?

① 물리적인 실체가 없다.

② 법률상의 권리 또는 사실상의 가치를 나타내는 자산이다.

③ 무형자산 상각비는 판매비와 관리비이다.

④ 무형자산을 상각할 때는 간접법으로 상각한다.

16 다음 중 재무상태표에 유동자산으로 분류할 수 없는 것은?

① 주로 단기매매목적으로 보유하고 있는 주식

② 정상영업주기 내에 판매될 예정인 제품

③ 12개월 이내 회수될 대여금

④ 사무용으로 구입한 컴퓨터 소프트웨어

17 다음은 연구 및 개발활동과 관련된 지출내역이다. 개발활동으로 분류해야 할 금액(개발비)은?

- 새로운 지식을 얻고자 하는 활동: ₩10,000
- 생산이나 사용 전의 시제품과 모형을 제작하는 활동: ₩15,000
- 새로운 기술과 관련된 공구를 설계하는 활동: ₩20,000
- 연구 결과나 기타 지식을 응용하는 활동: ₩30,000

① ₩75,000　② ₩40,000
③ ₩35,000　④ ₩25,000

18 다음과 같은 재무상태를 가진 (주)Carteck.com을 ₩1,100,000의 수표를 발행하여 인수하였다. 장부상에 기장해야 할 영업권의 금액은?

재무상태표

제자산	₩900,000	제부채	₩200,000
		자본금	550,000
		이익잉여금	150,000
	900,000		900,000

① ₩200,000　② ₩400,000
③ ₩550,000　④ ₩150,000

19 유통업을 영위하는 A회사는 부동산임대수익을 목적으로 건물을 구입하였다. 다음 중 회계처리할 적절한 계정과목은?

① 투자부동산　② 건물
③ 건설중인자산　④ 구축물

20 다음 투자부동산에 대한 내용 중 적절하지 못 한 것은?

① 최초 인식시점 후에는 재평가모형이나 원가모형 중 하나를 선택하여 측정한다.
② 투자부동산은 임대수익, 시세차익 또는 두 가지 모두를 얻기 위해서 보유하고 있는 자산이다.
③ 투자부동산은 최초 인식시점에 원가로 측정한다.
④ 재화나 용역의 생산 또는 공급, 관리목적이나 일상적인 거래에서 일어나는 판매목적의 자산은 투자부동산에 포함한다.

정답 및 풀이

1. ②: (₩10,000,000 + ₩200,000) ÷ 5년 = ₩2,040,000
2. ④; 유형자산의 감가상각방법에는 정액법, 체감잔액법(예를 들면, 정률법, 연수합계법 등), 생산량비례법 등이 있다.

- 정액법: (취득원가 – 잔존가치) ÷ 내용연수
- 정률법: (취득원가 – 감가상각누계액) × 상각률
- 연수합계법: (취득원가 – 잔존가치) × (잔여내용연수 ÷ 내용연수의 합계)

3. ②: 건물의 취득 시 발생하는 취득세 및 등기비용과 사용 전 수리비는 취득원가에 포함하며, 보험료는 비용으로 처리한다.
4. ②: 정률법은 미상각잔액(장부금액)에 정률(상각률)을 곱하여 계산하며, 취득 후 2년차의 감가상각비는 다음과 같이 계산한다.
   - 20X2년 12월 31일 : 5,000,000원 × 0.4 = ₩2,000,000
   - 20X3년 12월 31일 : (5,000,000원 – 2,000,000원) × 0.4 = ₩1,200,000
5. ②: 영업용 건물의 중개수수료, 건물의 취득세, 건물의 등록세 등은 유형자산인 건물의 취득가격에 포함된다. 건물의 화재보험료는 취득 이후에 발생하는 것으로 당해연도 비용에 해당한다.
6. ①: 건물을 짓기 위하여 토지를 취득하였으나 구 건물을 철거하여야 하는 경우 해당 유형자산인 토지를 목적에 맞게 사용하기 직전까지의 직접관련원가는 토지의 취득원가에 가산한다.
7. ④: 교체용 자산의 취득자금 확보는 이익잉여금 등을 적립하고 특정기간 동안 자산의 가치감소분을 측정하거나 자산의 정확한 가치평가를 할 경우는 공정가치로 평가하거나 손상처리하면 된다. 감가상각은 자산의 취득원가를 체계적으로 기간배분하기 위한 것이다.
8. ②: 정률법, 연수합계법, 이중체감잔액법은 체감상각법으로 초기에 많이 상각하고 내용연수 말기에 적게 상각하는 방법이다. 따라서 정액법은 매기 일정하게 상각하므로 마지막 연도의 감가상각비가 가장 크게 산출된다.
9. ②: 수익적지출로 비용으로 인식하는 경우는 ①, ③, ④이다.
10. ②: 이 문제는 매각(처분) 시 관련분개를 묻는 것으로, 매각 분개와 당기 사용기간까지의 감가상각 분개를 해야 한다. 매년 ₩6,000,000씩 상각하고 있으며 3년 6개월 사용 후 매각하여 매각시점까지의 감가상각누계액은 ₩21,000,000이다. 모든 분개는 총액으로 처리하며 순액으로 처리해서는 안된다.
11. ④: 재평가잉여금은 기타포괄손익(자본)의 항목이다. 따라서 ₩40,000의 자본이 증가한다.
12. ①: 금액의 크기로 연구비나 개발비(무형자산)로 분류하지 않는다.
13. ③: 연구개발활동과 관련하여 개발단계에서 발생한 지출만 무형자산의 취득원가로 처리한다.
14. ①: 연구비는 판매비와 관리비에 속하는 당기 비용이다.
15. ④: 무형자산을 상각하고 표시할 때는 직접법과 간접법 중에 선택한다.
16. ④: 컴퓨터소프트웨어는 무형자산으로 비유동자산에 속한다.

연습문제

17. ③: 새로운 지식을 얻고자 하는 활동, 연구 결과나 기타 지식을 응용하는 활동 등은 연구활동이고 생산이나 사용 전의 시제품과 모형을 제작하는 활동, 새로운 기술과 관련된 공구를 설계하는 활동 등은 개발활동에 해당한다.

18. ②: 영업권 = 인수대가 - 순자산
= ₩1,100,000 - (제자산 ₩900,000 - 제부채 ₩200,000) = ₩400,000

19. ①: 주영업활동에 사용되지 않고 판매를 목적으로 보유하지 않고 시세차익이나 임대수익을 목적으로 보유하는 부동산은 비유동자산인 투자부동산이다.

20. ④: 재화나 용역의 생산 또는 공급, 관리목적이나 일상적인 거래에서 일어나는 판매목적의 자산은 재고자산이다.

제 9 장

부채

1. 부채의 의의와 종류
2. 화폐의 시간가치
3. 사채
4. 충당부채
5. 퇴직급여부채

제9장 부 채

1. 부채의 의의와 종류

부채는 과거사건에 의하여 발생하였으며 경제적 효익을 가진 자원이 기업으로부터 유출됨으로써 이행될 것으로 기대되는 현재의 의무를 말한다. 이 정의에는 과거, 현재, 미래라는 시간개념이 반영되어 있다.

1) 부채의 의의

부채는 과거의 거래나 사건의 결과로 발생한다. 즉, 현재의 의무를 발생시킨 과거의 사건을 의무발생사건이라고 한다.

의무는 일정한 방법으로 실행해야 할 책무 또는 책임을 말하는 것으로 법적의무와 의제의무가 있다. 법적의무는 명시적 또는 묵시적 조항에 따른 계약이나 법률, 기타 법적 효력에 의하여 발생하는 의무를 일컫는다. 의제의무는 과거 실무관행, 경영방침 또는 구체적이고 유효한 약속 등을 통하여 기업이 특정 책임을 부담하겠다는 것을 상대방에게 표명하고 이로 인해 기업이 당해 책임을 이행할 것이라는 정당한 기대를 상대방이 가지게 함으로써 발생한다.

기업이 현재의 의무를 이행하기 위해서는 일반적으로 미래에 경제적 효익의 유출이 수반된다. 즉, 부채로 인해 특정 기업이 미래에 다른 실체에게 자산을 이전하거나 용역을 제공해야 한다.

2) 부채의 구분과 종류

(1) 유동부채와 비유동부채

유동부채(current liabilities)는 재무상태표일로부터 1년 이내 상환 또는 소멸되는 부채를 말하며 매입채무가 대표적이다. 그리고 다양한 영업거래에서 발생하는 유동부채는 단기차입금, 유동성장기부채, 매입채무, 미지급금 등의 금융부채와 충당부채, 기타유동부채인 선수금, 선수수익 등이 있다. 이 중 유동성장기부채는 비유동부채 중에서 1년 내에 만기일이 도래하는 부분으로서 유동부채로 재분류된 것이다.

비유동부채(non-current liabilities)는 재무상태표일로부터 1년을 초과한 시점에서 상환되거나 소멸되는 부채를 말하며, 장기금융부채, 충당부채, 퇴직급여부채, 기타비유동부채 등으로 구분된다. 다만, 매입채무나 미지급비용 등의 영업 관련 부채는 정상영업주기와 1년 중 큰 기간을 기준으로 유동성을 구분한다. 유동부채와 비유동부채에 해당하는 부채를 〈부채의 구분과 종류〉를 통해 예시하였으니, 확인하도록 한다.

〈부채의 구분과 종류〉

구 분		계정과목
유동부채	매입채무	외상매입금, 지급어음
	기타단기금융부채	단기차입금, 유동성장기부채, 미지급금, 미지급비용 등
	충당부채	제품보증충당부채, 경품충당부채 등
	기타유동부채	선수금, 선수수익
비유동부채	장기금융부채	장기차입금, 장기미지급금, 사채 등
	충당부채	복구충당부채 등
	퇴직급여부채	확정급여채무 등
	기타비유동부채	장기선수금, 장기선수수익, 장기임대보증금 등

(2) 확정부채와 추정부채

부채의 지출시기나 금액의 확정여부에 따라 확정부채와 추정부채로 분류한다. 부채의 대부분인 확정부채(determinable liabilities)는 계약이나 법률에 의하여 측정일 현재 지출의 시기와 금액이 확정되어 있는 부채를 일컫는다. 추정부채(estimated liabilities)는 측정일 현재 지출의 시기 또는 금액이 불확실한 부채를 일컫는다. 추정부채 중 인식요건(자원유출가능성, 금액의 신뢰성 있는 추정가능성)을 충족하는 금액은 충당부채로써 재무상태표에 반영하며, 인식요건(자원유출가능성, 금액의 신뢰성 있는 추정가능성)이 부분적으로 충족되는 부분은 우발부채로써 재무상태표에 주석으로 공시하고, 전혀 충족되지 않는 부분은 공시하지 않는다.

(3) 금융부채와 비금융부채

일반적으로 금융부채(financial liabilities)란 거래상대방에게 확정된 현금 등의 금융자산을 인도하기로 한 계약상의 의무를 말한다. 외상매입금, 지급어음, 차입금, 사채와 같은 부채는 계약조건에 따라서 거래상대방에게 일정한 현금 등을 지급해야 하기 때문에 금융부채로 분류한다. 특히 장기금융부채는 다음 절 '2. 화폐의 시간가치'라는 개념을 파악하여 현재가치 개념에 의해 회계처리되므로 유의하여야 한다.

비금융부채(non-financial liabilities)는 금융부채에 속하지 않는 것으로, 충당부채, 선수금, 선수수익, 이연법인세부채, 퇴직급여부채 등이 있다. 예를 들면, 충당부채는 계약상의 의무가 아니라 의제의무나 법률상의 의무인 경우가 대부분이고, 선수금과 선수수익은 거래상대방에게 현듬 등 금융자산이 아니라 재화나 용역을 인도해야 하는 의무이고, 퇴직급여부채도 확정채무가 아니라 공식적 규약에 따른 법적의무이기도 하고 의제의무인 부분도 포함되는 경우가 있어서 비금융부채에 해당한다.

2. 화폐의 시간가치

자산은 미래 경제적 효익의 유입과 부채는 미래 경제적 효익의 유출이라고 각각 정의하고 있다. 이 의미는 그 자산과 부채가 미래에 창출할 순현금흐름의 유출입을 현재시점의 가치로 평가한다고 해석할 수 있다. 다시 말하면, 현재가치로 기업의 능력을 평가한다는 것이다. 이 현재가치를 이해하기 위하여 화폐의 시간가치에 대한 기본개념인 미래가치와 현재가치를 알아보도록 한다.

1) 이자율과 현금흐름

이자율에는 단순이자율과 복리이자율이 있다. 단순이자(simple interest)는 원금에 대해서만 계산되는 이자를 의미하며, 복리이자(compound interest)는 원금과 미지급(또는 미수취)한 이자에 대해서도 계산되는 이자를 의미한다.

단순이자 계산방법은 이자에 이자가 붙지 않고 원금에 대해서만 이자가 붙는 방법이다. 대개 1년 이내의 기간에 적용하여 계산한다.

단순이자 = 원금 × 이자율 × 기간	원리금 = 원금 × (1 + 이자율 × 기간)

예를 들면, 연이자율(단순이자율) 5%로 ₩10,000을 1년간 대여한 경우 원리금은 얼마가 될 것인가 생각해 본다. 원리금은 ₩10,000 × (1 + 0.05 × 12/12) = ₩10,500이고 단순이자는 ₩500이다. 대여한 기간이 2년이라면, 원리금은 ₩10,000 × (1 + 0.05 × 2) = ₩11,000이고 단순이자는 ₩1,000이다.

복리이자 계산방법은 원금과 이자에 이자가 붙는 방법이다. 대개 1년 이내의 기간이면 단순이자 계산방법이 적용되고, 1년 이상의 기간이면 복리이자율을 적용하여 이자를 계산한다.

$$\text{복리이자} = \text{원금} \times [(1 + \text{이자율})^{\text{기간}} - 1] \qquad \text{원리금} = \text{원금} \times (1 + \text{이자율})^{\text{기간}}$$

예를 들면, 연이자율(복리이자율) 5%로 ₩10,000을 2년간 대여한 경우 원리금은 얼마가 될 것인가 생각해 본다. 원리금은 ₩10,000 × $(1 + 0.05)^2$ = ₩11,025이고 복리이자는 ₩1,025이다.

상술한 설명으로 이 두 가지 이자율의 차이를 〈단순이자와 복리이자〉로 확인해 보면 2년 후 이자에서 ₩25의 차이가 난다.

〈단순이자와 복리이자〉

단순이자		
이자계산	단순이자	누적원리금
₩10,000 × 0.05	₩500	₩10,500
₩10,000 × 0.05	500	11,000
	1,000	→

복리이자		
이자계산	복리이자	누적원리금
₩10,000 × 0.05	₩500	₩10,500
₩10,500 × 0.05	525	11,025
₩25 ←	1,025	

2) 단일금액의 미래가치와 현재가치

(1) 단일금액의 미래가치

단일금액(single sum)은 미래에 한 차례 발생할 현금흐름의 형태로서, 현재의 일정금액이 미래시점에서 얼마의 가치로 평가되는가라는 것이 **단일금액의 미래가치**이다. 따라서 전술한 복리이자율에 의한 2년 뒤의 원리금과 같은 것이다. 공식은 복리이자율의 원리금 공식과 같다.

$$\text{단일금액의 미래가치} = \text{원금} \times (1 + \text{이자율})^{\text{기간}}$$

전술한 예와 같이, 연이자율 5%로 ₩10,000의 목돈을 2년간 예금해 둔다면 원리금(미래가치)은 얼마가 될 것인가 생각해 본다.

결과적으로 다음 표와 같이 ₩10,000을 연이자율 5%로 2년간 예치해 둘 경우, 복리이자는 ₩1,025이다. 즉, ₩10,000의 2년간 시간적 가치는 ₩1,025이며, 화폐의 시간적 가치는 ₩11,025이다. 공식에 대입하여도 ₩10,000 × $(1+0.05)^2$ = ₩11,025이 된다.

	원금(현재가치)	이자(기대수익)	연말 총투자액/현금유입액
1년차	₩10,000	₩10,000 × 0.05 = ₩500	₩10,500
2년차	₩10,500	₩10,500 × 0.05 = ₩525	₩11,025

부표 〈단일금액의 미래가치표〉에서 가로 열에서 이자율 5%, 세로 열에서 기간 2년이 만나는 접점을 보면 1.1025이다. ₩10,000에 이 수치를 곱하면 미래가치 ₩11,025을 구할 수 있으며, 공식에서 이자율과 기간이 결합된 부분 $(1+0.05)^2$이 1.1025이기도 하다.

〈단일금액의 미래가치표〉

부표 단일금액의 미래가치

기간	1%	2%	3%	4%	5%	6%	7%	8%	9%	10%
1	1.0100	1.0200	1.0300	1.0400	1.0500	1.0600	1.0700	1.0800	1.0900	1.1000
2	1.0201	1.0404	1.0609	1.0816	1.1025	1.1236	1.1449	1.1664	1.1881	1.2100
3	1.0303	1.0612	1.0927	1.1249	1.1576	1.1910	1.2250	1.2597	1.2950	1.3310
4	1.0406	1.0824	1.1255	1.1699	1.2155	1.2625	1.3108	1.3605	1.4116	1.4641
5	1.0510	1.1041	1.1593	1.2167	1.2763	1.3382	1.4026	1.4693	1.5386	1.6105

(2) 단일금액의 현재가치

단일금액은 미래에 한 차례 발생할 현금흐름의 형태로서, 미래의 이 일정금액이 현재시점에서 얼마의 가치로 평가되는가라는 것이 **단일금액의 현재가치**이다. 따라서 단일금액의 미래가치의 반대개념이며, 전술한 복리이자율에 의한 2년 뒤의 원리금을 얻기 위하여 현재 얼마를 투자하면 되는가를 산출하는 개념이다. 공식은 단일금액의 현재가치 공식, 복리이자율의 원리금 공식과 반대이다.

$$\text{단일금액의 현재가치} = \frac{\text{단일금액의 미래가치}}{(1+\text{이자율})^{\text{기간}}}$$

예를 들면, 연이자율 5%로 일정금액을 2년간 예치한 후에 ₩11,025이 되는 예금이라면 현재가치는 얼마가 될 것인가, 즉 현재 얼마를 예치해야 할 것인가를 생각해 본다. 공식에 대입하면 ₩11,025 × $1/(1+0.05)^2$ = ₩10,000이 된다.

부표〈단일금액의 현재가치표〉에서 가로 열에서 이자율 5%, 세로 열에서 기간 2년이 만나는 접점을 보면 0.9070이다. ₩11,025에 이 수치를 곱하면 현재가치 ₩10,000을 구할 수 있으며, 공식에서 이자율과 기간이 결합된 부분 $1/(1+0.05)^2$이 0.9070이기도 하다.

〈단일금액의 현저가치표〉

부표　단일금액의 현재가치

기간	1%	2%	3%	4%	5%	6%	7%	8%	9%	10%
1	0.9901	0.9804	0.9709	0.9615	0.9524	0.9434	0.9346	0.9259	0.9174	0.9091
2	0.9803	0.9612	0.9426	0.9246	0.9070	0.8900	0.8734	0.8573	0.8417	0.8264
3	0.9706	0.9423	0.9151	0.8890	0.8638	0.8396	0.8163	0.7938	0.7722	0.7513
4	0.9610	0.9238	0.8885	0.8548	0.8227	0.7921	0.7629	0.7350	0.7084	0.6830
5	0.9515	0.9057	0.8626	0.8219	0.7835	0.7473	0.7130	0.6806	0.6499	0.6209

〈단일금액 미래가치와 현재가치의 관계〉

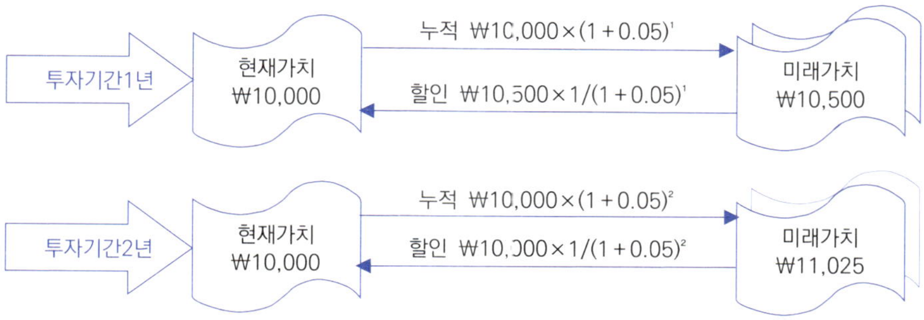

〈단일금액 미래가치와 현재가치의 관계〉에서 ₩10,000을 연이자 5%로 은행에 1년간 예치하면 미래가치는 ₩10,500이 되고, 2년간 예치하면 이자가 누적되어서 ₩11,025이 된다. 반대로 1년 뒤 연이자 5%로 ₩10,500이 되기 위해서는 지금 현재가치로 ₩10,000을 은행에 예치하면 되고, 2년 뒤 연이자 5%로 ₩11,025이 되기 위해서는 지금 현재가치로 ₩10,000을 은행에 예치하면 된다.

3) 연금의 미래가치와 현재가치

연금(annuity)의 현금흐름은 일정기간마다 동일한 금액이 연속적으로 지급되거나 수취되는 형태를 취한다. 이러한 형태를 취하는 것으로 할부금 상환이나 채권의 이자지급처럼 매 기간 말에 동일한 금액이 지급되거나 수취되는 형태를 정상연금이라고 한다. 임대료나 리스료와 같이 현금흐름이 매 기간 초에 발생하는 형태를 이상연금이라고 한다. 본서에서는 정상연금을 다룬다.

(1) 정상연금의 미래가치

예를 들면, 매년 말에 ₩10,000씩 2년간 연이자율 5%로 적금한다면 2년 후에 얼마를 찾을 수 있는가를 생각해 본다. 〈정상연금의 미래가치 시스템〉을 보면, 1년차에 입금시킨 ₩10,000과 2년차에 입금시킨 ₩10,000을 각각 복리이자로 계산하여 합하면 정상연금의 미래가치가 된다. 1년차에 입금시킨 ₩10,000은 2년차까지 1년간의 이자가 붙지만, 2년차에 입금시킨 ₩10,000은 기간이 경과하지 않아 이자가 붙지 않는다.

〈정상연금의 미래가치 시스템〉

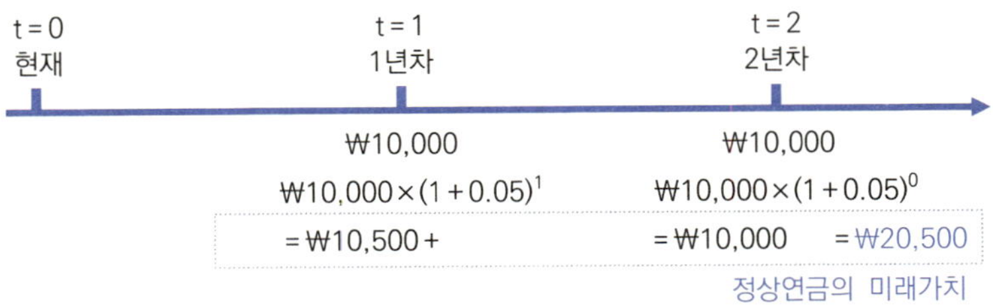

〈정상연금의 미래가치 시스템〉과 같이 2개년간의 단일금액의 미래가치를 더한 것이 연금의 미래가치로서 공식으로 정리하면 아래와 같다. 〈정상연금의 미래가치 시스템〉의 그림을 정리하거나 공식에 대입하면 ₩10,000 × (1 + 0.05)^{1} + ₩10,000 × (1 + 0.05)^{0} = ₩20,500이다.

$$\text{정상연금의 미래가치} = \text{매기말의 동일금액} \sum_{\text{기간}=1}^{\text{기간}} (1 + \text{이자율})^{\text{기간}-1}$$

부표〈정상연금의 미래가치표〉에서 가로 열에서 이자율 5%, 세로 열에서 기간 2년이 만나는 접점을 보면 2.0500이다. ₩10,000에 이 수치를 곱하면 미래가치 ₩20,500을 구할 수 있다.

〈정상연금의 미래가치표〉

부표 정상연금의 미래가치

기간	1%	2%	3%	4%	5%	6%	7%	8%	9%	10%
1	1.0000	1.0000	1.000	1.0000	1.0000	1.0000	1.0000	1.0000	1.0000	1.0000
2	2.0100	2.0200	2.0300	2.0400	2.0500	2.0600	2.0700	2.0800	2.0900	2.1000
3	3.0301	3.0604	3.0909	3.1216	3.1525	3.1836	3.2149	3.2464	3.2781	3.3100
4	4.0604	4.1216	4.1836	4.2465	4.3101	4.3746	4.4399	4.5061	4.5731	4.6410
5	5.1010	5.2040	5.3091	5.4163	5.5256	5.6371	5.7507	5.8666	5.9847	6.1051

(2) 정상연금의 현재가치

예를 들어, 개인연금을 매년 말에 ₩10,000씩 2년에 걸쳐 받기로 하였고 연이자율(연간 할인율)이 5%라면, 연금의 현재가치는 얼마가 될 것인가를 생각해 본다. 〈정상연금의 현재가치 시스템〉을 보면, 단일금액의 현재가치처럼 1년차에 받을 연금 ₩10,000과 2년차에 받을 연금 ₩10,000의 현재가치를 각각 계산하여 합하면 정상연금의 현재가치가 산출되며, 현재시점에서 먼 미래일수록 현재가치는 작아지고 가까울수록 커진다.

〈정상연금의 현재가치 시스템〉

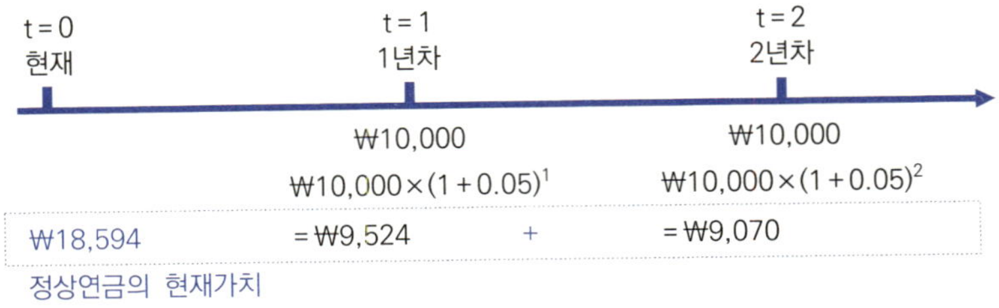

〈정상연금의 현재가치 시스템〉과 같이 2개년간의 단일금액의 현재가치를 합한 것이 연금의 현재가치로서 공식으로 정리하면 아래와 같으나, 〈정상연금의 현재가치 시스템〉의 그림을 정리하거나 공식에 대입하면 ₩10,000 × 1/(1 + 0.05)^1 + ₩10,000 × 1/(1 + 0.05)^2 = ₩18,594이다.

$$\text{정상연금의 현재가치} = \sum_{\text{기간}=1}^{\text{기간}} \frac{\text{매기말의 동일금액}}{(1 + \text{이자율})^{\text{기간}}}$$

부표〈정상연금의 현재가치표〉에서 가로 열에서 이자율 5%, 세로 열에서 기간 2년이 만나는 접점을 보면 1.8594이다. ₩10,000에 이 수치를 곱하면 현재가치 ₩18,594을 구할 수 있다.

〈정상연금의 현재가치표〉

부표 단일금액의 미래가치

기간	1%	2%	3%	4%	5%	6%	7%	8%	9%	10%
1	0.9901	0.9804	0.9709	0.9615	0.9524	0.9434	0.9346	0.9259	0.9174	0.9091
2	1.9704	1.9416	1.9135	1.8861	1.8594	1.8334	1.8080	1.7833	1.7591	1.7355
3	2.9410	2.8839	2.8286	2.7751	2.7232	2.6730	2.6243	2.5771	2.5313	2.4869
4	3.9020	3.8077	3.7171	3.6299	3.5460	3.4651	3.3872	3.3121	3.2397	3.1699
5	4.8534	4.7135	4.5797	4.4518	4.3295	4.2124	4.1002	3.9927	3.8897	3.7908

3. 사채

1) 사채의 의의

사채는 기업이 발행한 채권으로 회사채의 약칭이다. 정부나 지방자치단체가 발행하는 채권은 각각 국채, 공채라고 하며 일괄해서 국공채라고도 한다. 기업은 단기적 자금조달이라면 은행에서 차입하여 운전자금을 확보한다. 그러나 장기적이며 거액의 자금조달을 위해 회사채나 주식을 발행하여 거액의 투자에 활용하는데, 주식발행은 경영권 방어에 위험요소가 있으므로 최근에는 회사채를 발행하는 비중이 높아지고 있다.

사채는 차용증서와 같은 효과로 자금을 확보하는데, 차용증서는 유통이 어렵다. 따라서 사채는 어음과 같이 유통이 쉬워, 액면과 이자표를 분리하여 독립적으로 양도 가능하다.

〈사채의 양식〉

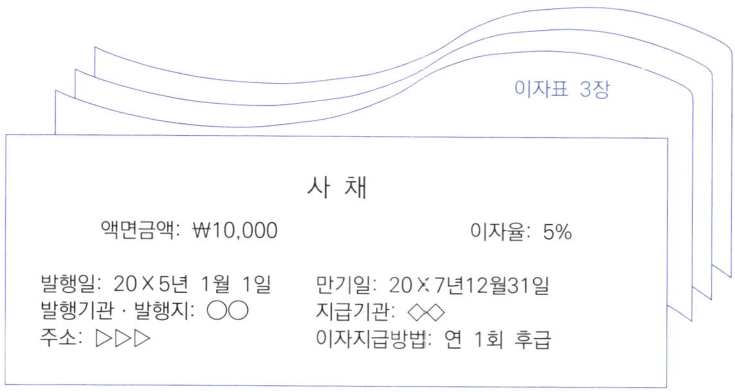

〈사채의 양식〉에서 보이는 바와 같이 액면에 액면금액, 액면이자율, 발행일, 만기일, 이자지급방법, 발행기관 등이 필수적으로 기록되어 있다. 사채를 취득한 소지자(사채권자)에게 만기일에 지급해야 할 금액 ₩10,000이 액면금액이며, 사채권자에게 1년마다 3년간(회) 지급해야 하는 연이자율 5%이자를 액면이자율 또는 표

시이자율이라고 한다. 또 1년마다 3년간(회) ₩500씩 지급해야 하는 이자표 3장이 붙어 있다.

2) 유효이자율과 사채 발행가격의 관계

사채는 증권시장에서 거래되는 만큼, 발행기업의 신용도에 따라 동일조건의 사채를 발행하여도 사채의 발행가격은 달라진다. 다시 말해서 액면금액이 사채의 발행가격이 되는 경우는 많지 않다. 발행기업의 신용도를 평가하여 사채등급이 결정되는데, 전문 신용평가기관이 발행기업의 이자와 원금 상환능력을 평가한다. 최우량기업 등급 AAA에서부터 평가가 낮아지면, AA, A, BBB, BB, B 등으로 낮아진다. 이 사채의 등급은 사채의 할인율을 결정하는데, 이 할인율이 해당 사채발행회사의 사채발행가격을 결정하게 된다. 증권시장에서 이 할인율이 거래를 통해서 결정되며, 이러한 사유로 **시장이자율** 또는 **사채수익률**이라고도 한다. 또 현재가치를 계산하는 실질적인 이자율이라는 점에서 **유효이자율**이라고도 한다. 이러한 할인율은 경제신문 등에서 사채등급별로 매일 공개되고 있다.

〈액면이자율과 시장이자율의 관계〉

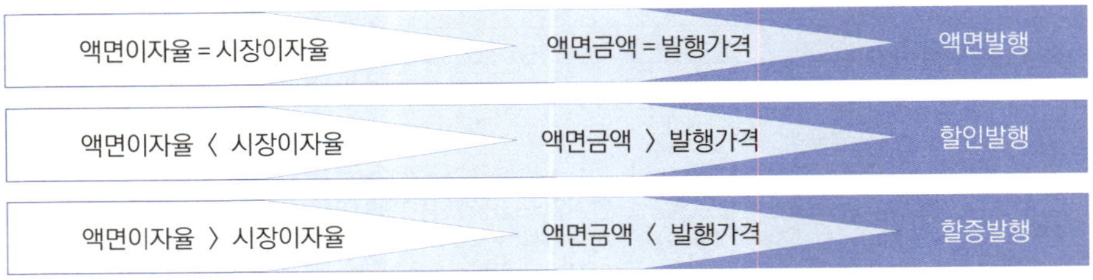

〈액면이자율과 시장이자율의 관계〉에서와 같이 액면이자율과 시장이자율이 동일할 경우, 액면금액과 발행가격도 같은 금액이 되어 이를 **액면발행**되었다고 한다. 그리고 액면이자율보다 시장이자율이 클 경우, 액면금액이 발행가격보다 커서 이를 할인발행되었다고 한다. 반대로 액면이자율이 시장이자율보다 클 경우, 발행가격이 액면금액보다 커서 이를 **할증발행**되었다고 한다. 이러한 시장의 결정은 사채권자(사채 구매자)가 사채발행 기업의 채무불이행위험(default risk) 정도가 높은 경우, 즉 신용도가 낮은 기업은 할인발행을 하지 않으면 구매할 동기가 발생하지 않기 때문이다. 반대로 채무불이행위험 정도가 낮은 경우, 즉 신용도가 높은 기업이 할증발행을 해도 사채권자가 안심하고 구매할 동기가 발생한다는 것이다.

3) 사채의 발행

〈사채의 발행가격 계산〉

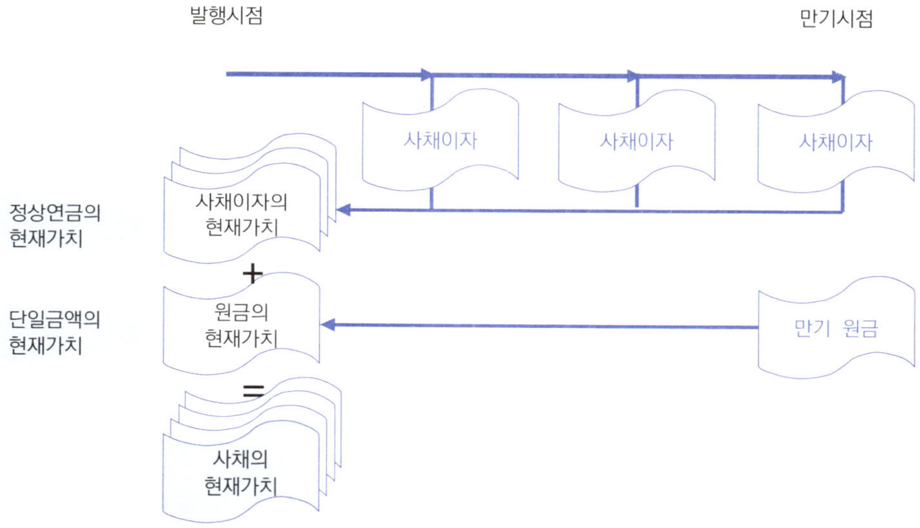

전술한 바와 같이 사채의 발행가격은 시장이자율에 의해서 결정된다. 〈사채의 발행가격 계산〉과 같이 사채의 원금은 만기일에 지급하므로 발행시점의 현재가치를 계산하기 위해서 단일금액의 현재가치가 적용되고, 이자는 만기까지 규칙적인 일정기간마다 지급하므로 발행시점의 현재가치를 계산하기 위해서 정상연금의 현재가치가 적용된다.

이 원금에 대한 단일금액의 현재가치와 이자에 대한 정상연금의 현재가치의 합계액이 발행가격이 된다. 그러면 이제부터 사채의 액면발행, 할인발행, 할증발행에 의한 발행가격 결정에 관하여 예제로 확인해 본다.

예제 1

우량등급의 (주)청담과 낮은 등급의 (주)홍담, 최우량등급의 (주)백담이 다음과 같이 동일한 조건의 사채를 발행하였다. (주)청담는 시장이자율이 5%, (주)홍담은 시장이자율이 6%, (주)백담은 시장이자율이 4%였다. 상기 각 회사의 사채발행가격은 얼마인가?

발행일: 20X5년 1월 1일	만기일: 20X7년 12월 31일
액면금액: 10,000원	액면이자율: 연5%
이자지급조건: 연1회(연말 지급)	

| 풀이 |

1) (주)청담: 액면발행: 액면이자율(5%) = 시장이자율(5%)

$$\text{발행가격} = \underbrace{\underbrace{\frac{₩500}{(1+0.05)^1}}_{\text{1년차 이자의 현재가치}} + \underbrace{\frac{₩500}{(1+0.05)^2}}_{\text{2년차 이자의 현재가치}} + \underbrace{\frac{₩500}{(1+0.05)^3}}_{\text{3년차 이자의 현재가치}}}_{\text{정상연금의 현재가치}} + \underbrace{\frac{₩10,000}{(1+0.05)^3}}_{\text{단일금액의 현재가치}} = 10,000$$

발행가격 = 500 × 2.7232 + 10,000 × 0.8638 = ₩10,000

간단하게 1년간의 이자 ₩500에 3년 5%의 정상연금의 현재가치 2.7232(현재가치계산표)를 곱하여 이자의 현재가치 ₩1,362을 구하고, 사채의 액면금액 ₩10,000에 3년 5%의 단일금액의 현재가치 0.8638(현재가치계산표)를 곱하여 액면금액의 현재가치 ₩8,638을 구해서 합하면 사채의 발행가격 ₩10,000을 구할 수 있다.

2) (주)홍담: 할인발행: 액면이자율(5%)〈시장이자율(6%)

$$\text{발행가격} = \underbrace{\underbrace{\frac{₩500}{(1+0.06)^1}}_{\text{1년차 이자의 현재가치}} + \underbrace{\frac{₩500}{(1+0.06)^2}}_{\text{2년차 이자의 현재가치}} + \underbrace{\frac{₩500}{(1+0.06)^3}}_{\text{3년차 이자의 현재가치}}}_{\text{정상연금의 현재가치}} + \underbrace{\frac{₩10,000}{(1+0.06)^3}}_{\text{단일금액의 현재가치}} \fallingdotseq ₩9,733$$

발행가격=500 × 2.6730 + 10,000 × 0.8396 ≒ ₩9,733

간단하게 1년간의 이자 ₩500에 3년 6%의 정상연금의 현재가치 2.6730(현재가치계산표)을 곱하여 이자의 현재가치 ₩1,337을 구하고, 사채의 액면금액 ₩10,000에 3년 6%의 단일금액의 현재가치 0.8396(현재가치계산표)를 곱하여 액면금액의 현재가치 ₩8,396을 구해서 합하면 사채의 발행가격 ₩9,733을 구할 수 있다.

3) (주)백담: 할증발행: 액면이자율(5%)〉시장이자율(4%)

정상연금의 현재가치 / 단일금액의 현재가치

$$발행가격 = \frac{₩500}{(1+0.04)^1} + \frac{₩500}{(1+0.04)^2} + \frac{₩500}{(1+0.04)^3} + \frac{₩10,000}{(1+0.04)^3} \fallingdotseq ₩10,278$$

1년차 이자의 현재가치 / 2년차 이자의 현재가치 / 3년차 이자의 현재가치

발행가격 = 500 × 2.7751 + 10,000 × 0.8890 ≒ ₩10,278

간단하게 1년간의 이자 ₩500에 3년 4%의 정상연금의 현재가치 2.7751(현재가치계산표)를 곱하여 이자의 현재가치 ₩1,388을 구하고, 사채의 액면금액 ₩10,000에 3년 4%의 단일금액의 현재가치 0.8890(현재가치계산표)를 곱하여 액면금액의 현재가치 ₩8,890을 구해서 합하면 사채의 발행가격 ₩10,278을 구할 수 있다.

예제1)을 통해서 액면이자율과 시장이자율의 차이를 정리 해둘 필요가 있다. 액면이자율은 사채발행 기업이 향후 이자지급을 약속한 이자율이고 이자의 현재가치(정상연금의 현재가치) 계산에서 분자의 이자액을 결정한다. 시장이자율(유효이자율)은 증권시장에서 사채를 발행할 때 결정되는 할인율이고 현재가치 계산식에서 분모의 일부로 적용된다. 따라서 사채발행 기업이 실제로 부담하는 실질이자율은 액면이자율이 아니라 시장이자율이다.

(주)홍담이 부담하는 연간 실질이자율은 6%로 ₩9,733을 차입하고 3년간 매년 ₩500씩 연금 형태로 이자를 지급해야한다. 여기서 사채발행 기업 (주)홍담의 입장에서 발행가격 ₩9,733에 대해 3년간 ₩500씩 이자를 지급하므로 역산한 결과, 액면이자 5%보다 많은 실질이자율 6%라고 이해할 수 있다. 따라서 액면금액과 발행가격의 차이 ₩267만큼 3년간 실질이자가 늘어났다고 볼 수 있다.

반대로, (주)백담이 부담하는 연간 실질이자율은 4%로 ₩10,278을 차입하고 3년간 매년 ₩500씩 연금 형태로 이자를 지급해야한다. 여기서 사채발행 기업 (주)백담의 입장에서 발행가격 ₩10,278에 대해 3년간 ₩500씩 이자를 지급하므로 역산한 결과, 실질이자율이 액면이자율 5%보다 적은 실질이자율 4%라고 이해할 수 있다. 따라서 발행가격과 액면금액의 차이 ₩278만큼 3년간 실질이자가 줄어들었다고 볼 수 있다.

4) 사채 발행의 회계처리

전술한 예제 1)을 이용하여 (주)청담, (주)홍담, (주)백담, 즉 사채의 액면발행, 할인발행, 할증발행 각각의 회계처리를 알아본다.

(1) 액면발행 회계처리

전술한 예제 1)의 (주)청담과 같이, 액면발행을 하게 되면 발행 시, 이자지급 시, 만기상환 시의 분개는 기본적으로 다음과 같다.

	차변		대변	
발행 시	현금	10,000	사채	10,000
1년차 이자지급 시	이자비용	500	현금	500
2년차 이자지급 시	이자비용	500	현금	500
3년차 이자지급 시	이자비용	500	현금	500
3년차 만기상환 시	사채	10,000	현금	10,000

발행연도(1년차) 말에 사채관련 재무제표는 아래와 같이 기록된다.

재무상태표(20×5년12월 31일)		
유동자산		
현금	+10,000	
	-500	
…		

포괄손익계산서(20×5년)	
…	
이자비용	500
…	

(2) 할인발행 회계처리

전술한 예제 1)의 (주)홍담과 같이, 할인발행을 하게 되면 액면금액 ₩10,000을 차입한 것이 아니라 실질적으로 ₩9,733을 차입하게 되어 현금이 유입된다. 그러나 3년간 매년 말에 이자 ₩500과 3년 뒤 액면 ₩10,000을 지급해야 하는 의무가 동시에 발생한다. 이와 같은 액면금액과 발행가격의 차이를 사채할인발행차금(사채의 평가계정)이라고 하며, 사채할인발행차금계정의 차변에 기록한다. 그리고 이자지급 시 사채할인발행차금을 차감하는 회계처리(대변기록)를 함으로써 재무상태표에서 사채의 장부금액을 증가시켜 그 장부가치를 정하는 역할을 한다.

따라서, 사채 할인발행 시, 이자지급 시, 만기상환 시의 분개는 다음과 같으며 이자비용에 대한 분개가 복잡하다.

	차변		대변	
발행 시	현금 사채할인발행차금	9,733 267	사채	10,000
1년차 이자지급 시	이자비용	584	현금 사채할인발금차금	500 84
2년차 이자지급 시	이자비용	589	현금 사채할인발행차금	500 89
3년차 이자지급 시	이자비용	594	현금 사채할인발행차금	500 94
3년차 만기상환 시	사채	10,000	현금	10,000

보다 구체적으로 설명하면, 발행연도(1년차) 말의 이자비용은 매년 액면이자(현금이자) ₩500(=₩10,000×5%)과, 실질 차입액 ₩9,733에 대한 실질 연이자율 6%가 적용된 실질이자 ₩584(≒₩9,733×6%)이라는 서로 다른 이자를 계산해야 한다. (주)홍담의 20X5년 말 포괄손익계산서에 표시해야 할 이자비용은 실질이자 ₩584이며, 두 이자의 차이 ₩84(=₩584-₩500)만큼 이자비용이 늘었다고 본다. 1차년도말 사채할인발행차금을 ₩84 감소(대변기록)시키는데, 이를 사채할인발행차금의 상각이라고 하며, 당해 연도 사채할인발행차금의 상각액은 ₩84인 것이다. 결과적으로 사채할인발행차금 잔액은 ₩183(=₩267-₩84)이 된다. 20X5년 말 사채관련 재무재표는 다음과 같다.

재무상태표(20X5년 12월 31일)			
유동자산		비유동부채	
현금	+9,733 -500	사채	10,000
		할인발행차금	183
…			9,817

포괄손익계산서(20X5년)	
…	
이자비용	584
…	

2년차 말의 이자비용은 매년 ₩500(=₩10,000×5%)의 액면이자(현금이자)와, 사채의 기초 장부금액 ₩9,817(=₩9,733+₩84)에 대한 실질 연이자율 6%가 적용된 실질이자 ₩589(≒₩9,817×6%)이라는 서로 다른 이자를 계산해야 한다. (주)홍담의 20X6년 말 포괄손익계산서에 표시해야 할 이자비용은 실질이자 ₩589이며, 두 이자의 차이 ₩89(=₩589-₩500)만큼 이자비용이 늘었다고 본다. 2차년도말 사채할인발행차금을 ₩89 감소(대변기록)시키므로, 당해 연도 사채할인발행차금의 상각액은 ₩89인 것이다. 결과적으로 사채할인발행차금 잔액은 ₩94(=₩183-₩89)이 된다. 한편, 20X6년 말 사채관련 재무재표는 다음과 같다.

재무상태표(20X6년 12월 31일)			
유동자산		비유동부채 :	
현금	-500	사채	10,000
		할인발행차금	94
…			9,906

포괄손익계산서(20X6년)	
…	
이자비용	589
…	

3년차 말의 이자비용도 매년 ₩500(=₩10,000×5%)의 액면이자(현금이자)와, 사채의 기초 장부금액 ₩9,906(=₩9,817+₩89)에 대한 실질 연이자율 6%가 적용된 실질이자 ₩594(≒₩9,906×6%)이라는 서로 다른 이자를 계산해야 한다. (주)홍담의 20X7년 말 포괄손익계산서에 표시해야 할 이자비용은 실질이자 ₩594이며, 두 이자의 차이 ₩94(=₩594-₩500)만큼 이자비용이 늘었다고 본다. 3차년도말 사채할인발행차금을 ₩94 감소(대변기록)시키므로, 당해 연도 사채할인발행차금의 상각액은 ₩94인 것이다. 결과적으로 사채할인발행차금 잔액은 ₩0(=₩94-₩94)이 된다. 한편, 최종적으로 사채의 만기상환 분개를 한다. 20X7년 말 사채관련 재무재표는 다음과 같다.

재무상태표(20X7년 12월 31일)			
유동자산		비유동부채 :	
현금	-10,500	사채	0
…			

포괄손익계산서(20X7년)	
…	
이자비용	594
…	

사채할인발행차금

X5/1/1	267	X5/12/31	84	←	20X5년 말 잔액 : ₩183
		X6/12/31	89	←	20X6년 말 잔액 : ₩94
		X7/12/31	94	←	20X7년 말 잔액 : ₩0

3년간의 사채할인발행차금의 계정을 보면 각 연도 말 잔액을 알 수 있는데, 각 연도 말 재무상태표에서 사채를 평가하는 역할을 하는 사채할인발행차금의 금액은 계정의 각 연도말 잔액이 기록된 것이라 할 수 있다.

사채 발행가격 계산 시에 현재가치표의 현재가치율을 적용한 결과, 계산상 소수점의 반올림으로 3차(마지막)년도의 사채할인발행차금 상각액이 정확하게 맞지 않는 경우가 있다. 이때 3차(마지막)년도 연간 이자비용과 할인발행차금 증가액을 조정을 해주면 된다.

〈(주)홍담 사채 이자비용 계산표〉

(주)홍담 사채 할인발행	연간 이자비용 A	연간 현금이자 B	할인발행차금 증가(상각) C	사채장부금액 D
	기초 DX6%	₩10,000×5%	A-B	D+C
20X5년 1월 1일	-	-	-	9,733
20X5년 12월 31일	584	500	84	9,817
20X6년 12월 31일	589	500	89	9,906
20X7년 12월 31일	594	500	94	10,000
합계	1,767	1,500	267	-

이와 같이 사채의 이자비용 등에 관하여 정확하게 계산하기 위해, 사채를 발행하게 되면 동시에 〈(주)홍담 사채 이자비용 계산표〉 또는 사채발행차금 상각표를 작성해두면 사채에 관한 회계처리가 용이해진다. 그리고 이와 같은 방식으로 사채의 이자비용을 인식하는 것을 유효이자율법에 의한 계산이라고 한다.

(3) 할증발행 회계처리

전술한 예제 1)의 (주)백담과 같이, 할증발행을 하게 되면 액면금액 ₩10,000을 차입하는 것이 아니라 실질적으로 ₩10,278을 차입하게 되어 현금이 유입된다. 그러나 3년간 매년 말에 이자 ₩500과 3년 뒤에 액면 ₩10,000을 지급해야 하는 의무가 동시에 발생한다. 이와 같은 발행가격과 액면금액의 차이를 사채할증발행차금(사채의 평가계정)이라고 하며, 사채할증발행차금계정의 대변에 기록한다. 그리고 이자지급 시 사채할증발행차금을 차감하는 회계처리(차변기록)를 함으로써 재무상태표에서 사채의 장부금액을 감소시켜 그 장부금액을 정하는 역할을 한다.

따라서, 사채 할증발행 시, 이자지급 시, 만기상환 시의 분개는 다음과 같으며 이자비용에 대한 분개가 복잡하다.

	차변		대변	
발행 시	현금	10,278	사채 사채할증발행차금	10,000 278
1년차 이자지급 시	이자비용 사채할증발행차금	411 89	현금	500
2년차 이자지급 시	이자비용 사채할증발행차금	408 92	현금	500
3년차 이자지급 시	이자비용 사채할증발행차금	403 97	현금	500
3년차 만기상환 시	사채	10,000	현금	10,000

보다 구체적으로 설명하면, 발행연도 말(1년차)의 이자비용은 매년 액면이자(현금이자) ₩500(=₩10,000×5%)과, 실질 차입액 ₩10,278에 대한 실질 연이자율 4%가 적용된 실질이자 ₩411(≒₩10,278×4%)이라는 서로 다른 이자를 계산해야 한다. (주)백담의 20X5년 말 포괄손익계산서에 표시해야 할 이자비용은 실질이자 ₩411이며, 두 이자의 차이 ₩89(=₩500－₩411)만큼 이자비용이 줄었다고 본다.

1차년도말 사채할증발행차금을 ₩89 감소(차변기록)시키는데, 이를 사채할증발행차금의 상각이라고 하며, 당해 연도 사채할증발행차금의 상각액은 ₩89인 것이다. 결과적으로 사채할증발행차금 잔액은 ₩189(=₩278-₩89)이 된다. 20X5년 말 사채관련 재무제표는 다음과 같다.

재무상태표(20X5년 12월 31일)			
유동자산		비유동부채	
현금	+10,278	사채	10,000
	-500	할증발행차금	189
…			10,189

포괄손익계산서(20X5년)	
…	
이자비용	411
…	

2년차 말의 이자비용은 매년 ₩500(=₩10,000×5%)의 액면이자(현금이자)와, 사채의 기초 장부금액 ₩10,189(=₩10,278-₩89)에 대한 실질 연이자율 4%가 적용된 실질이자 ₩408(≑₩10,189×4%)이라는 서로 다른 이자를 계산해야 한다. (주)백담의 20X6년 말 포괄손익계산서에 표시해야 할 이자비용은 실질이자 ₩408이며, 두 이자의 차이 ₩92(=₩500-₩408)만큼 이자비용이 줄었다고 본다. 2차년도 말 사채할증발행차금을 ₩92 감소(차변기록)시키므로, 당해 연도 사채할증발행차금의 상각액은 ₩92인 것이다. 결과적으로 사채할증발행차금은 ₩97(=₩189-₩92)이 된다. 20X6년 말 재무상태표는 다음과 같다.

재무상태표(20X6년 12월 31일)			
유동자산		비유동부채	
현금	-500	사채	10,000
		할증발행차금	97
…			10,097

포괄손익계산서(20X6년)	
…	
이자비용	408
…	

3년차 말의 이자비용도 매년 ₩500(=₩10,000×5%)의 액면이자(현금이자)와, 사채의 기초 장부금액 ₩10,097(=₩10,189-₩92)에 대한 실질 연이자율 4%가

적용된 실질이자 ₩403(≒₩10,097×4%)이라는 서로 다른 이자를 계산해야 한다. (주)백담의 20X7년 말 포괄손익계산서에 표시해야 할 이자비용은 실질이자 ₩403이며, 두 이자의 차이 ₩97(=₩500-₩403)만큼 이자비용이 줄었다고 본다. 3차년도 말 사채할증발행차금을 ₩97 감소(차변기록)시키므로, 당해 연도 사채할인발행차금의 상각액은 ₩97인 것이다. 결과적으로 사채할증발행차금은 ₩0(=₩97-₩97)이 된다. 한편, 최종적으로 사채의 만기상환 분개를 한다. 20X7년 말 사채관련 재무제표는 다음과 같다.

재무상태표(20X7년 12월 31일)			
유동자산		비유동부채	
현금	-10,500	사채	0
…			

포괄손익계산서(20X7년)	
…	
이자비용	403
…	

		사채할증발행차금			
20X5년 말 잔액 : ₩189	→	X5/12/31	89	X5/1/1	278
20X6년 말 잔액 : ₩97	→	X6/12/31	92		
20X7년 말 잔액 : ₩0	→	X7/12/31	97		

3년간의 사채할증발행차금의 계정을 보면 각 연도말 잔액을 알 수 있는데, 각 연도말 재무상태표에서 사채를 평가하는 역할을 하는 사채할증발행차금의 금액은 계정의 연도 말 잔액이 기록된 것이다.

사채 발행가격 계산 시에 현재가치표의 현재가치율을 적용한 결과, 계산상 소수점의 반올림으로 3차(마지막)년도의 사채할증발행차금 감소의 금액이 정확하게 맞지 않는 경우가 있다. 이때 3차(마지막)년도 연간 이자비용과 할증발행차금 감소액을 조정을 해주면 된다.

〈(주)백담 사채 이자비용 계산표〉

(주)백담 사채 할증발행	연간 이자비용 A	연간 현금이자 B	할증발행차금 감소(상각) C	사채장부금액 D
	기초 DX4%	10,000X5%	B − A	D − C
20X5년 1월 1일	-	-	-	10,278
20X5년 12월 31일	411	500	89	10,189
20X6년 12월 31일	408	500	92	10,097
20X7년 12월 31일	403	500	97	10,000
합계	1,222	1,500	278	-

이와 같이 할증발행도 사채의 이자비용 등에 관하여 정확하게 계산하기 위해, 사채를 발행하게 되면 동시에 〈(주)백담 사채 이자비용 계산표〉 또는 사채발행차금 상각표를 작성해두면 사채에 관한 회계처리가 용이해진다.

(4) 사채의 조기상환

사채는 만기일에 일시적으로 상환하는 것이 일반적이다. 그러나 상황에 따라 증권시장을 통해, 또는 사채권자와의 접촉을 통해 만기일 이전에 일정금액을 지급하고 자기사채를 취득하여 소각할 수 있다. 이러한 경우를 **조기상환**(early redemption)이라고 한다. 사채발행 기업이 자금력이 향상되었거나, 신용도가 향상되어 과거의 불리한 조건으로 발행한 사채를 새로운 사채를 발행하여 대체하는 **사채차환**(refunding of bounds)을 하기 위하여 조기상환을 하게 된다.

조기상환을 하게 되면, 우선 상환시점까지 이자비용을 인식한 후, 사채(할인·할증)발행차금을 상각하여 상환시점에서의 사채 장부금액을 새로 계산한다. 그리고 이렇게 산출한 사채 장부금액과 실제 상환금액(=상환대가+상환비용)을 비교하여, 전자가 후자를 초과하면 **사채상환이익**(기타수익)을 인식하고 반대의 경우에는 **사채상환손실**(기타비용)을 인식한다. 즉, 다음과 같은 공식이 성립한다.

> 사채상환손익=상환시점의 장부금액 - 실제 상환금액

예제 2

예제 1)의 (주)홍담의 사채발행 조건은 다음과 같으며, (주)홍담의 사채발행 시 시장이자율이 6%였다. 사채발행 후 2년이 지난 20X6년 12월 31일에 당해 사채를 ₩9,600에 조기상환하였다. 이때의 사채상환에 관한 분개와 사채상환 이후 (주)홍담의 사채와 관련한 재무제표를 작성하라.

발행일: 20X5년 1월 1일	만기일: 20X7년 12월 31일
액면금액: ₩10,000	액면이자율: 연5%
이자지급조건: 연1회(연말 지급)	

| 풀이 |

여기서 〈(주)홍담 사채 이자비용 계산표〉를 이용하면, 상환시점의 20X6년 12월 31일 장부금액은 ₩9,906임을 확인할 수 있다.

∴ 사채상환이익 = 상환시점의 장부금액(₩9,906) - 실제 상환금액(₩9,600)
= ₩306

1) 사채상환 분개

	차변		대변	
상환 시	사채	10,000	현금 사채할인발행차금 사채상환이익	9,600 94 306

2) 사채상환 이후 사채와 관련한 재무제표

재무상태표(20X6년 12월 31일)			
유동자산		비유동부채	
현금	-9,600	사채	0
		할인발행차금	0
…			

포괄손익계산서(20X6년)	
기타수익	
사채상환이익	306
…	
이자비용	589

조기상환을 하게 되면, 전술한 바와 같이 우선 상환시점까지 이자비용을 인식한 후, 사채(할인·할증)발행차금을 상각하여 상환시점에서의 사채 장부금액을 새로 계산해야 한다. 그러나 사채 이자비용 계산표나 사채발행차금 상각표를 이용하면 상술한 정보가 모두 기록되어 있으므로 이를 이용하는 것이 간편하다. 실제로 사채

를 발행하는 기업이나 사채권자는 이자비용 계산표나 사채발행차금 상각표를 사채 발행 또는 취득 시 작성해 놓는다.

예제 2)의 분개와 사채와 관련한 재무제표에 관해서 설명한다. 사채가 전부 상환되어 사채 ₩10,000을 장부에서 제거(상계)하는 처리(차변기입)를 하고 상환금액 현금 ₩9,600을 지급처리(대변기입)한다. 그리고 사채할인발행차금 잔액 ₩94을 장부에서 제거(상계)하는 처리(대변기입)를 하고 대차평균의 원리로도 구해지는 사채상환이익 ₩306을 인식(대변기입)한다.

이 분개를 반영한 결과, 20X6년 12월 31일의 재무상태표에서 상환금액 만큼 현금 ₩9,600이 줄고 사채계정과 사채할인발행차금계정은 잔액이 없어, 원래는 재무상태표에 기록도 하지 않는다. 포괄손익계산서에서 사채상환이익 ₩306을 기타수익 난에 기록하고 당해 연도 상환 직전까지의 실질 이자비용 ₩589을 기록한다.

4. 충당부채

기업경영에 있어서 미래에 어떤 사건의 여부에 따라서 앞으로 손실 또는 이익이 결정되겠지만, 현재로서는 손실 또는 이익의 발생여부가 불확실한 상태 또는 상황이 있을 수 있다. 이러한 경우를 **우발상황**(contingencies)이라고 한다. 이 우발상황으로부터 **우발이익**(gain contingency)과 **우발손실**(loss contingency)이 발생할 수 있다. 이를 통해 각각 우발자산과 우발부채가 동반된다. 회계에서는 보수주의 개념에 근거하여 우발손실만 인식하고 우발이익은 확정될 때까지 재무제표에 인식하지 않고 있다.

우발자산(contingent assets)은 과거사건에 의하여 발생하였으나 기업이 전적으로 통제할 수 없는 불확실한 미래사건의 발생여부에 의해서만 그 존재가 확인되는 잠재적 자산이다. 우발자산은 일반적으로 경제적 효익의 유입가능성을 발생시키는 사전에 계획되지 아니하였거나 예기하지 못한 사건으로부터 발생한다. 따라서 우발이익과 우발자산은 어느 경우든 재무제표 본문에 인식해서는 안 된다. 단지 경제적 효익을 가진 자원의 유입가능성이 높으면 우발자산을 주석으로 기재한다. 물론 수익의 실현이 거의 확실시 되거나 자원이 유입될 것이 확정되면, 이 상황변화가 발생한 기간에 관련 자산과 수익을 인식한다.

우발부채(contingent liabilities)는 지출시기 또는 금액이 불확실한 잠재적 의무로, 과거사건에 의하여 발생하였으나 기업이 전적으로 통제할 수 없는 불확실한 미래사건의 발생여부에 의해서만 그 존재가 확인되는 잠재적 의무이다. 이러한 우발부채 중, '경제적 효익을 갖는 자원의 유출 가능성'과 '유출금액의 신뢰성 있는 추정 가능성'이 높은 경우, 충당부채(provisions for charge)를 인식하고 직접 재무제표에 인식한다. 구체적으로 〈충당부채와 우발부채의 인식과 공시〉에 의해 판단하면 된다.

〈충당부채와 우발부채의 인식과 공시〉

자원의 유출 \ 금액의 추정		신뢰성 있는 추정 가능	신뢰성 있는 추정 불가능
가능성	높음(50% 이상)	충당부채(재무제표)	우발부채(주석)
	높지 않음	우발부채(주석)	우발부채(주석)
	아주 낮음	공시하지 않음	

예를 들면, 보증인의 입장에서 피보증인의 채무상환 불능 사건은 자원의 유출 가능성이 높으면 충당부채로 인식해야 하며, 피보증인이 아직 기업을 건정하게 운영하여 지급능력 상실 가능성이 낮은 경우는 주석공시도 하지 않는다. 또한 건물주의 입장에서 화재 가능성은 현재 자원의 유출 가능성도 거의 없고 추정이 불가능한 경우로 주석공시조차하지 않는다.

회계에서 대표적인 충당부채에 해당하는 거래는 제품보증과 관련된 부채로 제품보증충당부채, 타인의 채무에 대한 보증으로 채무보증충당부채, 계류 중인 법적 소송사건에 의한 손해배상충당부채 등이 있으며, 기타 판매촉진을 위한 경품증정 전략에 의한 경품충당부채, 환경보전을 위한 복구충당부채 등이 있다.

5. 퇴직급여부채

퇴직급여는 기업이 퇴직종업원에게 지급해야 하는 급여로서, 퇴직일시금, 퇴직연금, 퇴직 후 급여 및 생명보험과 의료급여 등을 일컫는다. 종업원이 퇴직급여에 대한 권리를 획득하는 시점은 근무기간 중이므로, 기업은 근무기간 중에 퇴직급여를 비용과 부채로 인식한다. 이는 수익비용대응의 원칙에 부합한다.

퇴직급여제도는 기업이 한 명 이상의 종업원에게 퇴직급여를 지급하는 근거가 되는 공식·비공식 협약이다. 여기에 경제적 실질에 따라 확정기여제도와 확정급여제도가 있어서 기업은 둘 중에 하나를 선택할 수 있다.

1) 확정기여제도

확정기여제도(defined contribution plan)는 종업원이 선정한 별개의 실체(외부금융기관)에 기업이 매년(정기적으로) 고정 기여금을 납부하며 기업의 의무가 종결되는 제도이다. 기업이 이 기여금을 모두 납부하면, 종업원의 재직기간 근무용역과 관련된 종업원급여를 모두 지급할 수 있을 정도로 충분한 자금력을 확보하지 못하더라도 추가적으로 납부해야 할 의무는 없어 기업들이 선호하고 종업원은 퇴직 후에 그 금융기관으로부터 약정된 급여나 연금을 받는 제도이다.

회계처리도 간단하다. 당해 금융기관에 납부기일 내에 기여금을 지급하면 되고 결산일이나 퇴직종업원에게 지급할 회계처리가 필요 없다. 기여금은 그 산출에 있어 보험수리적 평가기법을 적용하여 당기근무원가를 현재가치로 측정한다.

	차변		대변	
납부 시	퇴직급여	×××	현금	×××
결산일	분개 없음			
지급일	분개 없음			

2) 확정급여제도

확정급여제도(defined benefit plan)는 기업과 종업원은 사전에 퇴직급여의 규모와 내용을 확정하고 향후 퇴직급여 지급에 대한 모든 책임을 기업에 위임하는 제도이다. 그래서 기업은 퇴직기금의 운용(투자)을 통해 기금액을 늘리는 노력을 한다. 이 기금의 운용실적이 좋으면 기업은 연간 기여금 규모를 줄일 수 있지만, 운용실적이 저조하면 기여금 규모는 증가한다.

퇴직급여 지급에 대한 모든 책임을 기업이 져야 하므로 기말 재무상태표에 확정급여채무(defined benefit obligations)라는 비유동부채를 계상하게 된다. 이 확정급여채무는 당기 및 이전기간 종업원 근무용역의 대가로 향후 퇴직 이후에 지급하게 될 퇴직급여를 보험수리적 평가기법을 적용하여 현재가치로 계산한다.

	차변		대변	
결산일(퇴직급여 측정)	퇴직급여	×××	확정급여채무	×××
지급일	확정급여채무	××	현금	××

확정급여채무의 증가는 현재가치 계산에 의한 이전기간의 확정급여채무 자연증가분과 종업원의 당기근무원가에 상응한 증가분 등의 두 가지 요인으로 구성된다.

01 다음의 계정과목 중 재무상태표 분류상 성격이 다른 것은?

① 퇴직급여부채 ② 미지급금
③ 예수금 ④ 유동성장기차입금

02 다음 문장의 ( ) 속에 적절한 용어는?

일정기간마다 동일한 금액이 연속적으로 지급되거나 수취되는 현금흐름 중, 매 기간 말에 같은 금액이 지급 또는 수취되는 형태를 (ⓐ)이라고 하며, 매 기간 초에 같은 금액이 지급 또는 수취되는 형태를 (ⓑ)이라고 한다.

① ⓐ 이상연금, ⓑ 정상연금 ② ⓐ 단일금액, ⓑ 정상금액
③ ⓐ 정상연금, ⓑ 이상연금 ④ ⓐ 이상금액, ⓑ 단일금액

03 현재 ₩100,000의 자금을 연이자율 5%의 금융상품에 투자하면, 3년 후에 원리금은 얼마가 되는가?

① ₩115,930 ② ₩115,760
③ ₩120,000 ④ ₩110,000

04 3년 후에 ₩150,000의 자금을 확보할 수 있는 연이자율 5%의 금융상품에 투자할 경우, 현재 얼마를 투자하면 되는가?

① ₩142,500 ② ₩130,000
③ ₩129,390 ④ ₩129,570

05 사채를 할인발행할 경우 재무상태표 상의 비유동부채의 금액 변화는?

① 사채의 원금상환 시까지 매년 감소한다.
② 사채발행부터 원금상환 시까지 액면가액으로 변함이 없이 평가된다.
③ 사채발행부터 원금상환 시까지 당초의 할인발행금액으로 계상된다.
④ 사채의 원금상환 시까지 매년 증가한다.

연습문제

06 다음 충당부채와 우발부채에 관련된 설명 중 옳지 않은 것은?

① 충당부채로 인식하기 위해서는 의무발생사건의 결과로 인한 현재의무로서 자원유출가능성이 높고 금액을 신뢰성 있게 추정 가능하여야 한다.
② 우발부채는 미래에 대한 불확실성과 관련하여 발생하는 잠재적 불이익 중 재무상태표에 인식하지 않고 편의상 주석으로 공시만 하며 부채로 인식하지 않는다.
③ 미래 영업을 위하여 발생하게 될 비용의 추계액에 상당하는 금액을 충당부채로 인식한다.
④ 미래에 대한 불확실성과 관련하여 발생하는 잠재적 불이익 중 재무상태표에 인식하는 것을 충당부채라 한다.

07 다음은 부채에 대한 설명이다. 이 중에 적절하지 못 한 것은?

① 우발부채는 현재의무의 존재여부가 확인되지 않는 잠재적 의무이다.
② 충당부채를 인식하는 현재의무에는 법적의무만 포함되며, 의제의무는 포함되지 않는다.
③ 기업이 제품을 판매하면서 소비자에게 일정기간 동안 품질보증서비스를 무상으로 제공하기로 약속하였다면 수익인식 시점에 충당부채를 인식해야 한다.
④ 충당부채는 재무상태표에 표시되는 부채이다.

08 다음 중 금융부채에 대한 설명으로 타당한 것은?

① 매입채무와 같이 거래 상대방에게 현금 등 금융자산을 인도하기로 한 계약상의 의무이다.
② 기업의 지분상품을 말하며 기업이 매입한 다른 회사의 주식 등이 있다.
③ 매출채권과 같이 거래 상대방에게 현금 등 금융자산을 수취할 계약상의 권리이다.
④ 금융기관의 상품종류를 의미하는 것으로 선수금 등이 있다.

09 다음 중 액면금액보다 높은 가격으로 발행되는 사채의 시장이자율은 어느 것인가?

① 액면이자율과 무관하다.
② 액면이자율보다 높다.
③ 액면이자율과 동일하다.
④ 액면이자율보다 낮다.

10 다음 중 사채할인발행차금에 대한 설명으로 적절한 것은?

① 사채발행시의 비용 ② 사채발행시의 손실
③ 사채발행시 이익잉여금 차감 ④ 사채발행으로 유입된 자금의 기간비용

11 (주)강남은 20×7년 1월 1일에 액면 ₩100,000의 사채(표시이자율 10%, 만기 3년)를 ₩95,200에 발행하였다. 발행사채의 유효이자율이 12%인 경우 (주)강남이 이 사채로 인하여 만기까지 부담해야 할 총 이자비용은 얼마인가?

① ₩30,000 ② ₩32,000
③ ₩34,800 ④ ₩36,000

12 (주)여울은 20X8년 1월 1일 액면금액 ₩10,000의 사채를 ₩9,503에 발행하였다. 이 사채의 표시이자율은 연 8%이며 매년 12월31일에 이자를 지급하고 발행 당시의 시장이자율은 10%였다. 20X8년 말 재무상태표 상의 사채 장부금액은 ₩9,653이다. 20×9년 말 포괄손익계산서 상의 사채이자비용과 재무상태표 상의 사채장부금액은?(단, 금액계산 시 원단위 미만은 반올림한다.)

	사채이자비용	사채장부금액		사채이자비용	사채장부금액
①	₩680	₩10,235	②	₩965	₩9,818
③	₩965	₩9,653	④	₩1,000	₩9,800

13 (주)구정물산은 20X6년 1월 1일에 3년 만기의 액면금액 ₩20,000,000인 사채를 ₩19,050,000에 발행했다. 사채의 액면이자율은 8%, 발행 당시 유효이자율은 10%였다. 그리고 이자는 매년 12월31일에 지급한다. 발행연도 말(결산일)에 수행할 적절한 분개는?

	차변		대변	
①	이자비용	₩1,905,000	현금	₩1,600,000
			사채할인발행차금	305,000
②	이자비용	1,931,667	현금	1,600,000
			사채할인발행차금	331,667
③	이자비용	1,600,000	현금	1,600,000
④	이자비용	1,600,000	현금	1,600,000
	사채할인발행차금상각	200,000	사채할인발행차금	200,000

연습문제

14 (주)khmc.com은 20X4년 1월 1일에 액면금액 1,000,000원(표시이자율 연 8%, 이자지급일 매년 12월 31일, 만기일 20X6년 12월 31일)의 사채를 유효이자율 연 10%로 발행하였다. 참고로 정상연금의 현재가치(3년, 10%)는2.4868이며, 정상연금의 현재가치(3년, 8%)는 2.5771이다. 이 사채의 발행금액은?

① ₩100,000 ② ₩999,968
③ ₩950,244 ④ ₩957,468

15 (주)Manipala.com은 20X4년 1월 1일에 다음과 같은 사채를 유효이자율 12%로 발행하였다. 20X5년 말 이 사채를 ₩99,000에 조기상환하였다. 참고로 정상연금의 현재가치(3년, 10%)는2.4868이며, 정상연금의 현재가치(3년, 12%)는 2.4018이다. 적절한 분개는?

- 발행일: 20X4년 1월 1일
- 만기일: 20X6년 12월 31일(3년)
- 액면금액: ₩100,000
- 액면이자율: 연10%
- 이자지급조건: 연1회(매년 말 지급)

	차변		대변	
①	사채	₩100,000	현금	₩ 99,000
	사채상환손실	595	사채할인발행차금	1,595
②	사채	100,000	현금	99,000
	사채상환손실	783	사채할인발행차금	1,783
③	사채	100,000	현금	99,000
	사채할증발행차금	783	사채상환이익	1,783
④	현금	99,000	사채	100,000
	사채할인발행차금	1,783	사채상환손실	783

16 다음 중 퇴직급여에 관한 설명으로 옳지 않은 것은?

① 확정기여제도에서는 기업의 법적의무나 의제의무는 기업이 기금에 출연하기로 약정한 금액으로 정한다.
② 확정급여제도에서는 기업이 퇴직급여에 관한 모든 의무를 부담한다.
③ 퇴직급여제도는 경제적 실질에 따라 확정기여제도와 확정급여제도로 분류한다.
④ 퇴직급여제도에서는 해당 직원이 퇴직하기 전까지는 비용으로 인식하지 않는다.

17 다음은 우발상황에 대한 회계처리를 설명하고 있다. 이 중 적절하지 못 한 것은?

① 우발자산이 발생할 가능성이 확실하고 이로 인한 이익의 금액을 합리적으로 추정할 수 있는 경우에는 그 내용을 주석으로 기재한다.
② 보고기간 종료일 현재 순자산이 감소하였음이 확실하고 이로 인한 금액을 합리적으로 추정할 수 있는 경우에 그 손실을 재무제표에 계상한다.
③ 우발자산이 발생할 가능성이 확실한 경우에는 이를 재무제표에 계상하고 그 내용을 주석으로 기재한다.
④ 보고기간 종료일 현재 순자산이 감소하였음이 확실하나 이로 인한 금액을 합리적으로 추정할 수 없는 경우에는 우발상황의 내용, 확정될 경우의 재무적 영향, 추정금액이 곤란한 사유 등을 주석으로 기재한다.

18 다음 중 금융부채에 대한 설명으로 옳지 않은 것은?

① 금융부채에는 매입채무, 미지급금, 차입금, 사채 등이 있다.
② 판매된 제품의 품질보증의무 또는 제조과정에서 발행한 환경오염을 제거할 의무 등을 포함한다.
③ 부채의 정의를 충족하는 계약상의 의무이다.
④ 현금 또는 자기지분상품 등의 금융자산으로 결제되는 부채를 말한다.

19 다음 중 한국채택국제회계기준에서 정한 금융부채에 해당하지 않는 것은?

① 선수금　　② 매입채무
③ 사채　　④ 차입금과 미지급금

20 다음 자료 중에서 금융부채의 합계액은?

• 미지급금 ₩60,000	• 선수수익 ₩50,000	• 외상매입금 ₩80,000

① ₩190,000　　② ₩110,000
③ ₩140,000　　④ ₩130,000

연습문제

정답 및 풀이

1. ①: 퇴직급여부채는 비유동부채이며, 미지급금, 예수금은 유동부채이다. 유동성장기차입금은 원래 장기차입금으로 비유동부채였으나, 만기가 1년 이내로 도래하여 유동성장기차입금이라는 유동부채로 재분류한 것이다.
2. ③: 문장 속의 내용은 연금형태의 현금흐름을 설명하고 있다.
3. ②: 단일금액의 미래가치를 구하는 문제이다. 현재가치표에서 3년 5%의 단일금액의 미래가치는 1.1576이다. 또는 $(1+0.05)^3 \fallingdotseq 1.1576$으로 계산할 수 있다.
   ∴ ₩115,760 = ₩100,000 × 1.1576(3년 5%의 단일금액의 미래가치)
4. ④: 단일금액의 현재가치를 구하는 문제이다. 현재가치표에서 3년 5%의 단일금액의 현재가치는 0.8638이다. 또는 $1/(1+0.05)^3 \fallingdotseq 0.8638$로 계산할 수 있다.
   ∴ ₩129,570 = ₩150,000 × 0.8638(3년 5%의 단일금액의 현재가치)
5. ④: 사채를 할인발행하면 사채의 장부금액은 매년 증가하고, 할증발행하면 사채의 장부금액은 매년 감소한다.
6. ③: 과거 사건의 결과로 현재의무(법적의무와 의제의무)가 존재해야 충당부채로 인식할 수 있다.
7. ②: 충당부채의 현재의무는 법적의무와 의제의무를 포함한다. 의제의무는 과거의 실무관행, 공표된 경영방침 등을 통해 기업이 책임을 부담하겠다고 표명한 결과, 기업이 책임을 이행할 것이라는 정당한 기대를 상대방이 가지게 되었을 때 발생하는 의무이다.
8. ①: ②와 ③은 금융자산에 관한 설명이고. ④선수금은 금융부채가 아니라 기타유동부채에 해당한다.
9. ④: 할증발행의 상황을 묻는 문제로 액면이자율 〉 시장이자율인 경우다.
10. ④: 액면금액과 할인발행 금액의 차이가 사채할인발행차금으로 사채의 평가계정으로 만기까지의 이자비용 일부를 의미하기도 한다.
11. ③: 총이자비용 = 3년간 액면이자 + 사채할인발행차금
    ∴ ₩34,800 = ₩100,000 × 10% × 3년 + (₩100,000 − ₩95,200)
12. ②: 20X9년 포괄손익계산서 상의 사채이자비용: ₩9,653 × 10% = ₩965
    20X9년 사채할인발행차금 상각비: ₩9,653 × 10% − ₩10,000 × 8% = ₩165
    20X9년 말 재무상태표 상의 사채장부금액: ₩9,653 + ₩165 = ₩9,818
13. ①: 현금지급이자: ₩20,000,000 × 8% = ₩1,600,000
    사채할인발행차금상각비: ₩19,050,000 × 10%−₩1,600,000=₩305,000
14. ③: 단일금액의 현재가치 = $1/(1+0.1)^3 \fallingdotseq 0.7513$
    사채의 발생가액 = 원금의 현재가치 + 이자의 현재가치
    ∴ ₩950,244 ≒ ₩1,000,000 × 0.7513 + ₩80,000 × 2.4868

15. ②: 사채이자비용 계산표를 작성하여 분개하는 것이 용이하며, 상환 시 미상각 사채할인발행차금을 제거하는 처리가 중요하다.

단일금액의 현재가치 = $1/(1+0.12)^3 \doteqdot 0.7118$

정상연금의 현재가치(3년, 12%) = 2.4018

	연간 이자비용	연간 현금이자	사채발행 차금의 상각	사채장부 금액
20X4년 1월 1일	-	-	-	95,198
20X4년 12월 31일	11,424	10,000	1,424	96,622
20X5년 12월 31일	11,595	10,000	1,595	98,217
20X6년 12월 31일	11,783	10,000	1,783	100,000

16. ④: 퇴직급여는 해당 직원이 퇴직할 때까지 매 보고기간 말마다 비용으로 인식한다.
17. ③: 우발자산은 보수주의에 의해 재무제표에 자산으로 인식할 수 없고 주석으로만 기재할 수 있다.
18. ②: ②번은 비금융부채(충당부채)이다.
19. ①: 금융부채는 거래상대방에게 확정된 현금 등의 금융자산을 인도하기로 한 계약상의 의무인데, 선수금은 재화나 용역을 제공하는 것이므로 금융부채가 아니다.
20. ③: 선수금과 선수수익은 금융부채가 아니다.

제 10 장

금융자산

1. 금융자산의 의의
2. 단기금융상품
3. 당기손익인식금융자산
4. 상각후원가측정금융자산
5. 기타포괄손익인식금융자산
6. 관계기업투자

제10장 금융자산

1. 금융자산의 의의

금융자산(financial assets)은 현금과 금융상품(finacial instruments)을 의미하며, 이 금융상품은 거래당사자 일방에게 금융자산을 발생시키고 동시에 다른 거래상대방에게 금융부채(financial liabilities)나 지분상품(equity instruments)을 발생시키는 모든 계약을 말한다. 실무적으로는 현금, 대여금, 수취채권, 유가증권(지분상품, 국공채와 사채 등의 채무상품), 금융기관이 취급하는 금융상품(정기예금, 정기적금, 정형화된 금융상품 등) 등을 의미한다. 그러나 회계 상의 금융자산은 기업이 여유자금을 활용할 목적으로 보유하는 것으로 이미 7장에서 단기금융자산까지 설명하였으나, 〈금융자산의 종류〉와 같이 분류하여 설명한다.

〈금융자산의 종류〉

구 분	종 류		
현금 및 현금성자산	현금, 소액현금, 현금성자산, 요구불예금(당좌예금, 보통예금)		
단기금융상품	정기예금, 정기적금, 정형화된 금융상품 등		
금융자산	수취채권*	매출채권	외상매출금, 받을어음
		대여금 등	대여금, 미수금, 미수수익
	당기손익인식금융자산		
	상각후원가측정금융자산		
	기타포괄손익인식금융자산		

* 활성시장의 공시가격이 있으면 수취채권으로 분류하지 않는다. 상각후원가측정금융자산의 정의를 충족하면 상각후원가측정금융자산으로, 최초 인식시점에 이를 당기손익인식금융자산이나 기타포괄손익인식금융자산으로 분류할 수 있다.

2. 단기금융상품

금융자산 중의 **단기금융상품**은 기업이 여유자금을 이식하기 위한 것으로, 만기가 결산일로부터 1년 이내에 도래하는 정기예금, 정기적금과 사용이 제한되어 있는 예금 등이 있다. 이 중 현금성자산 분류조건에 합치되는 경우는 현금성자산으로 분류한다. 그리고 단기금융상품에 금융기관이 취급하는 정형화된 금융상품도 포함이 되는데, 다음과 같은 것이 있다.

예금통장과는 달리 통장에 이름을 쓰지 않는 무기명이며, 중도해지는 불가능하나 양도가 자유로워 현금화가 용이한 유동성이 높은 **양도성예금증서**(certificate of deposit: CD), 주로 금융기관이 채권 또는 국공채 등 상대적으로 안정성이 보장되는 장기채권을 1~3개월 정도의 단기채권 상품으로 만들어, 투자자에게 일정 이자를 붙여 만기에 되사는 것을 조건으로 파는 **환매조건부채권**(repurchase paper: RP), 신용상태가 양호한 기업이 상거래와 관계없이 단기자금을 조달하기 위하여 자기신용을 바탕으로 발행하는 만기가 1년 이내인 융통어음인 **기업어음**(commercial paper: CP), 금융기관이 투자자로부터 예탁금을 받아 수익성이 좋은 기업어음인 CP 할인어음이나 단기국공채, 양도성예금증서 등의 금융상품으로 운용하고 관리하여 발생한 수익금을 투자자에게 되돌려주는 **어음관리구좌**(cash management account: CMA), 고객의 돈을 모아 주로 금리가 높은 CP(기업어음), CD(양도성예금증서), 콜 등 단기금융상품에 집중 투자하여 여기서 얻는 수익을 되돌려주는 실적배당상품인 MMF(money market fund), 금융기관들이 기업이 발행한 진성어음을 할인해 사들인 뒤 이 어음을 근거로 별도의 자체어음을 발행해 일반투자자에게 파는 **표지어음** 등이 있다.

3. 당기손익인식금융자산

당기손익인식금융자산(financial assets at fair value through profit or loss: FVPL금융자산)은 금융자산의 공정가치 평가에서 발생하는 평가손익을 당기손익으로 인식하는 금융자산이다. 이 금융자산 중, **단기매매항목**은 주로 단기간 내의 매매차익을 목적으로 취득한 국공채, 사채, 주식으로서 매수와 매도가 적극적이고 빈번하게 이루어지는 것을 말한다. 그리고 **당기손익인식지정항목**은 기업의 선택(**공정가치 선택권**: fair value option)에 의하여 공정가치로 평가하고 평가손익을 당기손익에 반영하고자 지정한 것이다. 따라서 둘 다 재무상태표에서 유동자산으로 분류된다. 그러나, 활성시장이 없어서 공정가치를 신뢰성 있게 측정할 수 없는 경우에는 평가기법을 이용하여 정상적인 거래에서 독립된 거래당사자 간의 거래가격을 추정한다.

1) 취득원가

당기손익인식금융자산은 취득일에 제공한 대가의 공정가치로 취득원가를 측정한다. 참고로 동일한 금융상품을 수차례에 걸쳐 각각 다른 취득원가로 구입한 경우, 평균법을 적용한다. 취득과정에서 발생하는 거래원가(구입시 제비용)는 당기비용(수수료비용 등)으로 처리한다.

예제 1

(주)CJW쇼핑은 20X7년 7월 15일 단기의 시세차익을 목적으로 주식 ₩10,000을 현금으로 구입하였다. 이때 매입수수료와 증권거래세로 ₩500을 지불하였다. 적절한 분개는?

| 풀이 |

구입시	차변		대변	
20X7. 7. 15	당기손익인식금융자산 수수료비용	10,000 500	현금	10,500

2) 보유수익

당기손익인식금융자산을 보유하는 과정에서 지분증권을 보유하면 현금배당을 받을 권리가 확정되거나 채무증권을 보유하면 기간경과에 따라 이자를 수취할 권리가 발행하는 경우에 수익을 인식한다.

예제 2

예제 1)의 (주)CJW쇼핑은 현금 ₩200을 배당 받았다. 적절한 분개는?

| 풀이 |

배당금수취	차변		대변	
	현금	200	배당금수익	200

3) 기말평가

보고기간 말에도 공정가치로 평가하며, 공정가치변동분은 당기손익에 반영한다. 이는 단기간 내에 실현될 가능성이 높고 보다 목적적합한 정보를 제공하기 때문이다.

보고기간 말 기존의 장부금액과 회계연도 말 공정가치를 비교하여, 즉 공정가치의 증감에 따라 다음과 같이 처리한다.

기말 평가	차변		대변	
증가 (장부금액〈공정가치)	당기손익인식금융자산	××	당기손익인식금융자산 평가이익	××
감소 (장부금액〉공정가치)	당기손익인식금융자산 평가손실	××	당기손익인식금융자산	××

4) 처분

처분에 따른 손익은 처분대가에서 당기손익인식금융자산의 장부금액을 차감한 금액이다.

> 당기손익인식금융자산처분손익 = 처분대가 − 처분 시 장부금액

예제 3

예제 1)의 (주)CJW쇼핑은 20X7년 9월 15일 처분관련 수수료로 ₩200을 지불하고 단기간 보유하던 주식 ₩10,000을 처분하였다. 처분가액이 ₩12,000인 경우와 ₩8,000인 경우 각각 적절한 분개는?

| 풀이 |

처분시	차변		대변	
처분가액〉장부금액 ₩12,000〉₩10,000	현금 수수료비용	12,000 200	당기손익인식금융자산 당기손익인식금융자산 처분이익 현금	10,000 2,000 200
처분금액〈장부금액 ₩8,000〈₩10,000	현금 당기손익인식금융자산 처분손실 수수료비용	8,000 2,000 200	당기손익인식금융자산 현금	10,000 200

참고로 당기손익인식금융자산이 국공채 또는 사채일 때, 이 채무증권을 이자지급일이 아닌 경우에 매매가 이루어지면 최근 이자지급일로부터 거래일까지 **경과이자**가 발생한다. 이 경과이자는 다음과 같이 산출되며 공정가치와 별도로 미수이자 계정으로 처리한다.

$$경과이자 = 액면금액 \times 연이자율 \times \frac{경과일수}{365일}$$

예제 4

(주)CJW쇼핑은 20X7년 8월 31일 단기의 시세차익을 목적으로 사채 ₩10,000을 구입하였다. 연이자율은 6%이며 이자지급일은 12월31일이다. 그리고 10월31일 ₩8,000에 처분하였다. 구입과 처분시 적절한 분개는?

| 풀이 |

구입시 미수이자 = ₩10,000×0.06×(8/12) = ₩400
처분시 이자수익 = ₩10,000×0.06×(2/12) = ₩100

	차변		대변	
구입시	당기손익인식금융자산	10,000	현금	10,400
	미수이자	400		
처분시 (처분금액〈장부금액)	현금	8,000	당기손익인식금융자산	10,000
	당기손익인식금융자산		미수이자	400
	처분손실	2,500	이자수익	100

4. 상각후원가측정금융자산

상각후원가측정금융자산(financial assets carried at amortized cost: AC금융자산)은 만기가 고정되어 있고 지급금액이 확정된 비파생금융상품으로서 기업이 만기까지 보유하고자 하는 의도와 능력을 가진 금융자산(채무상품)이다. 따라서 지분상품은 상각후원가측정금융자산이 될 수 없다. 그리고 회계처리는 9장의 사채발행과 대칭적으로 이루어진다.

1) 취득원가

상각후원가측정금융자산은 시세차익을 획득할 목적으로 투자하지 않으므로 보고기간말의 공정가치로 평가하지 않고 최초 취득시 공정가치(취득원가)로 측정한다. 그리고 취득과정에서 발생한 거래원가는 취득원가에 포함한다. 그러나 이자수취일 사이에 취득하는 경우, 취득대가에 포함된 경과이자를 구분하여 별도로 미수수익으로 인식한다.

예제 5

(주)HALO는 20X6년 1월 1일 다음과 같은 사채를 시장이자율 7% 조건으로 구입하였다. 취득일의 적절한 분개는?

• 발행일 20X6년 1월 1일	• 만기일 20X8년 12월 31일(3년)
• 액면금액 ₩1,000,000	• 이자수령일 연1회(연말)
• 액면이자율 연5%	
• 단일금액의 현재가치(7%) = 0.8163	• 정상연금의 현재가치(7%) = 2.6243

| 풀이 |

연이자 = ₩1,000,000 × 0.05 = ₩50,000

취득가격 = (₩50,000 × 2.6243) + (₩1,000,000 × 0.8163) ≒ ₩947,500

구입시	차변		대변	
20X6. 1. 1	상각후원가측정금융자산	947,500	현금	947,500

2) 보유수익

상각후원가측정금융자산으로 분류되는 채무상품은 만기까지 보유하고 상환기간 동안 지급되는 표시이자 총액과, 취득원가와 액면금액의 차액인 할인 또는 할증차금을 상환기간 동안 이자수익으로 획득할 목적으로 취득한다. 따라서 발생하는 이자수익은 당기수익에 해당하며 유효이자율법에 의해 이자수익(당기수익)을 인식한다.

예제 6

(주)HALO는 예제 5)의 사채 보유기간 동안의 보유수익인 이자수익을 인식하는 분개는?

| 풀이 |

20X6년말 이자수익 = ₩947,500 × 7% ≒ ₩66,300
20X6년말 상각후원가측정금융자산 증가분 = ₩66,300 - ₩50,000 = ₩16,300
20X7년말 이자수익 = (₩947,500 + ₩16,300) × 7% ≒ ₩67,500
20X7년말 상각후원가측정금융자산 증가분 = ₩67,500 - ₩50,000 = ₩17,500
20X8년말 이자수익 = (₩947,500 + ₩16,300 + ₩17,500) × 7% ≒ ₩68,700
20X8년말 상각후원가측정금융자산 증가분 = ₩68,700 - ₩50,000 = ₩18,700

구입시	차변		대변	
20X6년말	현금 상각후원가측정금융자산	50,000 16,300	이자수익	66,300
20X7년말	현금 상각후원가측정금융자산	50,000 17,500	이자수익	67,500
20X8년말	현금 상각후원가측정금융자산	50,000 18,700	이자수익	68,700

3) 기말평가

상각후원가측정금융자산은 상환기간에 걸쳐 유효이자율법으로 상각하여 취득원가와 이자수익에 가감한다. 즉 상각후원가측정금융자산은 **상각후원가**로 평가한다. 상각후원가법은 취득원가에 할인 또는 할증차금의 상각액을 가감한 금액을 의미한다. 그리고 상각후원가측정금융자산은 공정가치로 평가하지 않는다.

상각후원가 = 취득원가 ± 할인 및 할증차금

4) 만기 회수와 처분

상각후원가측정금융자산은 만기일에 사채 발행기업으로부터 액면금액을 지급받게 된다. 부득이한 사정으로 중도에 처분할 경우에는 당기손익인식금융자산의 처분과 동일하게 처리하므로, 처분대가와 장부금액의 차액은 상각후원가측정금융자산처분손익으로서 당기손익을 인식한다. 이자수취일 사이의 처분일 경우에 처분일까지 발생한 경과이자(이자수익)를 인식하여 상각후원가측정금융자산처분손익을 측정한다.

5. 기타포괄손익인식금융자산

기타포괄손익인식금융자산(financial assets at fair value through other comprehensive income: FVOCI금융자산)은 전술한 대여금 및 수취채권, 당기손익인식금융자산이나 상각후원가측정금융자산으로 분류되지 않는 금융자산이다. 즉, 기업이 여유자금을 이용해 장기 투자(원리금 수취, 매도)목적으로 취득한 지분상품이나 채무상품을 모두 이 기타포괄손익인식금융상품으로 분류할 수 있다. 또한 기타포괄손익인식금융상품은 공정가치의 변동을 기타포괄손익(미실현손익)으로 반영하는 특징을 갖고 있다.

1) 취득원가

기타포괄손익인식금융자산은 취득일에 해당 금융상품을 취득하기 위해 제공한 대가의 공정가치를 취득원가로 하며, 이 거래에서 발생한 거래원가는 취득원가에 포함한다. 이는 지분상품의 경우이다. 반면, 채무상품은 상각후원가측정금융자산과 동일한 유효이자율법에 의해 이자수익을 인식하고 추가적으로 공정가치 평가를 적용한다.

구입시	차변		대변	
	기타포괄손익인식금융자산	×××	현금	×××

2) 보유수익

기타포괄손익인식금융자산은 지분상품과 채무상품으로 대별되므로 지분상품 보유 중에 배당 받을 권리가 확정된 시점에 배당금수익(당기수익)을 인식하고 채무상품 보유 중에는 상각후원가측정금융상품과 같이 이자수익이 발생한 시점에 당기수익으로 인식한다.

보유손익	차변		대변	
지분상품	현금	××	배당금수익	××
채무상품	현금 기타포괄손익인식금융자산	×× ××	이자수익	××

3) 기말평가

기타포괄손익인식금융자산은 원칙적으로 공정가치를 재무상태표 가액으로 한다. 따라서, 공정가치와 장부금액(취득시 공정가치 또는 전년도말 공정가치)의 차액은 기타포괄손익인식금융자산평가손익(포괄손익계산서)으로 처리한다. 한편, 보유기간동안 자본항목의 기타포괄손익누계액으로 매년 그 공정가치 변동액을 가감(동일한 기타포괄손익인식금융자산간의 상계)하여 누적표시한다. 즉, 기타포괄손익인식금융자산평가손익의 누적액이 양(+)의 값을 가지면 기타포괄손익인식금융자산평가이익으로 표시하고 반대로 그 누적액이 음(-)의 값을 가지면 기타포괄손익인식금융자산평가손실로 표시한다.

예제 7

(주)청담은 20X6년 1월 1일 ₩100,000에 매입한 기타포괄손익인식금융자산이 20X6년 12월 31일에 공정가치가 ₩120,000으로 상승하였다. 그리고, 20X7년 12월 31일에 공정가치가 ₩90,000으로 하락하였다. 각 연도별 기말평가 분개와 관련 재무제표 표시는?

| 풀이 |

20X6년 12월 31일: 평가이익 = ₩120,000 - ₩100,000 = ₩20,000
20X7년 12월 31일: 평가손실 = ₩90,000 - ₩120,000 = - ₩30,000

평가손익	차변		대변	
20X6.12.31	기타포괄손익인식금융자산	20,000	기타포괄손익인식금융자산 평가이익	20,000
20X7.12.31	기타포괄손익인식금융자산 평가손실	30,000	기타포괄손익인식금융자산	30,000

재무상태표(20X6.1.1~20X6.12.31)

⋮		⋮	
비유동자산:		기타포괄손익누계액:	
기타포괄손익인식금융자산	120,000	기타포괄손익인식금융자산 평가이익	20,000

포괄손익계산서(20X6.12.31)

⋮	
기타포괄손익:	
기타포괄손익인식금융자산평가이익	20,000

재무상태표(20X7.1.1~20X7.12.31)

⋮		⋮	
비유동자산:		기타포괄손익누계액:	
기타포괄손익인식금융자산	90,000	기타포괄손익인식금융자산 평가손실	10,000

포괄손익계산서(20X7.12.31)	
⋮	
기타포괄손익:	
기타포괄손익인식금융자산평가손실	30,000

4) 처분

기타포괄손익인식금융자산을 처분하는 경우, 우선 처분시점에 금융자산을 공정가치로 재측정하고 평가손익을 기타포괄손익으로 인식(기타포괄손익누계액에 누적)한다. 이와 동시에 공정가치로 측정된 기타포괄손익인식금융자산의 장부금액을 제거하면서 처분대가로 받은 현금을 기록한다. 그리고 채무상품 처분 시, 기타포괄손익인식금융자산처분손익은 처분대가에 처분 시 장부금액과 기타포괄손익누계액을 차감하여 인식하고 이를 당기손익에 반영한다. 처분 시 기타포괄손익누계액을 당기손익으로 대체하는 것을 **재순환**이라고 한다. 한편, 지분상품의 처분 시, 기타포괄손익인식금융자산처분손익은 처분대가와 처분 시 장부금액의 차액이며, 기타포괄손익누계액은 처분시점에 당기손익으로 재순환할 수 없다. 그래서 자본의 이익잉여금으로 대체하거나 그대로 기타포괄손익누계액에 남겨둔다.

기타포괄손익인식금융자산처분손익(채무상품)
= 처분대가 - (기타포괄손익인식금융자산 처분 시 장부금액
- 기타포괄손익인식금융자산평가손익)

기타포괄손익인식금융자산처분손익(지분상품)
= 처분대가 - 기타포괄손익인식금융자산 처분 시 장부금액

예제 8

(주)청담은 예제 7)과 같이 취득하여 보유하고 있던 기타포괄손익금융자산(지분상품)을

20X8년 중에 ₩80,000으로 처분하였다. 처분시 적절한 분개는(단, 처분시 공정가치는 직전 결산일과 동일)?

| 풀이 |

기타포괄손익인식금융자산처분손실 = 처분대가(₩80,000) - 장부금액(₩90,000) = - ₩10,000

처분	차변		대변	
처분대가 < 장부금액	현금	80,000	기타포괄손익인식	
	기타포괄손익인식		금융자산	90,000
	금융자산처분손실	10,000		

6. 관계기업투자

보통주는 경영에 참여할 의결권이 있어, 타기업의 보통주를 다량 보유하면 그 기업의 의사결정에 중대한 영향력을 미칠 수 있다. 이 중대한 영향력을 행사할 수 있을 때 그 기업을 **관계기업**이라고 한다.

이 중대한 영향력을 행사(지배, 통제)할 목적으로 지분상품(주식)을 20% 이상을 보유하고 있는 경우에는 금융자산이 아닌 **관계기업투자**로 분류하여 재무상태표의 비유동자산으로 표시하고 지분법을 적용하여 회계처리한다.

참고로 50%를 초과하여 보유하고 있는 경우에도 그 기업을 관계기업투자로 분류하지만, 지배한다고 간주한다. 그래서 이 지분상품을 보유하는 기업은 **지배기업**이라고 하고 그 지분상품을 발행한 기업은 **종속기업**이라고 한다. 이 경우 지배기업은 추가적으로 연결재무제표를 작성해야 한다.

예를 들어 A사가 B사의 주식₩200,000을 취득하여 20%를 보유하게 되었으며, 일정기간 후 B사는 당기순이익을 ₩50,000이라고 보고하였다. 그 후 A사는 B사로부터 현금배당 ₩5,000을 받았다. 이 A사는 **지분법**을 적용하여 다음과 같이 회계처리한다.

관계기업투자	차변		대변	
취득	관계기업투자	200,000	현금	200,000
B사의 보고	관계기업투자	10,000	지분법이익	10,000
	지분법이익 = B사 당기순이익(₩50,000) × 지분율(20%) = ₩10,000			
현금배당수령	현금	5,000	관계기업투자	5,000

01 다음 중 금융자산에 속한다고 보기 어려운 것은?

① 선급금　　② 단기대여금
③ 매출채권 및 기타채권　　④ 당기손익인식금융자산

02 다음 유동자산 중 금융자산에 해당하는 항목만으로 묶인 것은?

㉠ 선급금	㉡ 매출채권	㉢ 단기대여금
㉣ 당기손익인식금융자산	㉤ 현금 및 현금성자산	

① ㉠, ㉡, ㉢　　② ㉡, ㉢, ㉣, ㉤
③ ㉠, ㉢, ㉣　　④ ㉠, ㉣, ㉥

03 다음 중 단기예금(단기금융상품)으로 볼 수 없는 것은?

① 양도성예금증서(CD)　　② 1년 만기 정기예금
③ 여행자수표(TC)　　④ 기업어음(CP)

04 다음 항목 중 단기예금(단기금융상품)에 해당 것은?

① 결산이로부터 만기일이 1년 6개월 후에 도래하는 정기예금
② 취득일로부터 만기가 2년 이후에 도래하는 채권
③ 취득일로부터 상환일까지의 기간이 3개월 이내에 도래하는 상환우선주
④ 결산일로부터 만기일이 6개월 후에 도래하는 정기예금

05 다음은 기타포괄손익인식금융자산으로 인하여 수취한 현금배당액에 대한 회계처리로 옳은 것은?

① 재무상태표에 기타포괄손익누계액으로 표시한다.
② 기타포괄손익인식금융자산의 장부금액을 감소시킨다.
③ 포괄손익계산서에 기타포괄손익으로 표시한다.
④ 포괄손익계산서에 당기수익으로 게재한다.

연습문제

06 포괄손익계산서의 총포괄손익과 당기순손익이 일치하지 않을 수 있는데, 다음 중 그 불일치를 초래하는 항목은?

① 감자차손
② 주식선택권
③ 기타포괄손익인식금융자산평가이익
④ 자기주식처분손익

07 다음 거래에서 당기손익인식금융자산의 취득원가로 적절한 것은?

단기매매차익을 목적으로 (주)영동의 주식 100주(액면가액 단가 ₩10,000)를 ₩1,200,000에 매입하고 매입수수료 ₩100,000과 함께 현금으로 지급했다.

① ₩900,000
② ₩1,200,000
③ ₩1,300,000
④ ₩1,000,000

08 다음 포괄손익계산서 상의 이익 중 성격이 다른 것은?

① 당기손익인식금융자산처분손익
② 당기손익인식금융자산평가손익
③ 기타포괄손익인식금융자산처분손익
④ 기타포괄손익인식금융자산평가손익

09 다음 금융상품에 대한 설명 중 적절한 것은?

① 금융자산을 최초로 취득할 때나 재무제표를 작성하는 보고기간 말에 취득원가로 평가하면 금융자산의 경제적 실질을 잘 나타낼 수 있다.
② 금융자산이 유동자산인지, 비유동자산인지 여부는 취득일로부터 1년 이내에 처분이나 회수기일이 도래하는지 여부로 결정된다.
③ 채무상품과 관련되어 발생한 이자를 보고기간 말에 아직 받지 못했으나 기간이 경과해서 이미 발생한 부분에 대해서는 이자수익으로 인식된다.
④ 지분법적용시 피투자기업으로부터 배당금을 수령하면 기타수익으로 계상된다.

10 다음 거래의 분개로 적절한 것은?

(주)HALO는 단기매매차익을 목적으로 보유하고 있는 (주)안국의 주식 100주를 현금 ₩180,000에 매각하였다. (주)안국 발행 주식의 직전 연도말 장부금액은 ₩200,000이었다.

	차변		대변	
①	현금	₩180,000	당기손익인식금융자산	₩200,000
	당기손익인식금융자산처분손실	20,000		
②	현금	180,000	당기손익인식금융자산	200,000
	수수료비용	20,000		
③	현금	180,000	당기손익인식금융자산	180,000
④	현금	180,000	당기손익인식금융자산	200,000
	이자비용	20,000		

11 (주)FLOREAD는 단기적 이익획득을 목적으로 주식 ₩100,000을 현금으로 매입하였으며, 이 주식의 취득을 위해 직접적으로 관련된 수수료 ₩20,000을 현금으로 지급하였다. 다음 중 적절한 분개는?

	차변		대변	
①	당기손익인식금융자산	₩120,000	현금	₩120,000
②	기타포괄손익인식금융자산	120,000	현금	120,000
③	당기손익인식금융자산	100,000	현금	120,000
	수수료비용	20,000		
④	상각후원가측정금융자산	100,000	현금	120,000
	수수료비용	20,000		

연습문제

12 기업이 기타포괄손익인식금융자산 중 채무상품을 보유하고 있을 경우, 기말의 회계처리 시 다음 중 가장 먼저 인식해야 할 항목은?

① 이자수익　　② 기말 장부금액
③ 평가손익　　④ 기타포괄손익누계액

13 (주)CJW.com은 비교적 장기 보유할 목적으로 (주)서울의 주식을 ₩240,000에 취득하고 수수료비용으로 ₩10,000을 지급하였다. 다음 중 적절한 분개는?

	차변		대변	
①	당기손익인식금융자산 수수료비용	₩240,000 10,000	현금	₩250,000
②	기타포괄손익인식 금융자산	250,000	현금	250,000
③	당기손익인식금융자산	250,000	현금	250,000
④	상각후원가측정 금융자산	250,000	현금	250,000

14 (주)ISF.net Korea는 (주)CIW.com을 지배할 목적으로 주식 100주(액면가액 @₩5,000)를 1주당 ₩7,000에 매입하고 수표를 발행하여 지급하였다. 다음 중 적절한 분개는?

	차변		대변	
①	당기손익인식금융자산	₩500,000	당좌예금	₩500,000
②	기타포괄손익인식 금융자산	700,000	현금	700,000
③	관계기업투자	500,000	현금	500,000
④	관계기업투자	700,000	당좌예금	700,000

연습문제

15 (주)청담이 20X5년 중 ₩200,000에 취득한 기타포괄손익인식금융자산(지분상품)은 20X5년 말 공정가치가 ₩180,000이었으며, 20X6년말 공정가치가 ₩210,000이었고 20X7년 말 공정가치가 ₩220,000이었다. 20X7년말 재무상태표에 기타포괄손익누계액은?

① 기타포괄손익인식금융자산평가이익 ₩40,000
② 기타포괄손익인식금융자산평가손실 ₩40,000
③ 기타포괄손익인식금융자산평가이익 ₩20,000
④ 기타포괄손익인식금융자산평가손실 ₩20,000

16 다음은 (주)AURA.com이 취득한 주식에 대한 자료이다. 주식의 처분시점에 인식하는 처분손익은?(단, (주)AURA.com은 취득한 주식을 기타포괄손익인식금융자산으로 기록하고 있으며 결산일마다 시가를 이용하여 적절하게 평가하고 있다. 처분시점 시가는 직전 결산일 시가와 동일하다.)

- 20X6년 10월 5일 주식취득 ₩200,000
- 20X6년 12월 31일 결산일 시가 ₩190.000
- 20X7년 4월 15일 주식 모두 ₩220.000에 처분

① 처분이익 ₩30,000
② 처분손실 ₩20,000
③ 처분손실 ₩20,000
④ 처분이익 ₩30,000

17 (주)AAAtec이 보유하고 있는 금융자산 관련자료는 다음과 같다. 이 자료에 의하여 20X7년 당기순이익에 미치는 영향은 얼마인가?

- 20X6년 10월 1일 A주식 10주 주당 ₩200에 취득
- 20X6년 12월 31일 A주식 시가 주당 ₩300으로 상승
- 20X7년 5월 16일 B주식 20주 주당 ₩150에 취득
- 20X7년 12월 1일 A주식 5주 주당 ₩250에 처분
- 20X7년 12월 31일 A주식 시가 주당 ₩500, B주식 주당 ₩250으로 상승
- 위 주식들은 당기손익인식금융자산이며, 결산일은 12월 31일이다.

① ₩1,250 이익
② ₩2,750 이익
③ ₩3,250 이익
④ ₩3,500 이익

연습문제

18 12월 31일이 결산일인 (주)7호선은 20X6년 1월 1일에 다음의 조건으로 발행된 공채를 ₩947,516에 취득하여 만기까지 보유하기로 하였다. 유효이자율은?

• 발행일 20X6년 1월 1일	• 액면금액 ₩1,000,000
• 액면이자율 연5%	
• 이자지급일 매년 12월31일	• 상환일: 20X8년12월31일

① 7% ② 5%
③ 9% ④ 8%

19 18번 문제와 관련하여 20X6년 12월 31일에 (주)7호선이 보유하는 상각후원가측정금융자산에 대해 인식해야 할 이자수익은?(단, 다음 중 가장 근사치를 구하라.)

① ₩47,400 ② ₩50,000
③ ₩66,300 ④ ₩70,000

20 (주)MJ Korea는 보유한 상각후원가측정금융자산의 20X7년 초의 장부금액은 ₩94,000이고 취득시 유효이자율은 10%이다. 20X7년 말 현금이자(액면이자)가 ₩8,000이었다면 20X7년 말 상각후원가(장부금액)는?

① ₩108,000 ② ₩100,000
③ ₩95,400 ④ ₩110,000

정답 및 풀이

1. ①: 선급금과 선급비용은 금융자산이 아니다.
2. ②: 금융자산은 현금 및 현금성자산, 매출채권 및 기타채권, 기타금융자산 등이다.
3. ③: 여행자수표(TC)는 통화대용증권으로 회계 상 현금에 해당한다.
4. ④: ①②은 정기예금이며, ③은 현금성자산이다.
5. ④: 당기손익인식금융자산, 기타포괄손익인식금융자산 등의 지분상품에서 발생하는 배당금수익은 보유이익으로 당기손익으로 인식한다.
6. ③: 총포괄손익은 당기순손익과 기타포괄손익누계액을 포함한다. 기타포괄손익누계액은 손익거래 중 미실현손익의 집합계정으로서 기타포괄손익인식금융자산평가이익, 해외사업장환산손익, 현금흐름위험회피파생상품평가이익 등이 있다. 감자차손과 주식선택권과 자기주식처분손익은 자본조정항목이다.
7. ②: 당기손익인식금융자산을 매입할 때 지급하는 수수료는 당기비용으로 처리한다.
8. ④: 당기손익인식금융자산처분손익, 당기손익인식금융자산평가손익, 기타포괄손익인식금융자산처분손익은 당기손익에 해당되지만, 기타포괄손익인식금융자산평가손익은 기타포괄손익에 해당한다.
9. ③: 금융자산의 평가는 보고기간 말 공정가치로 하며, 유동 · 비유동의 구분은 보고기간 말을 기준으로 한다. 지분법적용시 피투자기업으로부터 배당금을 수령하면 관계기업투자 계정에서 차감하여 표시한다.
10. ①: 장부금액 ₩200,000의 주식을 ₩180,000에 처분하면 당기손익인식금융자산처분손실이 ₩20,000이다.
11. ③: 단기적 이익획득 목적으로 주식을 매입하면 당기손익인식금융자산이며, 구입시 수수료는 당기비용으로 수수료비용을 별도 표시한다.
12. ①: 기타포괄손익인식금융자산 중 채무상품은 기말에 우선적으로 유효이자율법에 의한 이자수익을 인식한 다음, 당해연도말 장부금액을 조정한다. 그리고 공정가치를 파악하여 기타포괄손익인식금융자산평가손익을 인식하며, 기타포괄손익누계액(재무상태표)을 산출한다.
13. ②: 기타포괄손익인식금융자산과 상각후원가측정금융자산은 취득시 수수료비용 등 거래원가를 취득원가에 포함시킨다. 그리고 장기보유 목적이라도 지분상품은 만기보유금융자산으로 분류할 수 없다.
14. ④: 중요한 영향력 행사(20% 이상 취득)나 지배할 목적(50%초과)으로 취득한 주식은 관계기업투자 계정으로 분류한다.
15. ③: 20X5년말 기타포괄손익인식금융자산평가손실이 ₩20,000(=180,000-200,000), 20X6년말 기타포괄손익인식금융자산평가이익이 ₩30,000(=210,000-180,000) 이고 20X7년말 기타포괄손익인식금융자산평가이익이 10,000(=220,000-210,000) 이다. 따라서 기타포괄손익누계액은 평가이익 ₩20,000이다.
16. ①: 기타포괄손익인식금융자산의 처분 시, 지분상품은 평가손익을 당기손익에 반영할 수 없고 이익잉여금이나 기타자본항목으로 대체한다.

20X6년 12월 31일

기타포괄손익인식금융자산처분이익 = 220,000 − 190,000 = ₩30,000

17. ②: 20X7년 A주식 처분손실 = 5주 × (250 − 300) = ₩250

20X7년 A주식 평가이익 = 5주 × (500 − 300) = ₩1,000

20X7년 B주식 평가이익 = 20주 × (250 − 150) = ₩2,000

20X7년 당기손익인식금융자산 관련 이익 = 1,000 + 2,000 − 250 = ₩2,750

18. ①: 9장의 사채에서 학습한 아래의 방정식을 풀면 r = 7%라는 유효이자율을 구할 수 있다.

$$₩947,516 = \frac{50,000}{(1+r)} + \frac{50,000}{(1+r)^2} + \frac{50,000}{(1+r)^3} + \frac{1,000,000}{(1+r)^3}$$

19. ③: ₩947,516 × 7% ≒ ₩66,326으로 계산되나 근사치는 ₩66,300이다.

20. ③: 20X7년말 이자수익 = 20X7년 초의 장부금액 ₩94,000 × 10% = ₩9,400

20 X 7년말 상각액(장부금액 증가) = 이자수익 ₩9,400−현금이자 ₩8,000 = ₩1,400

20 X 7년말 상각후원가 = 20X7년 초의 장부금액 ₩94,000+₩1,400 = ₩95,400

제 11 장

자본

1. 자본의 의의
2. 자본의 구성
3. 증자와 감자거래
4. 배당
5. 주당이익

제11장 자 본

1. 자본의 의의

1) 자본의 본질

자본(stockholders' equity)은 기업의 자산에서 부채를 차감한 잔여지분(순자산)이다. 잔여지분은 기업의 소유자에게 귀속되는 것으로, 자본을 소유주지분 또는 주주지분이라고 한다. 지분(equity)은 기업에 자금을 제공한 소유주와 채권자들이 갖게 되는 기업실체가 보유한 자산에 대한 청구권을 일컬으며, 채권자의 지분을 부채라고 하고 소유주의 지분을 자본이라고 한다.

2) 자본의 변동

자본의 변동은 〈기본적인 자본의 변동〉과 같이 크게 자본거래 발생항목과 손익거래 발생항목으로 나눌 수 있다. 우선, 자본거래는 거래대상이 기업실체의 주주(또는 잠재적 주주)이며, 거래 관련항목이 기업실체가 발행하는 주식이 되는 거래를 말한다. 이러한 소유주원천의 자본거래에서 발생하는 자본항목은 자본금, 자본잉여금, 자본조정으로 구분된다.

손익거래는 기업실체의 순자산 변동 중 소우주원천의 자본거래를 제외한 나머지 거래에서 발생한 순자산의 변동을 일컬으며, 총포괄포괄손익에 해당한다. 총포괄손익은 실현여부에 따라 당기순이익과 기타포괄손익으로 구분한다. 실현된 당기순이익 중 기업실체에 유보시키는 **이익잉여금**, 미실현된 기타포괄손익은 **기타포괄손익누계액**으로 누적표시한다. 따라서 손익거래 발생항목은 최종적으로 기타포괄손익누계액과 이익잉여금으로 된다.

〈기본적인 자본의 변동〉

<table>
<tr><td rowspan="3">자본거래</td><td>자본금</td><td>발행주식수 X 1주당 액면금액</td></tr>
<tr><td>자본잉여금</td><td>자본거래 이익</td></tr>
<tr><td>자본조정</td><td>소유주원천의 자본거래에서 발생하는 항목으로 자본금과 자본잉여금으로 분류할 수 없는 항목</td></tr>
<tr><td rowspan="2">손익거래</td><td>기타포괄손익누계액</td><td>미실현된 손익거래</td></tr>
<tr><td>이익잉여금</td><td>실현된 손익거래</td></tr>
</table>

2. 자본의 구성

자본은 근본적으로 자본조달원천에 의해서 분류된다. KIFRS에서는 자본을 납입자본, 이익잉여금, 기타자본구성요소로 구성되어 있으나, 우리나라 기존의 기업회계기준, 상법 등을 고려한 분류는 〈자본의 분류〉와 같다.

1) 자본금

자본금은 주주가 납입한 자본 중 상법의 규정에 따라 그 주식의 액면금액에 해당하는 부분으로, 기업실체가 발행한 주식의 총수에 1주당 액면금액을 곱한 금액이다. 이 금액의 의미는 채권자를 위하여 기업실체가 보유하여야 하는 최소한의 담보액이다.

기업이 발행하는 주식은 크게 보통주(common stock)와 우선주(preferred

stock)로 나누어지며, 이러한 주식을 발행한 경우, 각각 보통주자본금과 우선주자본금으로 나누어진다. 여기서 **보통주**는 주식 중 가장 기본이 되는 주식으로 의결권을 행사할 수 있고 이익배당청구권, 잔여재산청구권, 신주인수권 등이 있는 주식이다.

〈자본의 분류〉

<table>
<tr><th>대분류</th><th>중분류</th><th colspan="2">소분류</th></tr>
<tr><td rowspan="5">납입자본</td><td rowspan="2">자본금</td><td colspan="2">보통주자본금</td></tr>
<tr><td colspan="2">우선주자본금</td></tr>
<tr><td rowspan="3">자본잉여금</td><td colspan="2">주식발행초과금</td></tr>
<tr><td colspan="2">감자차익</td></tr>
<tr><td colspan="2">자기주식처분이으</td></tr>
<tr><td rowspan="11">기타자본
구성요소</td><td rowspan="6">자본조정</td><td rowspan="5">차감</td><td>주식할인발행차금</td></tr>
<tr><td>감자차손</td></tr>
<tr><td>자기즈식</td></tr>
<tr><td>자기주식처분손실</td></tr>
<tr><td>기타</td></tr>
<tr><td>가산</td><td>미교부주식배당금</td></tr>
<tr><td rowspan="5">기타포괄손익누계액</td><td colspan="2">기타포괄손익인식금융자산평가손익</td></tr>
<tr><td colspan="2">해외사업환산손익</td></tr>
<tr><td colspan="2">현금흐름위험회피 파생상품평가손익</td></tr>
<tr><td colspan="2">재평가잉여금</td></tr>
<tr><td colspan="2">기타</td></tr>
<tr><td rowspan="3">이익잉여금</td><td>법정적립금</td><td colspan="2">이익준비금</td></tr>
<tr><td>임의적립금</td><td colspan="2">사업확장적립금, 감채적립금, 배당평균적립금, 퇴직급여적립금, 결손보전적립금, 별도적립금</td></tr>
<tr><td colspan="3">미처분이익잉여금(전기이월미처분이익잉여금 + 당기순이익 중 유보이익)</td></tr>
</table>

반면, **우선주**는 보통주보다 이익배당우선권, 잔여재산분배우선권, 보통주로의 전환우선권 등이 부여된 주식으로서 일반적으로 의결권이 제한되어 있다. 이익배당우선권이 부여된 우선주에는 누적적 우선주, 비누적적 우선주, 참가적 우선주, 비참가적 우선주로 분류된다.

〈우선주의 종류〉

이익배당 우선주	누적적 우선주	결손 발생 시 약정에 의한 배당률을 지급하지 못했을 때, 차기 연도에 누적하여 배당을 받을 수 있는 권리가 있는 우선주
	비누적적 우선주	한번 약정에 의한 배당을 받지 못하면 차기 연도에 이월하여 받을 수 없는 우선주
	참가적 우선주	우선 일정한 배당을 받고 보통주에 배당하고 남은 이익에 대하여 보통주와 동일한 배당률이 되게 추가적으로 배당을 받을 수 있는 권리가 부여된 우선주
	비참가적 우선주	약정된 배당금을 받고 나면 모두 보통주에게 귀속되는 우선주
전환우선주	우선주를 보유하는 주주의 의사에 의하여 보통주로 전환할 수 있는 권리가 부여된 우선주	
상환우선주	일정기간이 지나서 특정시점에 약정된 금액으로 상환하거나 우선권을 해제할 수 있는 우선주	

한편, 주식회사를 설립할 때에는 발기설립과 모집설립 두 가지 방법이 있다. 주식회사를 설립할 때 발행할 주식 전부를 발기인이 모두 인수하고 주식 금액을 받아 설립하는 방법을 **발기설립**이라고 하며, 발행할 주식 중 일부를 발기인이 인수하고 나머지를 일반투자가에게 공모하는 방법을 **모집설립**이라고 한다. 여기서 모집설립의 예를 예제 1)로 확인해본다.

또한, 상법 규정에 따라 회사가 발행할 주식 총수, 1주의 금액, 설립 시 발행할 주식의 총수를 정관에 기재하여야 한다. 이때 회사가 발행할 주식 총수를 **수권자본**이라 하며, 회사는 설립 시 수권주식의 1/4 이상을 발행하고 나머지는 이사회의 결의에 의하여 발행할 수 있는데 이 제도를 수권자본제도라고 한다.

예제 1

(주)청담은 20X6년 말에 액면금액 ₩5,000의 보통주 1,000주를 발행 총주식수로 하고 이 중 400주를 액면발행하여 설립하기로 결정하고 응모자들로부터 청약증거금을 받았다. 그리고 20X7년 1월 4일 상기의 청약증거금을 주식 납입금에 충당하고 청약자에게 주식을 교부하였다. 각 기간의 적절한 분개는?

| 풀이 |

	차변		대변	
20X6년 말	현금	2,000,000	신주청약증거금	2,000,000
20X7년 1월 4일	신주청약증거금	2,000,000	자본금	2,000,000

2) 자본잉여금

자본잉여금은 증자, 감자, 자기주식거래 등 자본거래에서 발생한 이익을 말한다. 자본거래는 포괄손익계산서를 거치지 않고 직접 재무상태표에 기재되는 것이 특징이다. 〈자본의 분류〉에서 보듯이 자본잉여금에는 주식발행초과금, 감자차익, 자기주식처분이익 등이 있다. 이러한 자본잉여금은 자본금으로 전입(무상증자)하거나 결손보전 이외의 목적으로는 사용할 수 없다. 따라서 어떤 경우이든 배당 재원으로는 사용할 수 없다.

(1) 주식발행초과금

주식발행초과금은 주식발행금액이 액면금액을 초과하는 경우, 그 초과액이다. 반대로 주식발행금액이 액면금액에 미달하는 경우에는 주식할인발행차금이라고 한다. 이러한 주식할인발행차금이 존재하는 경우, 동 금액과 상계한 후의 순액으로 주식발행초과금을 표시한다.

(2) 감자차익

주식의 소각에 필요한 금액(상환금액 또는 주금반환액)이 최초발행금액에 미달할 경우(재취득금액<발행금액)에 상환이익이 발생한다. 이 상환이익을 감자차익이라고 한다. 감자차손이 존재하는 경우, 동 금액과 상계한 후의 순액으로 감자차익을 표시한다.

(3) 자기주식처분이익

자기주식처분이익은 자기주식을 처분 시 처분대가가 취득원가를 초과하는 경우 그 초과액을 말한다. 자기주식처분손실이 존재하는 경우, 동 금액과 상계한 후의 순액으로 자기주식처분이익을 표시한다.

3) 자본조정

자본조정은 주금(주식발행금액)의 납입, 소유주원천의 자본거래에서 순자산(자본)의 증감을 가져오는 거래는 발생하였으나 자본금과 자본잉여금으로 분류할 수 없는 항목이다.

(1) 주식할인발행차금

주식할인발행차금은 주식발행초과금이 존재하는 경우 동 금액을 상계한 후의 순액으로 표시한다. 미상계된 주식할인발행차금 잔액이 존재하는 경우는 자본차감계정으로 주주총회 결의에 의한 이익잉여금처분사항이다. 처분할 이익잉여금이 부족한 경우 차기 이후에 이월하여 상계 · 처분할 수 있다.

(2) 감자차손

주식의 소각에 필요한 금액(상환금액 또는 주금반환액)이 최초발행금액을 초과하는 경우(재취득금액>발행금액)에 상환손실이 발생한다. 이 상환손실을 **감자차손**이라고 한다. 감자차익이 존재하는 경우 동 금액과 상계한 후의 순액으로 감자차손을 표시한다. 그리고 남은 감자차손은 결손금처리시점에 처분하거나 이월하여 상계할 수 있다.

예제 2

(주)청담은 액면금액 5,000원의 보통주 200주를, 주당 5,000원에 발행한 경우, 주당 7,000원에 발행한 경우, 주당 4,000원에 발행한 경우 각 분개는?

| 풀이 |

발행금액	차변		대변		비고
5,000원	당좌예금	1,000,000	자본금	1,000,000	액면발행
7,000원	당좌예금	1,400,000	자본금 주식발행초과금	1,000,000 400,000	할증발행
4,000원	당좌예금 주식할인발행차금	800,000 200,000	자본금	1,000,000	할인발행

(3) 자기주식

자기주식은 회사가 이미 발행한 주식을 일정한 사유나 특정 목적으로 재취득하여 보유하고 있는 주식을 일컫는다. 자기주식은 자본에서 차감하는 형식으로 표시한다. 상법상 자기주식 취득이 원칙적으로 금지되어 있지만, 타기업과 사업결합을 할 경우, 회사의 권리를 실행함에 있어서 그 목적을 달성하기 위하여 필요한 경우, 주주가 주식매수청구권을 행사한 경우, 단주의 처리 등의 특정 목적에 의한 자사주 취득을 허용하고 있다.

(4) 자기주식처분손실

자기주식처분손실은 자기주식의 처분 시 처분대가가 취득원가보다 작을 경우 그 차액을 말하는 것으로 자기주식처분이익이 존재하는 경우 동 금액을 상계한 후의 금액으로 표시한다. 그리고 남은 자기주식처분손실은 결손금처리시점에 처분하거나 이월하여 상계할 수 있다.

예제 3

다음의 자료를 보고 20X7년 자기주식의 취득과 소각에 대한 거래를 회계처리(KIFRS의 원가법)하라.

1월　1일	보통주 자본금 ₩10,000, 주식발행초과금 ₩2,000, 이익잉여금 ₩1,000
4월　1일	자기주식 10주를 주당 ₩700에 취득하였다. 취득한 자기주식은 주당 ₩600(주당 액면금액 ₩500)에 발행한 보통주이다.
12월　1일	4월 1일에 취득한 자기주식 5주를 소각하였다.
12월 31일	4월 1일에 취득한 자기주식 나머지 5주를 ₩800에 재발행했다.

| 풀이 |

4월　1일: 자기주식취득액 = 10주 × ₩700 = ₩7,000
12월　1일: 자기주식소각액 = 5주 × ₩700 = ₩3,500
자본금감자액 = 5주 × ₩500 = ₩2,500
감자차손 = 5주 × (₩700 - ₩500) = ₩1,000
12월 31일: 자기주식처분액 = 5주 × ₩800 = 4,000
자기주식재발행액 = 5주 × ₩700 = 3,500
자기주식처분이익 = 5주 × (₩800 - ₩700) = ₩500

	차변		대변	
4월　1일	자기주식	7,000	현금	7,000
12월　1일	자본금 감자차손	2,500 1,000	자기주식	3,500
12월 31일	현금	4,000	자기주식 자기주식처분이익	3,500 500

(5) 미교부주식배당금

미교부주식배당금은 주주총회에서 주식배당을 결의한 경우 실제로 주식배당이 이루어지기 전까지 계상되는 자본항목이다. 실제로 주식배당이 이루어지면 동 금액을 자본금으로 대체한다.

4) 기타포괄손익누계액

재무상태표의 기타포괄손익누계액은 재무상태표일(작성일) 현재 기타포괄손익이 누적된 잔액이다. 한편, 포괄손익계산서의 기타포괄손익은 일정기간(대개 한 회계연도)의 변동액을 의미한다.

(1) 기타포괄손익인식금융자산평가손익

기타포괄손익인식금융자산평가손익은 보고기간말 현재 공정가치로 평가함에 따라 발생하는 미실현손익항목이다. 해당 기타포괄손익인식금융자산이 처분되거나 손상되는 시점에서 당기손익으로 대체한다.

(2) 해외사업환산손익

외화표시 재무제표를 표시통화로 환산하는 경우에 발생하는 미실현손익항목이다. 이는 해외사업장의 폐쇄, 청산 또는 매각시점에 당기손익으로 대체된다.

(3) 현금흐름위험회피 파생상품평가손익

미래현금흐름 변동위험을 감소시키기 위하여 투자한 파생상품을 기말에 공정가치로 평가하면서 발생한 평가손익이다.

(4) 재평가잉여금

유형자산이나 무형자산은 취득 시 취득원가로 인식되나, 취득 이후에 재평가모형을 채택하여 공정가치로 평가할 수 있다. 이때 재평가잉여금은 자산의 장부금액이 재평가로 인하여 증가되는 경우에 그 증가액을 의미한다.

5) 이익잉여금

이익잉여금이란 기업이 벌어들인 이익 중에 일부를 사내에 누적적으로 유보한 유보이익(retained earnings)이다. 즉, 매년 당기순손익에서 배당 또는 자본항목의 상각 등으로 사용한 금액을 차감한 잔액이다. 이익잉여금은 재무상태표에 법정적립금, 임의적립금, 미처분이익잉여금으로 구분하여 표시한다.

(1) 법정적립금

법정적립금은 법령에 의해 의무적으로 적립된 이익잉여금을 일컫는다. 상법에서는 이익준비금이라고 하여 기업보호정책의 일환으로 자본금의 1/2에 달할 때까지 현금배당금의 10% 이상을 의무적으로 적립(유보)한다. 법정적립금은 자본전입, 결손보전의 목적 이외에는 사용이 제한되며 자본금의 1/2(50%)를 초과하면 그 초과액은 임의적립금으로 본다.

(2) 임의적립금

임의적립금이란 회사의 선택에 따라 임의적으로 적립된 이익잉여금을 말한다. 또한 주주총회의 승인을 통해 언제든지 미처분이익잉여금으로 이입하여 배당의 재원 등으로 사용할 수 있다는 점에서 사용제한이 있는 법정적립금과는 다르다.

(3) 미처분이익잉여금

미처분이익잉여금이란 회사가 창출한 실현손익 중 배당, 적립 또는 자본조정항목의 상각 등으로 사용되지 않고 남아 있는 이익잉여금을 말한다. 즉, 법정적립금이나 임의적립금으로 적립되지 않은 금액이다. 이 금액이 (-)인 경우를 미처리결손금이라 한다. 미처리결손금은 결손금 보전순서에 따라 처리하여 소멸시키거나 차후연도로 이월된다. 결손금 보전은 임의적립금, 법정적립금, 자본잉여금 순으로 처리한다.

3. 증자와 감자거래

1) 유상증자

주식발행 대가로 자산의 유입이 있는 자본거래인 실질적 증자를 유상증자라고 하며, 이 증자는 현금출자와 현물출자로 이루어진다. 현금출자는 기업이 주식을 발행하여 교부하는 대가로 현금을 수령하는 자본거래이고 현물출자는 자산을 받는 자본거래이다. 현물출자 시 주식의 발행금행은 취득한 자산의 공정가치로 측정하며, 공정가치가 불확실한 경우에는 교부한 주식의 공정가치로 측정한다.

2) 무상증자

주식발행 대가로 자산의 유입이 없는 자본거래인 형식적 증자를 **무상증자**라고 하며, 이사회의 결의에 따라 자본잉여금이나 법정적립금을 재원으로 하여 무상으로 주식을 발행하는 거래이다.

3) 유상감자

주식의 소각에 의한 실질적 감자로서 주식소각의 대가로 주주에게 현금 등을 지급하여 기업의 순자산(자본)이 감소가 수반되는 자본거래를 **유상감자**라고 한다. 이때 재취득금액(주식상환금액)과 발행금액 차이를 감자차익 또는 감자차손이라고 한다.

4) 무상감자

결손보전 등의 목적으로 주주에게 상환대가의 지급 없이 무상으로 주식을 상환시켜 소각하는 자본거래로서, 명목상으로만 자본금이 감소되는 형식적 감자를 **무상감자**라고 한다. 방법으로서는 주식수를 그대로 두고 액면금액을 일괄적으로 감액시키거나, 주식수를 일정비율로 감소시키는 방법이 있다.

4. 배당

배당(dividends)이란 주주들의 납입자본을 토대로 영업활동을 수행하여 획득한 이익을 주주들에게 투자에 대한 보상(return on investment)의 의미로 지급하는 것이다. 따라서 배당은 항상 이익잉여금에서 지급되어야 하며 납입자본에서 지급되어서는 안 된다. 지급형태는 현금배당, 주식배당, 현물배당 어음배당 등이 있는데, 여기서 현금배당과 주식배당에 대하여 설명한다. 배당원천에 따라 이익잉여금에서 지급하는 정상적인 배당과 자본잉여금에서 지급하는 청산배당 등으로 구분된다.

1) 현금배당

배당의 일반적인 형태는 현금으로 지급하는 것으로 기업이 창출한 이익을 주주들에게 현금으로 지급하는 자본거래이다. 중간배당은 이사회의 결의로 실시할 수 있으며, 정기배당은 주주총회의 결의로 실시할 수 있다. 배당에서 회계상 중요한 의미를 갖는 시점은 배당기준일, 배당선언일, 배당지급일이다.

배당기준일(date of record)은 배당받을 권리가 있는 주주를 확정짓는 날이다. 일반적으로 결산일을 기준으로 하며, 배당기준일에 주주명부에 기록된 주주에 한해서 배당금이 지급되며 이후에 취득한 주식의 주주는 배당락(ex - dividend)이 된 상태이므로 배당을 받을 수 없다.

배당선언일(date of declaration, 배당결의일)은 배당의무 발생일로서 주주총회의 결의에 의하여 배당의무가 발생한다. 배당재원인 미처분이익잉여금(자본)을 차감하고 미지급배당금(유동부채)으로 계상한다.

	차변		대변	
배당선언일	미처분이익잉여금	×××	미지급배당금	×××
배당지급일	미지급배당금	×××	현금	×××

배당지급일(date of payment)은 기업이 실제로 배당금을 지급하는 날로서, 현금(자산)을 지급하고 미지급배당금(부채)을 차감 처리한다.

2) 주식배당

주식배당은 기업이 자금부족 상태에 있을 경우(현금보유가 충분하지 못한 경우), 배당가능한 미처분이익잉여금을 자본화할 목적으로 수권주식수의 범위 내에서 현금 대신 주식으로 배당하는 자본거래를 일컫는다. 주식배당은 중간배당으로 이루어질 수 없으며, 정기배당으로만 실시할 수 있다. 그리고 이익배당총액의 1/2를 초과하여 주식배당할 수 없으며, 처리방법에는 시가법과 액면금액법이 있다. **시가**

법은 배당선언일의 시가에 해당하는 금액만큼 이익잉여금을 자본금과 자본잉여금(주식발행초과금)으로 대체시키는 방법이다. **액면금액법**은 주식의 액면금액에 해당하는 금액을 이익잉여금에서 자본금으로 대체시키는 방법이다.

		차변		대변	
배당선언일		미처분이익잉여금	XXX	미교부주식배당금	XXX
배당 지급일	시가법	미교부주식배당금	XXX	자본금 주식발행초과금	XXX XX
	액면금액법	미교부주식배당금	XXX	자본금	XXX

3) 주식배당, 무상증자, 주식분할, 주식병합의 비교

주식배당은 자본의 구성요소 간의 금액변동을 가져온다. 이익잉여금이 감소함에 따라 주식으로 배당된 자본금이 증가하기 때문이다. 무상증자는 자본의 증감이 없으나, 자본금이 증가하는 대신 이익잉여금과 자본잉여금이 감소할 수 있다. 주식분할은 자본의 증가 없이 기존 주식을 여러 개로 세분화하여 발행주식 총수를 늘리는 것이다. 주식병합은 자본 및 자본금, 자산의 증감이 없이 이미 발행된 기존의 여러 주식을 합하여 발행주식수를 줄이는 것이다.

〈주식배당, 무상증자, 주식분할, 주식병합의 비교〉

항목	주식배당		무상증자	주식분할	주식병합
	시가법	액면금액법			
발행주식수	증가		증가	증가	감소
주식액면금액	불변		불변	감소	증가
자본(순자산)	불변		불변	불변	불변
자본금	증가		증가	불변	불변
자본잉여금	증가	불변	감소가능	불변	불변
이익잉여금	감소		감소가능	불변	불변

5. 주당이익

주당이익(earnings per share: EPS)은 기업이 발행한 보통주 1주에 분배할 수 있는 실현된 이익의 크기를 나타낸다. 그리고 기업의 재무성과를 기간 간 또는 기업 간 비교가 가능하도록 하여 유용한 정보를 제공한다. KIFRS 제1033호에 의하여 이 주당이익 정보를 포괄손익계산서 본문 하단에 표시하고 그 산출근거를 주석에 기재하도록 규정하고 있다.

주당이익은 보통주 주주에게 귀속되는 당기순손익을 그 기간에 유통된 보통주 식수로 나누어 계산된 보통주 1주당 이익을 의미한다. 이 주당순손익은 다음과 같이 계산된다.

$$\text{주당순손익} = \frac{\text{보통주 당기순손익}}{\text{연간 평균 유통주식수}} = \frac{\text{당기순손익} - \text{우선주배당금 등}}{\text{연간 평균 유통주식수}}$$

연습문제

01 다음 중 주식에 대한 설명이다. 이중 적절하지 않은 것은?

① 보통주는 의결권이 있는 주식이다.
② 우선주는 이익배당에 있어 보통주에 비하여 특정 권리를 우선 보장받는 주식이다.
③ 참가적 우선주는 사전에 정해진 일정배당률에 미달하여 배당금을 받은 경우, 수령하지 못한 배당금을 나중에 우선적으로 받을 수 있는 권리가 있는 우선주이다.
④ 우선주에는 누적적 우선주와 참가적 우선주가 있다.

02 다음 중 자본잉여금에 해당하는 것만으로 묶인 것은?

㉠ 주식발행초과금	㉡ 이익준비금	㉢ 주식할인발행차금
㉣ 감자차익	㉤ 미처분이익잉여금	㉥ 자기주식처분이익

① ㉠, ㉡, ㉢　　② ㉠, ㉣, ㉥
③ ㉠, ㉢, ㉣　　④ ㉢, ㉣, ㉥

03 다음 중 자본조정과 관련 있는 것을 모은 것은?

㉠ 자기주식	㉡ 이익준비금	㉢ 주식발행초과금	㉣ 주식할인발행차금

① ㉠, ㉣　　② ㉠, ㉢
③ ㉠, ㉡　　④ ㉡, ㉢

04 다음 항목 중 자본이 증감될 수 있는 것을 모아 놓은 것은?

㉠ 주식배당	㉡ 주식병합	㉢ 해외사업환산손실 발생	㉣ 자기주식 취득

① ㉠, ㉡　　② ㉡, ㉢
③ ㉠, ㉣　　④ ㉢, ㉣

연습문제

05 다음은 미처분이익잉여금 처분항목이다. 그 처분순서로 바르게 나열된 것은?

㉠ 임의적립금	㉡ 이익준비금	㉢ 자본조정항목 상각	㉣ 주주배당금

① ㉡-㉣-㉢-㉠
② ㉡-㉢-㉣-㉠
③ ㉣-㉡-㉢-㉠
④ ㉣-㉢-㉡-㉠

06 다음 중에 액면주식을 발행한 주식회사의 자본금을 계산하는 방법으로 옳은 것은?

① 주당 액면금액×수권주식수
② 주당 발행금액×수권주식수
③ 주당 액면금액×발행주식수
④ 주당 발행금액×발행주식수

07 주식회사에 있어서 잔여지분은 마지막으로 누구에게 귀속되는가?

① 종업원
② 채권자
③ 보통주 주주
④ 우선주 주주

08 다음 중 자본잉여금으로 분류되지 않는 것은?

① 감자차익
② 자기주식처분이익
③ 주식발행초과금
④ 이익준비금

09 다음 중 기타포괄손익누계액계정이 아닌 것은?

① 해외사업환산이익
② 기타포괄손익인식금융자산평가이익
③ 이익준비금
④ 재평가잉여금

10 다음의 거래 중에서 자본계정을 증감시키지 않는 거래는?

① 장부금액 ₩10,000의 토지를 ₩20,000에 처분한다.
② 주주에게 보통주 1,000주를 주식배당하기로 주총에서 결의한다.
③ 자기주식 100주(액면금액 ₩500)를 ₩50,000에 취득한다.
④ 주주에게 현금 ₩100,000을 배당하기로 주주총회에서 결의한다.

11 주식발행초과금과 주식할인발행차금은 자본항목에서 어떻게 분류되는가?

	주식발행초과금	주식할인발행차금
①	자본잉여금	부가적 자본조정항목
②	이익잉여금	부가적 자본조정항목
③	이익잉여금	차감적 자본조정항목
④	자본잉여금	차감적 자본조정항목

12 주당 액면금액이 ₩5,000인 주식을 10주를 주당 ₩4,500에 발행하고 신주발행비용이 주당 ₩100이 발생하였다. 이 신주발행 전의 재무상태표에는 주식발행초과금과 주식할인발행차금은 계상되어 있지 않았다. 다음은 이 주식발행에 대한 회계처리의 설명이다. 바르게 설명한 것은?

① 자본의 순증가는 ₩45,000이다.
② 주식할인발행차금은 ₩3,000으로 표시된다.
③ 신주발행비용 ₩1,000은 3년 내에 상각하여 상각연도 비용으로 처리한다.
④ 재무상태표상 자본금 증가는 ₩50,000이다.

13 주당 액면금액이 ₩500인 보통주 5,000주를 발행하고 있고 이익잉여금 잔액이 ₩1,000,000인 (주)Goggles' Factory는 20X6년 2월 5%의 주식배당과 주당 ₩15의 현금배당을 선언하였다. 이 배당선언일의 적절한 분개는?

	차변		대변	
①	미교부주식배당금	₩125,000	미처분이익잉여금	₩125,000
②	미지급배당금	75,000	미처분이익잉여금	200,000
	미교부주식배당금	125,000		
③	미처분이익잉여금	200,000	미지급배당금	75,000
			미교부주식배당금	125,000
④	미처분이익잉여금	75,000	미지급배당금	75,000

연습문제

14 (주)KMC.com은 사업규모 축소를 위하여 주식 1,000주(주당 액면금액 ₩500)를 1주당 ₩450에 현금으로 구입하여 소각하였다. 다음 중 적절한 분개는 어느 것인가?

	차변		대변	
①	자본금	₩450,000	현금	₩450,000
	감자차익	50,000		
②	자본금	450,000	현금	500,000
	감자차손	50,000		
③	자본금	500,000	현금	450,000
			감자차익	50,000
④	자본금	500,000	현금	500,000

15 미처분이익잉여금 ₩40,000이 있는 (주)영동은 주주총회의 결의에 의하여 이익준비금으로 ₩1,000, 감채기금 ₩4,000, 배당금으로 ₩10,000을 처분하였다. 처분 후 차기이월 미처분이익잉여금은 얼마인가?

① ₩15,000 ② ₩25,000
③ ₩35,000 ④ ₩40,000

16 다음 자료에 의하면 당기말 처분 전 미처분이익잉여금은 얼마인가?

• 배당금(차기초에 지급) ₩20,000	• 이익준비금 적립액 ₩10,000
• 전기이월 미처분이익잉여금 ₩100,000	• 당기순이익 ₩30,000

① ₩100,000 ② ₩130,000
③ ₩120,000 ④ ₩160,000

17 다음은 기업이 기말에 결손금이 발생하였을 때, 결손을 보전할 수 있는 항목들이다. 그 결손금을 처리함에 있어 그 순서를 바르게 표시한 것은?

㉠ 주식발행초과금 이입액	㉡ 임의적립금 이입액	㉢ 이익준비금 이입액

① ㉡, ㉢, ㉠ ② ㉠, ㉡, ㉢
③ ㉠, ㉢, ㉡ ④ ㉢, ㉡, ㉠

18 다음 결손금의 처리항목 중 마지막으로 이입되는 잉여금은?

① 배당평균적립금　　② 감채적립금
③ 이익준비금　　④ 주식발행초과금

19 다음 중 주당이익에 대한 설명으로 적절하지 않은 것은?

① 주당순이익은 보통주 주주에게 귀속되는 당기순이익을 수권주식수로 나누어 계산한다.
② 투자자들은 기업의 수익성과 기업가치 등을 평가하기 위하여 주가이익비율을 많이 사용하고 있다.
③ 주당순이익은 보통주 1주당 실현된 이익으로 기업의 재무성과를 비교하는데 유용한 정보를 제공한다.
④ 주당순이익이 높을수록 경영성과가 높다고 해석할 수 있다.

20 다음 자료는 매년 12월 31일이 결산일인 (주)부전 20X8년의 이익잉여금 변동과 관련된 자료이다. 20X9년도 기말 당기순손실은 ₩50,000인 경우, 재무상태표에 표시되는 이익준비금, 임의적립금, 미처분이익잉여금은 각각 얼마인가?

> 자료1: 20X8년말 재무상태표의 미처분이익잉여금과 적립금
> • 이익준비금 ₩20,000　　• 임의적립금 ₩100,000
> • 미처분이익잉여금 ₩1,080,000

> 자료2: 20X9년 4월28일 주주총회 결의사항
> • 임의적립금 이입 ₩70,000　　• 현금배당 ₩300,000(즉시 지급)
> • 이익준비금 적립 ₩30,000

	이익준비금	임의적립금	미처분이익잉여금
①	₩20,000	₩170,000	₩1,030,000
②	10,000	30,000	770,000
③	50,000	30,000	770,000
④	20,000	30,000	700,000

연습문제

정답 및 풀이

1. ③: 누적적 우선주에 대한 설명이다.
2. ②: 주식할인발행차금은 자본조정항목이고 이익준비금과 미처분이익잉여금은 이익잉여금이다.
3. ①: 자본조정에는 자기주식, 주식할인발행차금, 감자차손, 자기주식처분손실 등이 있다.
4. ④: 주식배당의 경우는 미처분이익잉여금의 감소, 자본금의 증가로 자본(총액)은 불변한다. 주식병합은 발행주식수는 감소하지만, 자본(총액)은 불변한다. 해외사업환산손실은 기타포괄손익의 (−)항목으로 자본(총액)이 감소한다. 자기주식 취득은 자본조정의 (−)항목으로 자본(총액)이 감소한다.
5. ②: 미처분잉여금는 법정적립금인 이익준비금, 자본조정항목 상각, 주주배당, 임의적립금 순으로 처분한다.
6. ③
7. ③: 잔여지분은 우선주 주주, 보통주 주주 순으로 귀속된다.
8. ④: 자본잉여금에는 주식발행초과금, 감자차익, 자기주식처분이익 등이 있다.
9. ③: 기타포괄손익누계액에는 해외사업환산손익, 기타포괄손익인식금융자산평가이익, 현금흐름위험회피 파생상품평가손익, 재평가잉여금 등이 있다.
10. ②: 이익잉여금이 감소하고 자본금이 증가하므로 전체 자본에는 변화가 없다.
11. ④: 주식발행초과금은 자본잉여금계정이고 주식할인발행차금은 차감적 자본조정항목이다.
12. ④: 주식발행 시 주식발행비는 주식할인발행차금으로 계상하거나 주식발행초과금 잔액이 있으면 상계처리한다. 발행 시 분개는 다음과 같다.

	차변		대변	
발행시분개	당좌예금	44,000	자본금	50,000
	주식할인발행차금	6,000		

13. ③: 주식배당으로 미교부주식배당금(₩125,000 = 5,000주 × ₩500 × 5%)이 증가하고 현금배당으로 미지급배당금(₩75,000 = 5,000주 × ₩15)이 증가하여 이익잉여금(₩200,000)이 감소한다.
14. ③: 현금 ₩450,000(= 1,000주 × ₩450)으로 주식을 구입하여 소각하고 자본금 ₩500,000(= 1,000주 × ₩500)을 제거한다. 이 차이가 감자차익(₩50,000)이다.
15. ②: 미처분이익잉여금을 이익준비금, 감채적립금, 배당금으로 대체함으로 차기이월 미처분이익잉여금은 미처분이익잉여금(₩40,000)에서 상기 세 항목(₩15,000)을 차감한 금액(₩25,000)이다.
16. ②: 처분 전 당기말 미처분이익잉여금은 상기 항목 중에서 이익준비금, 배당금으로 처분하기 전의 금액을 의미한다. 따라서, 당기말 처분 전 미처분이익잉여금₩130,000(= ₩100,000 + ₩30,000)이다.
17. ①: 결손금처리순서는 임의적립금, 법정적립금(이익준비금), 자본잉여금(주식발행초과금)이다.
18. ④: 결손금처리순서는 임의적립금(배당평균적립금, 감채적립금), 법정적립금(이익준비금), 자본잉여금(주식발행초과금)이다.
19. ①: 수권주식수가 아니라 연간(가중) 평균 유통주식수이다.

20. ③: • 이익준비금(20X9년말) = ₩20,000(20X8년말) + ₩30,000(20X9년 적립) = ₩50,000
• 20X9년말 임의적립금(20X9년말) = ₩100,000(20X8년말) – ₩70,000(20X9년 이입)
= ₩30,000
• 미처분이익잉여금(20X9년말) = ₩1,080,000(20X8년말) + ₩70,000(20X9년 임의적립금 이입) – ₩300,000(20X9년 배당) – ₩30,000(20X9년 이익준비금 적립) – 50,000(20X9년말 당기순손실) = ₩770,000

제 12 장

재무제표 분석

1. 재무제표분석의 목적
2. 추세분석과 기업 간 비교분석
3. 재무비율 분석
4. 재무제표분석의 한계점

제12장 재무제표 분석

1. 재무제표분석의 목적

1) 재무제표분석의 의의

최근 들어 기업에 대한 분석의 중요성이 점차 강조되어 기업의 이해관계자 모두에게 기본적인 분석으로 경영분석이 필수적인 시대를 맞이하게 되었다. 그런데 경영분석, 재무분석, 재무제표분석이라는 용어가 구별 없이 사용되어 약간의 혼돈이 존재한다. 따라서 각 용어의 의미를 정확하게 구별하고 재무제표분석을 중심으로 논하기로 한다.

기업의 활동은 영업활동, 투자활동, 재무활동으로 나누어 파악할 수 있는데, 영업활동이 기업 고유의 활동이며 업종에 따라 큰 차이가 있다는 사실은 이미 강조한 바가 있다. 이 세 활동 즉, 전반적인 경영활동의 효율성을 판단하기 위해 수행되는 분석이 경영분석이다. 그 분석자료는 방대하여, 계량화된 자료로 재무제표 등의 회계자료, 주가, 거래량, 시장점율, 제품불량률 등뿐만 아니라 비계량적인 질적 자료로 경쟁상태, 품질, 경영자 능력, 환경 등이 있다.

재무제표분석은 재무제표 자료를 근거로 기업의 유동성, 안전성(재무위험성), 수익성, 성장성 등에 대한 정보를 추출하여 기업의 과거 및 현재의 영업실적과 재무상태를 파악하고 기업의 미래를 예측한다. 따라서 기업의 가치창출활동을 분석하는 체계라 할 수 있다.

재무분석은 전술한 계량화된 자료로 재무제표 등의 회계자료, 주가, 거래량, 시장점율, 제품불량률 등의 분석자료를 이용하여, 재무제표분석, 기업의 재무활동으로 자본조달상황, 투자상황 등에 따른 위험과 수익성 분석 등이 있다. 따라서 재무분석은 기업의 가치창출활동 분석, 재무분석(기타 재무자료 및 증권시장자료 분석) 등의 내용을 분석하는 체계이다.

마지막으로 **경영분석**은 기업의 가치창출활동 분석, 재무분석, 기업과 관련된 산업 및 경제분석 등 광범위한 내용을 분석하는 체계이다.

〈재무제표분석의 위치〉

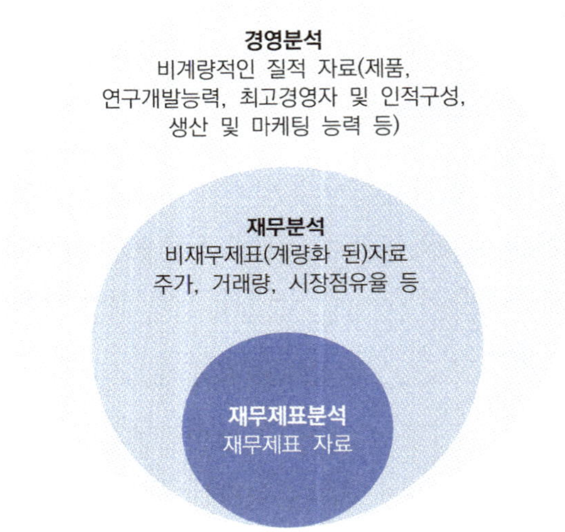

2) 분석의 목적과 절차

이러한 분석은 보다 효율적이고 합리적으로 의사결정을 하는 데 필요한 정보를 제공한다는 목적을 갖고 있다. 분석은 경영자뿐만 아니라 금융기관, 주주, 신용평가기관, 기업인수합병 관련자, 감사인, 세무당국 등 다양한 이해관계자에 의해서 이루어진다. 따라서 분석의 목적과 분석대상은 주체(다양한 이해관계자)별로 다소

다를 수밖에 없다.

경영자들은 자사의 경영계획이나 의사결정의 결과를 통하여 분석한다. 재무제표는 물론 외부에 공시되지 않는 기업내부의 자료를 이용하여 심층적 분석을 할 수 있다.

주주나 미래의 주식투자가는 주식가치평가에 중점을 두고 분석하므로 투자분석이라고 할 수 있다. 다소 주관적으로 재무제표 등의 정보를 입수하여 주식가치를 평가하기도 한다.

금융기관과 같은 채권자들은 자금대부 여부를 결정하기 위한 분석(신용분석)을 한다. 따라서 채무이행능력, 즉 원리금을 예정대로 상환 받을 수 있는지에 초점을 두고 있으므로 현금창출능력과 재무위험 등을 중점적으로 분석한다.

기타 협력업체, 신용평가기관, 감사인, 세무당국도 주요 이해관계자에 해당되며 이러한 분석 정보이용자들은 분석을 효과적으로 하기 위해 일정의 〈분석절차〉를 밟는다.

〈분석절차〉

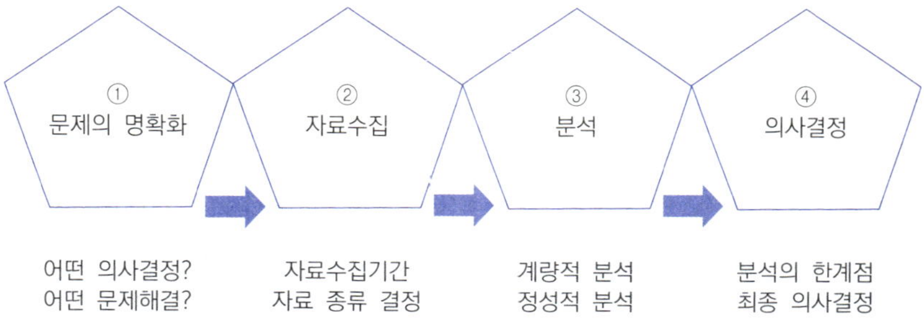

우선 어떤 의사결정을 하여 문제를 해결할 것인지 명확하게 의식을 갖고 분석해야 한다. 예를 들면, 전술한 이해관계들의 분석목적과 같이 기업의 가치평가나 신용평가, 투자분석 등 그 목적을 정해야 한다. 두 번째로 분석목적에 맞는 자료(종류)와 자료의 범위(기간)를 결정하여 수집한다. 세 번째로 분석을 시작하는데 계량적

(정량적) 분석과 질적(정성적) 분석을 병행하여 진행한다. 여기에서도 먼저 계량적 분석을 하고 질적 분석을 반영하여 결과를 유추할 수 있도록 한다. 마지막으로 최종의사결정을 할 때 분석결과로만 판단하지 말고 분석의 한계점도 고려하여 최종 의사결정을 할 수 있도록 한다.

그러나 일반적으로 재무제표에서 파악할 수 있는 정보(재무비율)는 재무상태표에서 〈재무제표를 통한 주요 분석〉과 같이 유동성과 안정성 분석으로 재무위험성을 파악한다. 그리고 손익계산서에서 수익성, 활동성, 생산성, 성장성 분석으로 이익창출 정도와 행태를 파악하고, 현금흐름표에서 기업의 활동별 현금 투입과 창출을 파악하는 현금흐름 분석을 한다. 본서에서는 생산성 분석과 현금흐름 분석은 다루지 않는다.

〈재무제표를 통한 주요 분석〉

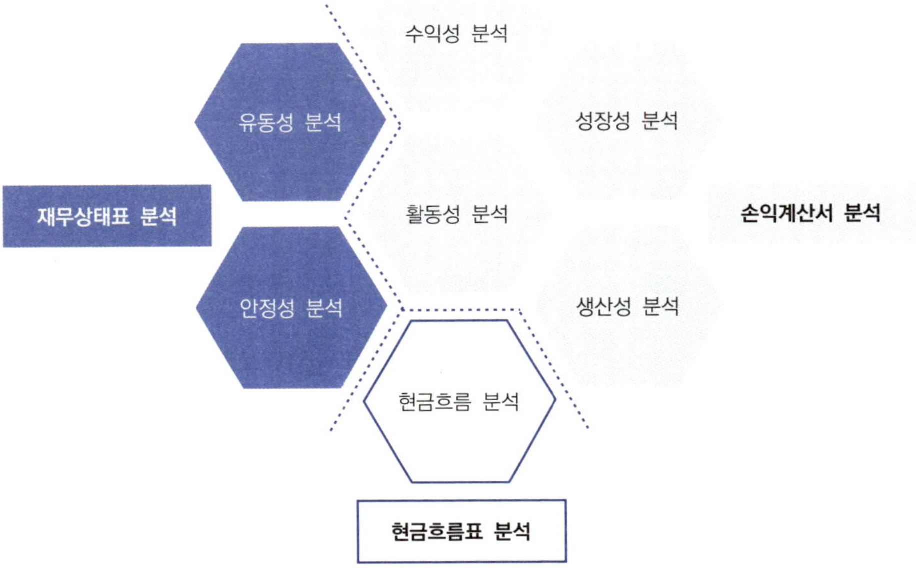

2. 추세분석과 기업 간 비교분석

수년간의 연속된 재무제표가 존재하면 회계년도 간의 비교분석이 가능하다. 이러한 기간별 비교분석을 추세분석(trend analysis) 또는 시계열분석(time-series analysis)이라고 한다. 또한, 경쟁회사나 동종업종 회사의 재무제표를 입수한다면 역시 비교분석이 가능한데, 이러한 분석을 횡단분석(cross-sectional analysis) 또는 기업 간 비교분석이라고 한다.

1) 추세분석

일반적으로 기업이 재무제표를 공시할 때 수년간의 재무제표(비교재무제표)를 공시한다. 이를 통해 특정기업의 재무수치가 시간에 따라 어떻게 변해가는지를 분석할 수 있으므로 성장성 정보를 제공하기도 한다. 이러한 시계열에 의한 증감분석(change analysis)은 주요 항목의 추세를 파악하는 데 도움이 된다.

단순히 주요항목의 금액의 변화보다는 증감액과 증감률로 파악하는 것이 알기 쉽다. 즉 전년대비 증감률로 비교재무상태표의 주요항목을 파악해보면 총자산증가율, 부채증가율, 자기자본증가율 등을 계산할 수 있다. 따라서 금액의 변화보다 증감률로 파악함으로써 특히 어느 항목이 두드러지게 증감하였는지를 분석할 수 있다. 예를 들어, 총자산증가율은 다음과 같은 공식에 의해서 산출되며 다른 항목의 증감률도 같은 방식으로 구할 수 있다.

$$\text{예) 총자산증가율} = \frac{\text{당해연도말 총자산} - \text{전년도말 총자산}}{\text{전년도말 총자산}} \times 100$$

의류업체인 (주)예쁘네의 비교재무상태표를 이용하여 증감분석을 한 결과는 〈비교재무상태표의 증감분석〉과 같다. 특히 예를 들었던 총자산증가율이 1년만에

34.7%나 증가하여 고속성장의 기업 사례를 보여 주고 있음을 알 수 있다. 그러나 부채증가율 62.7%와 자본증가율 0.3%를 비교해보면 총자산의 증가가 거의 부채에 의존했음을 파악할 수 있다. 그리고 비유동부채의 증가가 많은 것으로 보아 부채로 조달된 자금을 비유동자산(설비자산 등)에 투자하였음을 예측할 수 있다.

〈비교재무상태표의 증감분석〉

(주)예쁘네　　비교재무상태표　　(단위: 억원)

항 목	2016년 12월 31일	2017년 12월 31일	증감분석 2016년 대비 2017년의 증감	
			증감액	증감률(%)
자산				
유동자산	573	663	90	15.7
비유동자산	249	444	195	78.3
자산 합계	822	1,107	285	34.7
부채				
유동부채	187	304	117	62.6
비유동부채	266	433	167	62.8
부채 합계	453	737	284	62.7
자본				
납입자본	309	336	27	8.7
이익잉여금	60	34	−26	−43.3
자본 합계	369	370	1	0.3
부채와 자본 합계	822	1,107	285	34.7

또한 전년대비 증감률로 비교포괄손익계산서의 주요항목을 파악해보면 매출액증가율, 영업이익증가율, 당기순이익증가율 등을 계산할 수 있다. 따라서 금액의 변화보다 증감률로 파악함으로써 특히 어느 항목이 두드러지게 증감하였는지도 분석할 수 있다. 예를 들어, 매출액증가율은 다음과 같은 공식에 의해서 산출되며 다른 항목의 증감률도 같은 방식으로 구할 수 있다.

$$예)\ 매출액증가율 = \frac{당해연도말\ 매출액 - 전년도말\ 매출액}{전년도말\ 매출액} \times 100$$

(주)예쁘네의 비교포괄손익계산서를 이용하여 증감분석을 한 결과는 〈비교포괄손익계산서의 증감분석〉과 같다. 매출액증가율은 2.5%로 전술한 총자산증가율 34.7%에 비교하면 미미한 결과로써 투자대비 수익을 비교해보면 형편없는 결과라고 할 수 있다.

〈비교포괄손익계산서의 증감분석〉

(주)예쁘네 비교포괄손익계산서 (단위: 억 원)

항 목	2016년 1/1~12/31	2017년 1/1~12/31	증감분석 2016년 대비2017년의 증감	
			증감액	증감률(%)
매출액	682	699	17	2.5
매출원가	576	555	−21	−3.6
매출총이익	106	144	38	35.8
기타수익	24	13	−11	−45.8
일반관리비	68	100	32	47.0
마케팅비용(판매비)	9	13	4	44.4
이자비용	24	40	16	66.7
기타비용	5	15	10	200.0
법인세차감전이익	24	(11)	−35	−145.8
법인세비용	4	0	−4	−100.0
당기순이익(손실)	20	(11)	−31	−155.0
기타포괄이익(손실)	22	(13)	−35	−159.1
총포괄이익(손실)	42	(24)	−66	−157.1

다행히 매출액총이익률은 35.8%나 증가하였는데 매출원가를 줄인 노력으로 나타난 현상이다. 매출원가의 절약요인은 기업 내·외부 원인이 있는데 내부적으로

품질관리 등을 철저히 했다고 볼 수 있으며, 외부적으로는 납품업자의 납품단가를 강제적으로 낮췄을 경우 등으로 이러한 분석은 비교재무제표 분석을 해야 알 수 있다. 그리고 일반적으로 **영업이익**이라는 개념을 경제사회에서 많이 사용하는데, 포괄손익계산서상에서는 '매출총액 - 매출원가 - 판관비 = 영업이익'이므로 영업이익증가율도 구할 수 있다. (주)예쁘네의 2016년도 영업이익은 29억 원, 2017년도 영업이익은 31억 원으로 2억 증가하였다. 따라서 영업이익증가율은 6.9%임을 알 수 있는데, 판매비와 일반관리비의 증가율이 40% 이상이나 되어 영업이익증가율이 다소 낮게 나타났음을 알 수 있다. 일반관리비 증가율이 높은 것은 재무상태표에서 비유동자산증가율이 높아 감가상각비 등의 비용이 많아진 것에서 그 원인을 파악할 수도 있다. 당기순이익증가율은 부(-)의 수로 감소했음을 알 수 있는데, 전반적으로 비용이 전년보다 많이 증가했다는 원인에서 기인한 것이다. 게다가 기타포괄손실이라는 적자도 부분적이지만, 총포괄손실이라는 부(-)의 실적에 한몫을 했다는 것도 알 수 있다.

2) 기업 간 비교분석

전술한 바와 같이 기업 간 비교분석은 횡단분석(cross - sectional analysis)이라고도 한다. 기업의 재무수치와 다른 경쟁기업의 재무수치와 단순히 여러 항목의 금액을 비교한다는 것은 소정의 목적에 맞는 분석이 어렵고 경쟁기업이라고 할지라도 기업의 규모도 다양하므로 역시 단순 비교는 그 의미가 퇴색된다. 이러한 점을 고려하여 기업 간 비교를 가능하게 해주는 것이 **공통형 재무제표**(common-size financial statement)인 것이다.

참고로 비교재무제표를 이용하여 다년간의 공통형 재무제표를 작성하면 전술했던 추세분석과 기업 간 비교분석이 저절로 동시에 진행되어 분석할 수 있다.

이 공통형 재무제표에 의한 기업 간 비교분석은 재무제표의 각 항목이 전체에서 차지하는 비율을 분석하는 것이다. 재무상태표는 자산총액이나 부채와 자본합계가 분모(기준)가 되어 각 자산이나 부채, 자본의 각 항목들의 비율을 계산한다. 손익계산서는 매출액이 분모(기준)가 되어 각 이익이나 비용의 각 항목들의 비율을 계산한다. 이러한 기업 간 비교에서 비교대상은 경쟁기업의 재무제표, 자사보다 우량기업의 재무제표, 동종업종 산업평균치 등이라고 할 수 있다. 여기서 산업평균치는 한국산업은행(kdb.or.kr)이 발간하는 "기업재무분석"의 산업평균 비율 자료를 의미하며 각 비율의 산업평균치를 얻을 수 있다.

기업의 규모를 감안한 기업 간 비교분석 예를 들어 본다. A주식회사는 총자산이 20억이고 부채가 10억이다. B주식회사는 총자산이 200억이고 부채가 40억이다. 단순하게 총자산을 비교하면 B주식회사의 자산 규모가 A주식회사보다 10배가 크며, 부채도 B주식회사가 40억이고 A주식회사가 10억으로 B주식회사의 부채 규모도 A주식회사보다 4배가 크다는 정도만 파악가능하다. 그러나 동종업종이며 경쟁회사라면 전술한 공통형 재무제표 형식으로 다음과 같이 비교해 보면 다른 결과가 나올 수 있다.

A사 $\frac{\text{부채}}{\text{총자산}} = \frac{10}{20} = 0.5$ B사 $\frac{\text{부채}}{\text{총자산}} = \frac{40}{200} = 0.2$

위 표와 같이 공통형 재무제표 형식으로 바꿔보니, 부채가 10억뿐인 A주식회사가 부채에 대한 부담률이 B주식회사에 비해 훨씬 많아, 재무위험성이 B사에 비해 훨씬 높은 것을 알 수 있어 의미있는 비교가 가능함을 알 수 있다.

이미 설명한 바와 같이 공통형 재무상태표는 재무상태표 각 항목을 총자산으로 나누어 백분율 계산을 한다. 따라서 백분율 재무상태표라고도 한다. 이를 통해 기업의 자산구조와 자본(부채와 자기자본)구조를 파악할 수 있다.

의류업체인 (주)예쁘네의 비교재무상태표를 이용하여 분석한 결과는 〈공통형 재무상태표의 분석〉과 같다. (주)예쁘네의 자산구조부터 확인해 본다. 유동자산이 산업평균에 비하여 높게 나타나는데, 단기지급능력이 뛰어나다는 것을 알 수 있다. 부채구조도 산업평균에 비해 낮은 수준이다. 추세분석에서는 부채가 많다고 분석

했지만, 기업 간 비교분석에서는 안정권에 있다고 할 수 있으며, 이를 통해서 우리나라 의류업체가 전반적으로 재무구조가 열악하고 영세하다는 점을 알 수도 있다. 자기자본구조에서는 납입자본이 금액상 조금 증가했지만, 추세분석으로 보면 2017년도에 부채의 증가요인도 있어, 전체 자본구조상 납입자본의 비율은 줄었으나, 산업평균에 비교하면 아주 높다는 것을 알 수 있다.

〈공통형 재무상태표의 분석〉

(주)예쁘네 **공통형재무상태표** (단위: 억 원)

항 목	2016년 12월 31일			2017년 12월 31일		
	금액	백분율(%)	산업평균(%)	금액	백분율(%)	산업평균(%)
자산						
유동자산	573	69.7	50.0	663	59.9	52.0
비유동자산	249	30.3	50.0	444	40.1	48.0
자산 합계	822	100.0	100.0	1,107	100.0	100.0
부채						
유동부채	187	22.7	38.2	304	27.5	39.2
비유동부채	266	32.4	42.3	433	39.1	42.7
부채 합계	453	55.1	80.5	737	66.6	81.9
자본						
납입자본	309	37.6	16.6	336	30.3	15.1
이익잉여금	60	7.3	2.9	34	3.1	3.0
자본 합계	369	44.9	19.5	370	33.4	18.1
부채와 자본 합계	822	100.0	100.0	1,107	100.0	100.0

공통형 포괄손익계산서는 일반적으로 포괄손익계산서의 각 항목을 매출액으로 나누어 백분율 계산을 한다. (주)예쁘네의 포괄손익계산서 상에서 주영업 이외에서 발생한 기타수익 및 기타비용이 있으나, 영업이익 산출을 기준으로 이를 배제하여 주영업 기준으로 작성해보면 〈공통형 포괄손익계산서의 분석〉과 같다. 이를 통해 기업의 전반적인 손익구조를 파악할 수 있다.

〈공통형 포괄손익계산서의 분석〉

(주)예쁘네 공통형 포괄손익계산서 (단위: 억 원)

항 목	2016년 12월 31일			2017년 12월 31일		
	금액	백분율(%)	산업평균(%)	금액	백분율(%)	산업평균(%)
매출액	682	100.0	100.0	699	100.0	100.0
매출원가	576	84.5	79.1	555	79.4	77.8
매출총이익	106	15.5	20.9	144	20.6	22.2
일반관리비	68	10.0	15.1	100	14.3	15.2
마케팅비용(판매비)	9	1.3	0.8	13	1.9	0.8
영업이익	29	4.3	6.0	31	4.4	6.3
기타수익	24	3.5	-	-11	-1.6	-
이자비용	24	3.5	5.0	40	5.7	4.9
기타비용	5	2.2	-	15	2.1	-
법인세비용	4	0.6	-	0	0	-
당기순이익(손실)	20	2.9	0.8	-11	-1.6	1.0
기타포괄이익(손실)	22	3.2	-	-13	-1.9	-
총포괄이익(손실)	42	6.2	-	-24	-3.4	-

매출원가와 매출액을 보면 2017년에 2016년에 비해 매출원가가 줄어들어 (주)예쁘네의 비용(매출원가)절감 노력을 알 수 있지만, 산업평균보다는 높아, 앞으로 비용절감의 여지가 있음을 알 수 있다. 일반관리비는 매출원가와 반대되는 경향을 보이고 있다. 2017년에 일반관리비가 늘었으나 산업평균보다는 낮지만, 전체 비용 중 증가 폭이 높아 (주)예쁘네의 비용 상승의 주요인이라고 할 수 있다. 증감분석에서 비유동(유형)자산의 증가로 일반관리비의 하나인 감가상각비의 상승을 예상했듯이, 공통형 포괄손익계산서에서 그 사실을 확인할 수 있다. 한편 2017년에 이자비용의 증가가 산업평균보다 높은 것이 2017년의 적자 요인임을 보여주고 있다. 따라서 일반관리비와 이자비용의 증가가 적자를 초래하였다고 볼 수 있다.

앞서 설명한 증감분석과 공통형 재무제표를 각각 분석하기보다는 연계하여 분석하면 원인과 결과를 판단하기가 용이해진다. 우선 증감분석에서 확연한 증감항목에 주목하고 공통형 재무제표에서 산업평균과 비교하여 해당기업의 특이사항인지를 분석한다. 산업평균에는 우리나라의 각종 경제상황이 반영된 결과이므로, 해당기업이 전년보다 적절하지 못한 분석결과가 나와도 산업평균보다 좋다면 어려운 여건에서 잘 경영해왔음을 파악할 수 있다.

3. 재무비율 분석

앞서 〈재무제표를 통한 주요분석〉에서 재무상태표를 중심으로 유동성과 안전성을 분석하고 포괄손익계산서를 중심으로 수익성, 활동성, 성장성 분석을 한다고 하였으나, 재무상태표 항목만으로, 또는 포괄손익계산서 항목만으로 비율을 계산하는 것은 아니다. 재무제표 항목 중에 상호관련이 있는 복수 이상의 항목을 대응시켜 의미 있는 재무비율을 산출한다. 물론 증감분석이나 공통형 재무제표도 재무비율의 하나이다.

1) 수익성 분석

수익성 분석이란 기업활동의 결과로 나타난 일정기간의 경영성과, 즉 이익창출능력을 평가한 것이다. 따라서 재무제표분석 중에 가장 중요한 분석으로 매출수익성 분석과 자본수익성 분석으로 나누어 볼 수 있다. 전자는 포괄손익계산서 항목 중심으로 분석하고 후자는 재무상태표 항목도 일부 포함시켜 분석한 것이다.

매출총이익률은 공통형 포괄손익계산서에서 분석한 것으로, 매출총이익을 매출액으로 나눈 것으로 기업의 생산효율성을 나타내는 비율이기도 하며 일명 마진이라고도 한다. (주)예쁘네는 2016년에 15.5%, 2017년에 20.6%로 2017년의 산업평균보다 높게 증가하였다. 이 비율을 응용하면 매출원가(마진)율을 구할 수 있다. ‘매출원가율 = 1 - 매출총이익률’로 2016년에 84.5%, 2017년에 79.4%이다. 중요한 것은 이 매출총이익으로 기업의 각종 비용을 감당하고 당기순이익을 얻어야 한다는 것이다.

매출액영업이익률(영업이익률)도 공통형 포괄손익계산서에서 분석한 것으로, 영업이익을 매출액으로 나눈 비율로써 기업 고유의 영업활동 효율성을 평가하는 지표이다. 다시 말해서 본업에서의 노력의 결과를 보여 주는 것이다. (주)예쁘네는 2016년에 4.3%, 2017년에 4.4%로 산업평균 6%대보다 낮다.

매출액순이익률도 공통형 포괄손익계산서에서 분석한 것으로서, 당기순이익을 매출액으로 나눈 것으로 기업의 전체적인 경영효율성을 판단하는 비율이다. (주)예쁘네는 2016년에 2.9%, 2017년에 －1.6%로 산업평균보다 낮아, 전반적으로 매출수익성이 2017년에 악화되었음을 알 수 있다.

다음은 자본수익성 분석에 대하여 알아본다.

$$\text{자기자본이익률(ROE, 2017)} = \frac{\text{당기순이익}}{\text{기초자본과 기말자본의 평균}} \times 100$$

$$= \frac{-11}{(369+370) \div 2} \times 100 \doteqdot -3.0\%$$

자기자본순이익률 또는 **자기자본이익률**(Return On Equity: ROE)은 당기순이익을 자기자본(협의의 자본)으로 나눈 비율로서 기업 소유주인 주주들이 투자한 자본으로 벌어들이는 수익성을 측정하는 비율이다. 즉, 주주의 입장에서 투자수익률이기도 하며 기업의 입장에서 자기자본비용의 대용비율이기도 하다. 상기는 그 공식과 (주)예쁘네의 2017년 ROE의 결과이다.

(주)예쁘네의 자기자본이익률은 －3.0%로서 투자한 주주들의 실망이 큰 상황이다. 투자한 주주들은 최소한의 투자수익률로 은행의 정기예금 연간이자율 이상을 달성해야 실망은 하지 않을 것이다. 따라서 기업의 경영자도 은행의 정기예금 연간이자율 이상의 자기자본이익률을 얻기 위하여 노력하여야 한다.

$$총자산이익률(ROA,\ 2017) = \frac{영업이익}{기초총자산과\ 기말총자산의\ 평균} \times 100$$

$$= \frac{31}{(822+1,107) \div 2} \times 100 \doteqdot -3.2\%$$

총자산이익률(Return On Assets: ROA)은 총자본영업이익률 또는 투자수익률(Return On Investment: ROI)이라고도 한다. 영업이익을 총자산(총자본)으로 나눈 비율로서, 주주들과 채권자들이 투자한 광의의 자본으로 벌어들이는 수익성을 측정하는 비율로 두 투자자들의 운영성과를 측정하는 지표이기도 하다. 분자의 **영업이익**은 '매출총이익 - 일반관리비 - 마케팅비용(= 매출총액 - 매출원가 - 판관비)'으로 산출할 수 있다. 당기순이익은 주주에게 귀속되는 부분이고 이자비용은 채권자에게 귀속되는 부분이다. 분모의 총자산 또는 총자본은 주주들과 채권자들이 투자한 투자자본인 것이다.

(주)예쁘네의 총자산이익률은 3.2%로서 투자한 주주들과 채권자들 입장에서 조금 기대에 미치지 못하는 실적이라고 할 수 있다.

2) 활동성 분석

보유한 자원을 효율적으로 활용할수록 기업의 수익성은 증가하는 것이 일반적이다. **활동성 분석**은 기업이 보유하고 있는 자원(각종 자산, 자기자본 등)을 얼마나 효율적으로 활용하고 있는지를 나타내는 비율로써 매출액을 각 자원으로 나눈 회전율로 평가한다. 따라서 공식에서 분모를 바꾸면, 총자산회전율, 자기자본회전율, 재고자산회전율, 매출채권회전율, 비유동자산회전율 등이 있다. 이 중 총자산회전율과 매출채권회전율에 대하여 설명한다.

총자산회전율(total assets turnover)은 총자본회전율이라고도 하며, 매출액을 총자산으로 나눈 비율이다. 기업에 투입된 총자산에 비하여 매출액의 규모가 몇 배수인지, 즉 매출액을 실현하기 위하여 총자산이 연간 몇 회전하였는지를 나타내는 비율로서 투자한 총자산의 활용도를 총괄적으로 나타내는 지표이다.

$$총자산회전율(2017) = \frac{매출액}{기초총자산과\ 기말총자산의\ 평균} \times 100$$

$$= \frac{699}{(822 + 1,107) \div 2} \doteqdot 0.72회$$

의류업체인 (主)예쁘네의 총자산회전율은 0.72회로서 낮은 편에 속한다. 일반적으로 중공업 업종은 설비투자비용이 많아 총자산회전율이 낮고 경공업이나 서비스 업종은 높은 회전율을 나타낸다. (主)예쁘네의 경우, 당기 비유동자산의 투자가 많았다는 점을 감안하면 절대적으로 나쁘다고 단언하기는 어렵다. 한편, 총자산회전율은 수익성 비율인 총자산이익률의 결정요소이기도 하다.

$$총자산이익률 = 매출액영업이익률 \times 총자산회전율$$

$$총자산이익률 = \frac{매출총액 - 매출원가 - 판관비}{매출액} \times \frac{매출액}{평균\ 총자산}$$

$$총자산이익률(2017) = 4.4\% \times 0.72회 \doteqdot 3.2\%$$

총자산이익률을 높이기 위해서 매출액을 늘려 총자산회전율을 높이고 영업이익을 늘려야 한다. 영업이익을 늘리기 위해서는 많이 파는 것도 중요하지만, 매출원가나 판관비(비용)를 낮추는 노력으로 매출액영업이익률을 올릴 수도 있다는 점을 경영에 반영하여야 한다.

매출채권회전율은 매출액을 매출채권으로 나눈 비율로서 매출채권의 현금화 속도를 나타내는 지표이다. 이 지표(회전율)가 높다는 것은 매출채권이 잘 관리되어 비교적 빨리 현금화하고 있는 것을 의미한다.

$$\text{매출채권회전율(2017)} = \frac{\text{매출액}}{\text{기초매출채권과 기말매출채권의 평균}} \times 100$$

$$= \frac{699}{(176+246) \div 2} \doteqdot 3.31\text{회}$$

(주)예쁘네의 2016년 매출채권은 176억원이고 2017년 매출채권은 246억원으로 매출채권회전율은 3.31회로서 1년에 매출채권의 3.31배만큼의 매출액을 실현한 것이다. 보다 구체적으로 다음 공식을 통해 (주)예쁘네의 매출채권의 평균회수기간은 110일이라는 것을 알 수 있다.

$$\text{매출채권평균회수기간(2017)} = \frac{365\text{일}}{\text{매출채권회전율}} = \frac{\text{평균 매출채권}}{\text{1일 평균매출액}}$$

$$= \frac{365\text{일}}{3.31\text{회}} \doteqdot 110\text{일}$$

2017년도 의류업체 산업평균은 57일인데, (주)예쁘네의 110일이라는 **매출채권 평균회수기간**은 산업평균의 2배에 가깝다. 이렇게 산업평균의 매출채권 평균회수기간보다 긴 경우, 두 가지 원인이 있다. 매출부진을 만회하기 위하여 거래처에 신용기간을 늘려 주었거나 부실채권(회수 불가능 매출채권)의 증가로 인하여 회수기간이 늘어난 것으로 추측할 수 있다. 결국은 기업의 현금부족 사태를 초래할 수 있다.

3) 성장성 분석

성장성 분석은 기업의 당해년도 경영규모 및 성과가 전년도에 비하여 얼마나 증가하였는지를 나타내는 지표이다. 이 비율은 기업의 경쟁력이나 미래 수익창출능력을 간접적으로 나타내는 지표이다. 비교재무상태표의 증감분석에서 총자산증가율, 자기자본증가율을 이미 설명하였다. 그리고 비교손익계산서의 증감분석에서 매출액증가율과 순이익증가율에 대해서도 이미 설명하였다.

(주)예쁘네의 총자산증가율은 34.7%, 자기자본증가율은 0.2%인데, 자기자본이 거의 늘지 않았다는 것과 총자산이 많이 늘었다는 것은 차입금을 늘렸다는 것으로 이해할 수 있어야 한다. 또 매출액증가율 2.5%, 순이익증가율 -155.0%인데, 그 원인은 영업비용(판관비 등)의 증가가 원인이라는 것도 이해할 수 있어야 한다. 비교손익계산서의 증감분석을 보면 감가상각비와 이자비용이 가장 큰 원인이라는 것을 알 수 있다. 결국 감가상각비의 증가는 비유동자산의 증가로 인한 것이고, 비유동자산의 증가는 차입금의 증가로 인한 것임을 알 수 있다.

4) 유동성 분석

유동성(liquidity)이란 현금화의 용이성을 말하는 용어이다. 따라서 쉽게 현금화시킬 수 있는 자산을 유동성이 높은 자산이라고 한다. 매출채권이나 재고자산 등은 비유동자산에 비해 높은 유동성을 갖고 있다. 어느 특정기업이 높은 유동성을 유지한다는 것은 1년 내에 만기가 돌아오는 단기채무(부채)를 상환할 수 있는 능력을 갖고 있다는 의미이다.

유동비율은 기업의 단기채무 지급능력을 측정하기 위한 비율로서, 유동자산을 유동부채로 나눈 비율이다. 따라서 단기자금을 빌려준 은행이나 신용거래로 상품을 제공하는 거래처는 상대기업의 유동비율에 높은 관심을 갖는다.

$$\text{유동비율(2017)} = \frac{\text{유동자산}}{\text{유동부채}} \times 100 = \frac{663}{304} \times 100 \doteqdot 218\%$$

(주)예쁘네의 유동비율은 218%로 운전자금(= 유동자산 - 유동부채)이 풍부하다. 즉, 유동부채의 2배 이상 현금화 가능 자산을 보유하고 있어 단기채무를 상환하기에

충분한 상황이다. 하지만 기업에 대한 투자자(주주) 입장에서는 너무 유동비율이 높다는 것은 여유자금을 이익창출에 활용하지 않고 보유하고만 있어 경영자의 경영수완에 대해 의문을 갖게 된다. 따라서 산업평균과 비교해보는 것이 바람직하다.

당좌비율은 유동자산에서 재고자산을 차감한 자산인 당좌자산을 유동부채로 나눈 비율이다. 유동자산은 현금 및 현금성자산, 매출채권 재고자산 등이 있는데, 이 중에 재고자산을 제외시키는 이유는 현금화가 다른 유동자산에 비해 오래 걸리고 재고자산의 평가방법에 따라 그 가치가 달라지므로, 안정된 유동성을 상대적으로 확보하기 어렵다는 것이다. 이 당좌비율은 유동비율의 보조적 지표로 활용되고 있다.

$$\text{당좌비율(2017)} = \frac{\text{당좌자산}}{\text{유동부채}} \times 100 = \frac{\text{유동자산} - \text{재고자산}}{\text{유동부채}} \times 100$$

$$= \frac{663 - 313}{304} \times 100 \doteqdot 115\%$$

(주)예쁘네의 2017년말 재고자산이 313억 원이라 당좌자산은 350억(=663억-313억)원이다. 공식에 대입하여 계산해보니 당좌비율이 115%가 산출되었다. 유동비율이 218%인데 결국 재고자산이 상당히 많다는 것을 알 수 있다.

5) 안정성 분석

기업의 이해관계자들은 기업의 자산과 부채, 자본이 얼마나 균형을 이루는지에 대해서 많은 관심을 가지고 있다. 예를 들어, 비유동자산(고정자산)의 규모가 장기자본(=자기자본+비유동부채)의 규모보다 크다면, 경영분석가들은 기업의 안정성이 심각하게 훼손되었다고 생각한다.

이는 상대적으로 위험이 큰 비유동자산(고정자산)을 상대적으로 위험이 작은 장기자본으로 충당하지 못하면, 기업이 불안정하게 된다는 것이다. 자본배분의 **안정성 분석**은 이와 같이 자본이 얼마나 안정되게 자산에 배분되어 있는지에 대한 분석이다. 반대 개념으로 **재무위험성 분석**이라고도 한다.

부채비율은 타인자본(총부채)을 자기자본으로 나눈 비율로서, 여신자(채권자)측의 채권회수의 안정성을 고려한 지표이다. 즉, 타인자본이 자기자본을 초과하면 재무위험이 증가하여 기업의 지급능력이 약화되기 쉽고 청산시에 채권자에게 지급해야 할 금액이 커지므로 부채비율이 100% 이하가 이론상 바람직하다. 그러나 실무상 지켜지지 않고 있는 비율이지만, 상대적으로 경쟁기업이나 산업평균보다 낮은 것이 바람직하다.

$$\text{부채비율(2017)} = \frac{\text{총부채}}{\text{자기자본}} \times 100 = \frac{737}{370} \times 100 \doteqdot 199\%$$

(주)예쁘네의 2017년말 부채비율은 199%로 산출되었으나, 산업평균은 318%라 (주)예쁘네는 비교적 재무적으로 안정적이라 할 수 있다.

고정비율은 비유동자산을 자기자본으로 나눈 비율이다. 조달된 자본을 유동자산과 비유동자산에 합리적으로 배분한다는 것은 자본의 효율적 이용이라는 관점에서뿐만 아니라 기업의 안정성을 유지한다는 점에서 중요하다고 볼 수 있다. 따라서 장기적으로 고정화되어 있는 비유동자산이 자기자본의 범위내에서 안정적으로 구성되어 있는지를 알려주는 지표이다. 이 비율이 100%를 넘어섰다는 것은 비유동자산에 투입된 자본이 부채에서도 일부 조달되었다는 의미를 갖는다. 부채는 언젠가는 상환해야 할 의무가 있으나, 성장을 추구하는 단계에서는 이 비율이 높아질 수도 있다. 그러므로 자본배분의 안정성을 평가하기에 아주 유용하다고 보기는 어렵다.

$$\text{고정비율(2017)} = \frac{\text{비유동자산}}{\text{자기자본}} \times 100 = \frac{444}{370} \times 100 \doteqdot 120\%$$

(주)예쁘네의 2017년말 고정비율은 120%로서, 현재의 비유동자산을 확보하는 데 비유동부채(사채의 발행 및 은행융자 등)로 많이 충당했다는 점을 재무상태표의 증감분석에서 확인할 수 있다.

고정장기적합률은 고정비율을 보완하여 좀 더 확대한 비율이다. 분모의 자기자본에 비유동부채를 포함시켜 자본배분의 안정성을 측정하는 지표이다. 기업의 입장에서 자기자본이 가장 위험성이 작은 자본이지만, 성장을 추구하려는 기업은 장기부채(비유동부채)를 사용해서 비유동자산에 투자하려 할 것이다. 특히 중화학공업이나 기간산업 등에서 설비투자에 소요되는 자본은 자기자본만으로 충당하기 어려워 일부 타인자본을 충당하는데, 장기부채에 의존하는 것이 기업의 안정성을 도모할 수 있다. 이와 같이 비유동자산에 대한 투자는 장기자본(=자기자본+비유동부채)의 범위 내에서 이루어지는 것이 바람직하다는 것이다.

$$\text{고정장기적합률(2017)} = \frac{\text{비유동자산}}{\text{비유동부채} + \text{자기자본}} \times 100$$

$$= \frac{444}{4433 + 370} \times 100 \fallingdotseq 55.3\%$$

(주)예쁘네의 2017년말 고정장기적합률이 55.3%로 당해년도에 많은 비유동자산 투자에도 불구하고 자본배분 면에서 안정성을 유지하고 있음을 알 수 있다. 우리나라 제조업 고정장기적합률 전체평균이 100%를 초과하고 있고, 또 고정비율에 비하면 상당히 안정성에 여유가 있다는 것을 나타내고 있다.

4. 재무제표분석의 한계점

재무제표분석은 기업의 재무상태나 경영성과에 관한 주요 정보를 용이하게 확보할 수 있다는 장점이 있다. 그러나 재무제표의 구성항목의 수는 많아, 이 항목 간의 관계비율인 재무비율도 다양하며, 분석가의 목적에 따라 각 재무비율을 구성하는 재무항목도 조금씩 다를 수 있다. 그리고 몇 가지 재무비율로 기업전체를 파악한다는 것은 문제가 많다. 종합건강진단을 종합병원에서 받듯이 여러 재무비율을 분석하고 연결고리를 발견하여 종합적으로 평가하는 것이 바람직하다.

이러한 재무제표분석에는 다음과 같은 한계점이 있다는 점에 주목하여 평가해야 한다.

재무제표분석은 계량화가 곤란한 상황으로서 경영자 및 종업원의 능력 및 질, 조직의 효율성, 기술개발력 등과 같은 정성적(qualitative) 정보를 고려하지 못한다. 이는 재무제표를 중심으로 한 계량적 평가에 의존해서 기업의 재무상태를 단편적으로 판단해서는 안 된다는 것이다, 이 같은 약점은 재무제표 이외의 정보(예, 주가 정보, 제품시장 정보, 기타 비계량 정보)들을 추가적으로 분석하여 보완할 수 있다.

기업의 이해관계자들은 기업을 분석할 때 기업의 미래가치에 더 관심을 갖는데, 재무제표분석은 과거의 회계자료에 근거한 분석이기 때문에 기업의 미래 상태를 예측하는 데는 충분하지 못하다. 따라서 재무제표분석은 미래를 예측하기 위한 기초자료이지 절대적인 평가기준이 될 수 없다.

재무제표 숫자는 역사적 원가로 표시된 경우가 많다. 따라서 물가변동이 심할 경우, 재무제표 수치는 의미를 상실할 수 있다. 자산의 시장가치와 장부금액이 큰 차이를 보일 수 있으며, 이는 감가상각비 및 매출원가에 영향을 주어 이익을 왜곡할 수 있다.

같은 비율명칭에 다양한 재무비율의 계산식은 분석가마다 또는 분석목적에 따라 다양하게 정의되고 있다. 따라서 재무비율을 언급할 때는 서로의 커뮤니케이션을 위하여 어떻게 정의한 비율인지를 명확히 밝혀야 한다.

기업마다 또는 기간에 따라 다른 회계처리방법이 적용될 수 있기 때문에 경영성과 및 재무상태의 분석결과가 달라질 수 있다. 따라서 단순히 회계처리 결과에 따른 수치만으로는 기업 간 또는 기간 간의 정확한 비교와 우열을 판단하기 어려운 경우도 있다.

결산시점의 재무상태를 표시하는 재무상태표는 계절적 변동요인을 고려하지 못하기 때문에 분석결과가 왜곡될 수 있다. 예를 들어, 2월말이 결산일인 아이스크림 회사의 재고자산회전율은 과소평가될 가능성이 있다.

영업활동이 다각화되어 있는 기업을 어떤 산업으로 분류해야 하는지도 어려워, 표준비율의 선정이 어렵다. 또 비교기준치로서 산업평균을 많이 사용하나, 소속업종의 정확한 분류가 여의치 않을 수 있어, 선택된 표준비율이 가장 적절한 비교기준인지 의문을 가질 수 있다.

연습문제

01 다음 중 경영분석의 틀에 들어가기에 관련이 없어 보이는 것은?

① 예산분석　② 기업의 가치창출활동 분석
③ 기업과 관련된 산업 및 경제분석　④ 재무분석

02 다음 중 경영자 입장에서의 재무제표분석 목적에 해당하기에 거리가 멀어 보이는 것은?

① 경영의사결정　② 경영계획 수립
③ 전략적 의사결정　④ 채무이행능력 파악

03 다음은 재무제표분석 용어들이다. 이 중 추세분석을 설명하는 용어는?

① 횡단분석　② 증감분석
③ 기업간 비교분석　④ 공통형 재무제표

04 다음 중 재무제표 분석시에 자본배분의 안정성을 측정하는 지표로써 비유동자산에 대한 투자를 장기자본의 범위 내에서 이루어지는 것이 바람직함을 알아보는 지표는?

① 자기자본이익률　② 유동비율
③ 고정장기적합률　④ 부채비율

05 다음은 공통형 재무제표에 관한 설명이다. 관련이 없어 보이는 것은?

① 횡단분석이라고도 한다.
② 공통형 손익계산서는 그 기업에 투입된 재원규모에 대한 이익창출규모를 나타낸다.
③ 추세분석과 기업 간 비교를 동시에 진행하는 분석이다.
④ 동종업종이라면 기업의 규모에 관계없이 비교분석이 가능하다.

06 다음은 재무제표의 추세분석에 관한 설명이다. 거리가 먼 것은?

① 주로 특정기업의 성장성 정보를 제공해 준다.
② 포괄손익계산서에서는 매출액증가율, 당기순이익증가율 등이 있다.
③ 재무상태표에서는 부채증가율, 자기자본증가율 등이 있다.
④ 재무상태표의 각 항목을 총자산으로 나누어 백분율을 계산한다.

연습문제

07 다음은 수익성분석에 대한 설명이다. 이와 거리가 있는 것은?

① 기업에 투하된 자원으로 영업활동에 기여한 정도를 설명한다.
② ROE는 적어도 연간 정기예금 이자율 이상을 달성해야 성공적인 경영이라고 할 수 있다.
③ 기업이 발행한 보통주 1주에 분배할 수 있는 이익의 크기를 나타내는 것이 주당이익이다.
④ 일반적으로 기업의 이익창출능력을 평가한다.

08 다음 중 유동비율의 설명으로 적절한 것은?

① 기업의 타인자본 의존도를 나타낸다.
② 이자를 지불할 수 있는 수익성 정도를 나타낸다.
③ 기업의 단기지불능력을 나타낸다.
④ 기업의 장기지불능력을 나타낸다.

09 다음 중 재무제표분석에서 기업이 보유하고 있는 자원을 효율적으로 활용하고 있는지를 평가하는 지표(활동성 분석)와 관련이 없는 것은?

① 매출액에 대하여 각 자원으로 나누어 파악한다.
② 매출채권회전율, 재고자산회전율 등이 있다.
③ 이 비율의 단위는 %이다.
④ 비교적으로 이 비율이 높은 것이 바람직하다.

10 다음 재무비율 중에 비교적 낮은 비율이 바람직한 것은?

① 유동비율 ② 총자산회전율
③ 부채비율 ④ 자기자본이익률

11 다음은 재무제표 분석에 대한 설명이다. 적절하지 못한 것은?

① 재무비율 분석은 재무제표 상의 개별항목간 비율을 산출하여 기업의 재무상태나 재무성과를 분석하는 기업이다.
② 재무제표 분석기법에는 추세분석 횡단분석, 재무비율분석 등이 있다.
③ 재무제표 분석이란 기업의 과거 재무성과와 현재의 재무상태를 평가하고 미래 수익 잠재력과 관련위험을 예측하기 위하여 기업이 작성한 재무제표를 기초로 회계적 분석을 하는 것을 말한다.
④ 추세분석은 재무제표를 구성하고 있는 각 재무제표항목의 상대적 크기를 백분율로 표시하여 분석하는 것으로 재무제표 각 구성 요소들이 차지하는 상대적 중요성을 비교하는데 유용하다.

12 유동비율이 100%를 초과하는 경우에, 다음 중 유동비율을 증가시키는 거래는?

① 외상매입금을 현금으로 상환한다.
② 상품을 외상으로 매입한다.
③ 건물을 외상으로 취득하고 대금은 3개월 후에 갚기로 한다.
④ 미수금을 현금으로 받는다.

13 기업의 유동자산이 유동부채보다 많은 상황에서, 매입채무를 현금으로 지급하면 다음 중 어떠한 현상이 발생하나?

① 유동비율이 감소한다.
② 유동비율이 증가한다.
③ 순운전자본이 감소한다.
④ 순운전자본이 증가한다.

14 다음은 (주)7호선의 재무관련 자료이다. 이를 이용하면 매출총이익률은?

• 당기 매출액	₩500,000	• 매출총이익	₩100,000
• 당기순이익	₩50,000		

① 10%
② 20%
③ 25%
④ 50%

연습문제

15 다음은 (주)영동의 재무관련 자료이다. 이를 이용하면 총자산회전율은?

• 매출액	₩1,000,000	• 기초총자산	₩750,000
• 기말총자산	₩900,000		

① 13.3%　　② 1.11회
③ 12.12%　　④ 1.21회

16 거래처의 도산으로 매출채권 ₩10,000을 회수하지 못 하였고 이미 설정한 대손충당금이 ₩15,000인 경우, 이 거래가 재무제표에 미치는 영향에 대한 설명으로 적절한 것은?

① 유동자산이 감소하고 이익잉여금이 감소한다.
② 유동비율이 감소하고 자산총계는 불변이다.
③ 유동비율과 자산총계 모두 불변이다.
④ 유동자산은 불변이고 이익잉여금이 증가한다.

17 다음은 (주)후광의 재무관련 자료이다. 이를 이용하면 매출채권평균회수기간은?

• 기초매출채권	₩500,000	• 기말매출채권	₩700,000
• 당기매출액	₩3,000,000		

① 73일　　② 85일
③ 61일　　④ 77일

18 다음은 (주)소한의 재무관련 자료이다. 이를 이용하면 부채비율은?

• 타인자본(부채)	₩4,800,000	• 자기자본(자본)	₩8,200,000
• 총자본(자산)	₩13,000,000		

① 37%　　② 58%
③ 54%　　④ 63%

19 다음은 (주)중한의 재무관련 자료이다. 이를 이용하면 당좌비율은?

• 유동자산	₩400,000	• 당좌자산	₩300,000
• 유동부채	₩200,000	• 비유동부채	₩500,000

① 166% ② 60%
③ 150% ④ 200%

20 다음은 (주)대한의 재무관련 자료이다. 이를 이용하면 자지자본이익률은?

• 당기순이익	₩208,000	• 기초자본	₩477,000
• 기말자본	₩600,000	• 영업이익	₩230,000

① 42.71% ② 34.67%
③ 38.33% ④ 38.63%

연습문제

정답 및 풀이

1. ①: 경영분석은 기업의 전반적인 경영활동의 효율성을 판단하기 위해 수행되는 분석이다. 반면, 경영활동의 전반에 걸쳐서 미리 면밀한 예산을 편성하여 그 지시대로 행해지고 있는가 어떤가를 확인하고 필요에 따라 지도 · 조정하는 예산통제의 일환으로, 예산과 실적의 차를 구하여 차가 생긴 원인 · 장소 · 책임자 등을 명확하게 분석하는 것이 예산분석이다.
2. ④: 채무이행능력 파악은 신용기관이 기업에 대하여 여신결정 및 신용연장 등을 결정할 목적으로 분석하는 것이다.
3. ②: 추세분석은 기업의 재무수치가 시간에 따라 어떻게 변해가는지를 시계열적으로 분석하는 성장성 정보를 제공하는 증감분석이다.
4. ③: 고정비율은 비유동자산을 자기자본으로 나누어 계산하지만, 고정장기적합률은 비유동자산을 비유동부채와 자기자본을 합한 장기자본으로 나누어 계산한다.
5. ②: 기업에 투입된 재원규모에 대한 이익창출규모를 나타내는 것은 수익성 분석의 자본수익성 분석에 해당한다.
6. ④: 재무상태표의 각 항목을 총자산으로 나누어 백분율을 계산하는 것은 공통형 재무상태표 분석으로 횡단분석 또는 기업 간 비교분석에 해당한다.
7. ①: 수익성 분석은 기업에 투하된 자원으로 영업활동에 기여한 정도(자본수익성)뿐만 아니라 이익창출 능력(매출수익성)을 분석하는 것이다.
8. ③: 기업의 타인자본 의존도는 부채비율, 이자를 지불할 수 있는 수익성 정도는 이자보상비율(이자비용 + 법인세비용 + 당기순이익/이자비용)로 파악할 수 있다.
9. ③: 활동성 분석의 회전율의 단위는 '%'가 아니라 '회'이다.
10. ③: 다른 세 비율은 상대적으로 높은 것이 바람직하지만, 부채비율은 높으면 갚아야 할 채무가 많다는 의미로 상대적으로 낮은 것이 바람직하다.
11. ④: 횡단분석 또는 기업 간 비교분석이며 공통형 재무제표를 설명하는 것이다.
12. ①: 유동비율은 유동자산을 유동부채로 나누어 계산하므로, 이 비율을 높이는 거래는 유동자산을 증가시키거나 유동부채를 감소시키는 거래를 찾는다.
13. ②: 예를 들어 유동자산이 ₩20,000이고 유동부채가 ₩10,000인 경우, 유동비율은 200%이고 순운전자본은 ₩10,000이다. 이 상황에서 매입채무 ₩5,000을 갚으면, 유동자산이 ₩15,000, 유동부채가 ₩5,000으로 유동비율은 300%이 되고 순운전자본은 ₩10,000으로 변화가 없다.
14. ②: 매출총이익률은 매출총이익을 매출액으로 나누어 계산한다.
15. ④: 총자산회전율은 당기매출액에 평균 총자산을 나누어 계산한다.
16. ③: 회수하지 못한 매출채권이 있어도 대손충당금이 설정되어 있다면, 재무상태표에서 매출채권의 회수가능액이 변하지 않으므로 유동비율과 자산총계도 변하지 않는다.
17. ①: 우선 매출채권회전율을 구한다. 매출액에 평균 매출채권을 나누어 계산한 결과, 5회를 구할 수 있다. 매출채권평균회기간은 365일에 매출채권회전율을 나누면 된다.
18. ②: (4,800,000÷8,200,000)×100 = 58%
19. ③: (300,000÷200,000)×100 = 150%
20. ④: {208,000÷(477,000 + 600,000)÷2}×100 = 38.63%

부록

현가계산표

현가계산표

〈부표 1〉 단일금액의 미래가치 $FV(n,r) = (1+r)^n$ 이자율(r)

기간(n)	1%	2%	3%	4%	5%	6%	7%	8%	9%	10%
1	1.0100	1.0200	1.0300	1.0400	1.0500	1.0600	1.0700	1.0800	1.0900	1.1000
2	1.0201	1.0404	1.0609	1.0816	1.1025	1.1236	1.1449	1.1664	1.1881	1.2100
3	1.0303	1.0612	1.0927	1.1249	1.1576	1.1910	1.2250	1.2597	1.2950	1.3310
4	1.0406	1.0824	1.1255	1.1699	1.2155	1.2625	1.3108	1.3605	1.4116	1.4641
5	1.0510	1.1041	1.1593	1.2167	1.2763	1.3382	1.4026	1.4693	1.5386	1.6105
6	1.0615	1.1262	1.1941	1.2653	1.3401	1.4185	1.5007	1.5869	1.6771	1.7716
7	1.0721	1.1487	1.2299	1.3159	1.4071	1.5036	1.6058	1.7138	1.8280	1.9487
8	1.0829	1.1717	1.2668	1.3686	1.4775	1.5938	1.7182	1.8509	1.9926	2.1436
9	1.0937	1.1951	1.3048	1.4233	1.5513	1.6895	1.8385	1.9990	2.1719	2.3579
10	1.1046	1.2190	1.3439	4.4802	1.6289	1.7908	1.9672	2.1589	2.3674	2.5937
11	1.1157	1.2434	1.3842	1.5395	1.7103	1.8983	2.1049	2.3316	2.5804	2.8531
12	1.1268	1.2682	1.4258	1.6010	1.7959	2.0122	2.2522	2.5182	2.8127	3.1384
13	1.1381	1.2936	1.4685	1.6651	1.8856	2.1329	2.4098	2.7196	3.0658	3.4523
14	1.1495	1.3195	1.5126	1.7317	1.9799	2.2609	2.5785	2.9372	3.3417	3.7975
15	1.1610	1.3459	1.5580	1.8009	2.0789	2.3966	2.7590	3.1722	3.6425	4.1772
16	1.1726	1.3728	1.6047	1.8730	2.1829	2.5404	2.9522	3.4259	3.9703	4.5950
17	1.1843	1.4002	1.6528	1.9479	2.2920	2.6928	3.1588	3.7000	4.3276	5.0545
18	1.1961	1.4282	1.7024	2.0258	2.4066	2.8543	3.3799	3.9960	4.7171	5.5599
19	1.2081	1.4568	1.7535	2.1068	2.5270	3.0256	3.6165	4.3157	5.1417	6.1159
20	1.2202	1.4859	1.8061	2.1911	2.6533	3.2071	3.8697	4.6610	5.6044	6.7275
21	1.2324	1.5157	1.8603	2.2788	2.7860	3.3996	4.1406	5.0338	6.1088	7.4002
22	1.2447	1.5460	1.9161	2.3699	2.9253	3.6035	4.4304	5.4365	6.6586	8.1403
23	1.2572	1.5769	1.9736	2.4647	3.0715	3.8197	4.7405	5.8715	7.2579	8.9543
24	1.2697	1.6084	2.0328	2.5633	3.2251	4.0489	5.0724	6.3412	7.9111	9.8497
25	1.2824	1.6406	2.0938	2.6658	3.3864	4.2919	5.4274	6.8485	8.6231	10.835
26	1.2953	1.6734	2.1566	2.7725	3.5557	4.5494	5.8074	7.3964	9.3992	11.918
27	1.3082	1.7069	2.2213	2.8834	3.7335	4.8223	6.2139	7.9881	10.245	13.110
28	1.3213	1.7410	2.2879	2.9987	3.9201	5.1117	6.6488	8.6271	11.167	14.421
29	1.3345	1.7758	2.3566	3.1187	4.1161	5.4184	7.1143	9.3173	12.172	15.863
30	1.3478	1.8114	2.4273	3.2434	4.3219	5.7435	7.6123	10.063	13.268	17.449
35	1.4166	1.9999	2.8139	3.9461	5.5160	7.6861	10.676	14.785	20.414	28.102
40	1.4889	2.2080	3.2620	4.8010	7.0400	10.286	14.974	21.725	31.409	45.259
45	1.5648	2.4379	3.7816	5.8412	8.9850	13.765	21.002	31.920	48.327	72.891
50	1.6446	2.6916	4.3839	7.1067	11.467	18.420	29.457	46.902	74.358	117.39
60	1.8167	3.2810	5.8916	10.520	18.679	32.988	57.946	101.26	176.03	304.48

이자율(r)

기간(n)	11%	12%	13%	14%	15%	16%	17%	18%	19%	20%
1	1.1100	1.1200	1.1300	1.1400	1.1500	1.1600	1.1700	1.1800	1.1900	1.2000
2	1.2321	1.2544	1.2769	1.2996	1.3225	1.3456	1.3689	1.3924	1.4161	1.4400
3	1.3676	1.4094	1.4429	1.4815	1.5209	1.5609	1.6016	1.6430	1.6852	1.7280
4	1.5180	1.5735	1.6305	1.6890	1.7490	1.8106	1.8739	1.9388	2.0053	2.0736
5	1.6851	1.7623	1.8424	1.9254	2.0114	2.1003	2.1924	2.2878	2.3864	2.4883
6	1.8704	1.9738	2.0820	2.1950	2.3131	2.4364	2.5652	2.6996	2.8398	2.9860
7	2.0762	2.2107	2.3526	2.5023	2.6600	2.8262	3.0012	3.1855	3.3793	3.5832
8	2.3045	2.4760	2.6584	2.8526	3.0590	3.2784	3.5115	3.7589	4.0214	4.2998
9	2.5580	2.7731	3.0040	3.2519	3.5179	3.8030	4.1084	4.4355	4.7854	5.1598
10	2.8394	3.1058	3.3946	3.7072	4.0456	4.4114	4.8068	5.2338	5.6947	6.1917
11	3.1518	3.4785	3.8359	4.2262	4.6524	5.1173	5.6240	6.1759	6.7767	7.4301
12	3.4985	3.8960	4.3345	4.8179	5.3503	5.9360	6.5801	7.2876	8.0642	8.9161
13	3.8833	4.3635	4.8980	5.4924	6.1528	6.8858	7.6987	8.5994	9.5964	10.699
14	4.3104	4.8871	5.5348	6.2613	7.0757	7.9875	9.0075	10.147	11.420	12.839
15	4.7846	5.4736	6.2543	7.1379	8.1371	9.2655	10.539	11.974	13.589	15.407
16	5.3109	6.1304	7.0673	8.1372	9.3576	10.748	12.330	14.129	16.172	18.488
17	5.8951	6.8660	7.9861	9.2765	10.761	12.468	14.427	16.672	19.244	22.186
18	6.5436	7.6900	9.0243	10.575	12.375	14.463	16.879	19.673	22.901	22.623
19	7.2633	8.6128	10.197	12.056	14.232	16.777	19.748	23.214	27.252	31.948
20	8.0623	9.6463	11.523	13.743	16.367	19.461	23.106	27.393	32.429	38.338
21	8.9492	10.804	13.021	15.668	18.822	22.574	27.034	32.324	38.591	46.005
22	9.9336	12.100	14.714	17.861	21.645	26.186	31.629	38.142	45.923	55.206
23	11.026	13.552	16.626	20.362	24.891	30.376	37.006	45.008	54.648	66.247
24	12.239	15.179	18.788	23.212	28.625	35.236	43.297	53.109	65.032	79.497
25	13.586	17.000	21.231	26.462	32.919	40.874	50.658	62.669	77.388	95.396
26	15.080	19.040	23.991	30.167	37.857	47.414	59.270	73.949	92.092	114.48
27	16.738	21.325	27.109	34.390	34.535	55.000	69.345	87.260	109.56	137.37
28	18.580	23.884	30.634	39.204	50.066	63.800	81.134	102.97	130.41	164.84
29	20.624	26.750	34.617	44.693	57.575	74.009	94.927	121.50	155.19	197.81
30	22.892	29.960	39.116	50.950	66.212	85.850	111.06	143.37	184.67	237.38
35	38.575	52.800	72.068	98.100	133.18	180.31	243.56	327.99	440.70	590.67
40	65.001	93.051	132.78	188.88	267.86	378.72	533.86	750.38	1051.6	1469.8
45	109.53	163.99	244.64	363.68	538.77	795.44	1170.5	1716.7	2509.6	3657.3
50	184.56	289.00	450.74	700.23	1083.7	1670.7	2566.2	3927.4	5988.9	9100.4
60	524.06	897.60	1530.1	2595.9	4384.0	7370.2	12335.	20555.	34105.	56347.

〈부표 2〉 단일금액의 현재가치 $PV(n,r) = \frac{1}{(1+r)^n}$ 이자율(r)

기간(n)	1%	2%	3%	4%	5%	6%	7%	8%	9%	10%
1	.9901	.9704	.9709	.9615	.9524	.9434	.9346	.9259	.9174	.9091
2	.9803	.9612	.9426	.9246	.9070	.8900	.8734	.8573	.8417	.8264
3	.9706	.9423	.9151	.8890	.8638	.8396	.8163	.7938	.7722	.7513
4	.9610	.9238	.8885	.8548	.8227	.7921	.7629	.7350	.7084	.6830
5	.9515	.9057	.8626	.8219	.7835	.7473	.7130	.6806	.6499	.6209
6	.9420	.8880	.8375	.7903	.7462	.7050	.6663	.6302	.5963	.5645
7	.9327	.8706	.8131	.7599	.7107	.6651	.6227	.5835	.5470	.5132
8	.9235	.8535	.7894	.7307	.6768	.6274	.5820	.5403	.5019	.4665
9	.9143	.8368	.7664	.7026	.6446	.5919	.5439	.5002	.4604	.4241
10	.9053	.8203	.7441	.6756	.6139	.5584	.5083	.4632	.4224	.3855
11	.8963	.8043	.7224	.6496	.5847	.5268	.4751	.4289	.3875	.3505
12	.8874	.7885	.7014	.6246	.5568	.4970	.4440	.3971	.3555	.3186
13	.8787	.7730	.6810	.6006	.5303	.4688	.4150	.3677	.3262	.2897
14	.8700	.7579	.6611	.5775	.5051	.4423	.3878	.3405	.2992	.2633
15	.8613	.7430	.6419	.5553	.4810	.4173	.3624	.3152	.2745	.2394
16	.8528	.7284	.6232	.5339	.4581	.3936	.3387	.2919	.2519	.2176
17	.8444	.7142	.6052	.5134	.4363	.3714	.3166	.2703	.2311	.1978
18	.8360	.7002	.5874	.4936	.4155	.3503	.2959	.2502	.2120	.1799
19	.8277	.6864	.5703	.4746	.3957	.3305	.2765	.2317	.1945	.1635
20	.8195	.6730	.5537	.4564	.3769	.3118	.2584	.2145	.1784	.1486
21	.8114	.6598	.5375	.4388	.3589	.2942	.2415	.1987	.1637	.1351
22	.8034	.6468	.5219	.4220	.3418	.2775	.2257	.1839	.1502	.1228
23	.7954	.6324	.5067	.4057	.3256	.2618	.2109	.1703	.1378	.1117
24	.7876	.6217	.4919	.3901	.3101	.2470	.1971	.1577	.1264	.1015
25	.7798	.6095	.4776	.3751	.2953	.2330	.1842	.1460	.1160	.0923
26	.7720	.5976	.4637	.3604	.2812	.2198	.1722	.1352	.1064	.0839
27	.7644	.5859	.4502	.3468	.2678	.2074	.1609	.1252	.0976	.0763
28	.7568	.5744	.4371	.3335	.2551	.1956	.1504	.1159	.0895	.0693
29	.7493	.5631	.4243	.3207	.2429	.1846	.1406	.1073	.0822	.0630
30	.7419	.5521	.4120	.3083	.2314	.1741	.1314	.0994	.0754	.0573
35	.7059	.5000	.3554	.2534	.1813	.1301	.0937	.0676	.0490	.0356
40	.6717	.4529	.3066	.2083	.1420	.0972	.0668	.0460	.0318	.0221
45	.6391	.4102	.2644	.1712	.1113	.0727	.0476	.0313	.0207	.0137
50	.6080	.3715	.2281	.1407	.0872	.0543	.0339	.0213	.0134	.0085
60	.5504	.3048	.1697	.0951	.0535	.0303	.0173	.0099	.0057	.0033

이자율(r)

기간(n)	11%	12%	13%	14%	15%	16%	17%	18%	19%	20%
1	.9009	.8929	.8850	.8772	.8696	.8621	.8547	.8475	.8403	.8333
2	.8116	.7972	.7831	.7695	.7561	.7432	.7305	.7182	.7062	.6944
3	.7312	.7118	.6931	.6750	.6575	.6407	.6244	.6086	.5934	.5787
4	.6587	.6355	.6133	.5921	.5718	.5523	.5337	.5158	.4987	.4323
5	.5935	.5674	.5428	.5194	.4972	.4761	.4561	.4371	.4190	.4019
6	.5346	.5066	.4803	.4556	.4323	.4104	.3898	.3704	.3521	.3349
7	.4817	.4523	.4251	.3996	.3759	.3538	.3332	.3139	.2959	.2791
8	.4339	.4039	.3762	.3506	.3269	.3050	.2848	.2660	.2487	.2326
9	.3909	.3606	.3329	.3075	.2843	.2630	.2434	.2255	.2090	.1938
10	.3522	.3220	.2946	.2697	.2472	.2267	.2080	.1911	.1756	.1615
11	.3173	.2875	.2607	.2366	.2149	.1954	.1773	.1619	.1476	.1346
12	.2858	.2567	.2307	.2076	.1869	.1685	.1520	.1372	.1240	.1122
13	.2575	.2292	.2042	.1821	.1625	.1452	.1299	.1163	.1042	.0935
14	.2320	.2046	.1807	.1597	.1413	.1252	.1110	.0985	.0876	.0779
15	.2090	.1827	.1599	.1401	.1229	.1079	.0949	.0835	.0736	.0649
16	.1883	.1631	.1415	.1229	.1069	.0930	.0811	.0708	.0618	.0541
17	.1696	.1456	.1252	.1073	.0929	.0802	.0693	.0600	.0520	.0451
18	.1523	.1300	.1103	.0946	.0803	.0691	.0592	.0508	.0437	.0376
19	.1377	.1161	.0981	.0829	.0703	.0596	.0506	.0431	.0367	.0313
20	.1240	.1037	.0863	.0723	.0611	.0514	.0433	.0365	.0303	.0261
21	.1117	.0926	.0768	.0633	.0531	.0443	.0370	.0309	.0259	.0217
22	.1007	.0326	.0680	.0560	.0462	.0382	.0316	.0262	.0218	.0181
23	.0907	.0738	.0601	.0491	.0402	.0329	.0270	.0222	.0183	.0151
24	.0817	.0659	.0532	.0431	.0349	.0284	.0231	.0188	.0154	.0126
25	.0736	.0588	.0471	.0378	.0304	.0245	.0197	.0160	.0129	.0105
26	.0663	.0525	.0417	.0331	.0264	.0211	.0169	.0135	.0109	.0087
27	.0597	.0469	.0369	.0291	.0230	.0182	.0144	.0115	.0091	.0073
28	.0538	.0419	.0325	.0255	.0200	.0157	.0123	.0097	.0077	.0061
29	.0485	.0374	.0289	.0224	.0174	.0135	.0105	.0082	.0064	.0051
30	.0437	.0334	.0256	.0196	.0151	.0116	.0090	.0070	.0054	.0042
35	.0259	.0189	.0139	.0102	.0075	.0055	.0041	.0030	.0023	.0017
40	.0154	.0107	.0075	.0053	.0037	.0026	.0019	.0013	.0010	.0007
45	.0091	.0061	.0041	.0027	.0019	.0013	.0009	.0006	.0004	.0003
50	.0054	.0035	.0022	.0014	.0009	.0006	.0004	.0003	.0002	.0001
60	.0019	.0011	.0007	.0004	.0002	.0001	.00008	.00005	.00003	.00002

〈부표 3〉 정상연금의 미래가치 $FVA(n,r) = \dfrac{(1+r)^n - 1}{r}$

이자율(r)

기간(n)	1%	2%	3%	4%	5%	6%	7%	8%	9%	10%
1	1.0000	1.0000	1.0000	1.0000	1.0000	1.0000	1.0000	1.0000	1.0000	1.0000
2	2.0100	2.0200	2.0300	2.0400	2.0500	2.0600	2.0700	2.0800	2.0900	2.1000
3	3.0301	3.0604	3.0909	3.1216	3.1525	3.1836	3.2149	3.2464	3.2781	3.3100
4	4.0604	4.1216	4.1836	4.2465	4.3101	4.3746	4.4399	4.5061	4.5731	4.6410
5	5.1010	5.2040	5.3091	5.4163	5.5256	5.6371	5.7507	5.8666	5.9847	6.1051
6	6.1520	6.3081	6.4684	6.6330	6.8019	6.9753	7.1533	7.3359	7.5233	7.7156
7	7.2135	7.4343	7.6625	7.8983	8.1420	8.3938	8.6540	8.9228	9.2004	9.4872
8	8.2857	8.5830	8.8923	9.2142	9.5491	9.8975	10.260	10.637	11.028	11.436
9	9.3685	9.7546	10.159	10.583	11.027	11.491	11.978	12.488	13.021	13.579
10	10.462	10.950	11.464	12.006	12.578	13.181	13.816	14.487	15.193	15.937
11	11.567	12.169	12.808	13.486	14.207	14.972	15.784	16.645	17.560	18.531
12	12.683	13.412	14.192	15.026	15.917	16.870	17.888	18.977	20.141	21.384
13	13.809	14.680	15.618	16.627	17.713	18.882	20.141	21.495	22.953	24.523
14	14.947	15.974	17.086	18.292	19.599	21.015	22.550	24.215	26.019	27.975
15	16.097	17.293	18.599	20.024	21.579	23.276	25.129	27.152	29.361	31.772
16	17.258	18.639	20.157	21.825	25.657	25.673	27.888	30.324	33.003	35.950
17	18.430	20.012	21.762	23.698	25.840	28.213	30.840	33.750	36.974	40.545
18	19.615	21.412	23.414	25.645	28.132	30.906	33.999	37.450	41.301	45.599
19	20.811	22.841	25.117	27.671	30.539	33.760	37.379	41.446	46.018	51.159
20	22.019	24.297	26.870	29.778	33.066	36.786	40.995	45.762	51.160	57.275
21	23.239	25.783	28.676	31.969	35.719	39.993	44.865	50.423	56.765	64.002
22	24.472	27.299	30.537	34.248	38.505	43.392	49.006	55.457	62.873	71.403
23	25.716	28.845	32.453	36.618	41.430	46.996	53.436	60.893	69.532	79.543
24	26.973	30.422	34.426	39.083	44.502	50.816	58.177	66.765	76.790	88.497
25	28.243	32.030	36.459	41.646	47.727	54.865	63.249	73.106	84.701	98.347
26	29.526	33.671	38.553	44.312	51.113	59.156	68.676	79.954	93.324	109.18
27	30.821	35.344	40.710	47.084	54.669	63.706	74.484	87.351	102.72	121.10
28	32.129	37.051	42.931	49.968	58.403	68.528	80.698	95.339	112.97	134.21
29	33.450	38.792	45.219	52.966	62.323	73.640	87.347	103.97	124.14	148.63
30	34.785	40.568	47.575	56.085	66.439	79.058	94.461	113.28	136.31	164.49
35	41.660	49.994	60.462	73.652	90.320	111.43	138.24	172.32	215.71	271.02
40	48.886	60.402	75.401	95.026	120.80	154.76	199.64	269.06	337.88	442.59
45	56.481	71.893	92.720	121.03	159.70	212.74	285.75	386.51	525.86	718.90
50	64.463	84.579	112.80	152.67	209.35	290.34	406.53	573.77	815.08	1163.9
60	81.671	114.05	163.05	237.99	353.58	533.13	813.52	1253.2	1944.8	3034.8

이자율(r)

기간(n)	11%	12%	13%	14%	15%	16%	17%	18%	19%	20%
1	1.0000	1.0000	1.0000	1.0000	1.0000	1.0000	1.0000	1.0000	1.0000	1.0000
2	2.1100	2.1200	2.1300	2.1400	2.1500	2.1600	2.1700	2.1800	2.1900	2.2000
3	3.3421	3.3744	3.4069	3.4396	3.4725	3.5056	3.5389	3.5724	3.6061	3.6400
4	4.7097	4.7793	4.8498	4.9211	4.9934	5.0665	5.1405	5.2154	5.2913	5.3680
5	6.2278	6.3528	6.4803	6.6101	6.7424	6.8771	7.0144	7.1542	7.2966	7.4416
6	7.9130	8.1152	8.3230	8.5355	8.7537	8.9775	9.2068	9.4420	9.6830	9.9299
7	9.7830	10.089	10.405	10.730	11.067	11.414	11.772	12.142	12.523	12.916
8	11.859	12.300	12.757	13.233	13.727	14.240	14.773	15.327	15.902	16.499
9	14.163	14.776	15.416	16.085	16.786	17.519	18.285	19.086	19.923	20.799
10	16.722	17.549	18.419	19.337	20.304	21.321	22.393	23.521	24.709	25.959
11	19.561	20.655	21.814	23.045	24.349	25.733	27.199	28.755	30.404	32.150
12	22.713	24.133	25.650	27.271	29.002	30.850	32.823	34.931	37.180	39.581
13	26.211	28.029	29.984	32.089	34.352	36.786	39.404	42.219	45.244	48.497
14	30.095	32.393	34.883	37.581	40.505	43.672	47.103	50.818	54.841	59.196
15	34.405	37.280	40.418	43.842	47.580	51.660	56.110	60.965	66.261	72.035
16	39.199	42.753	46.672	50.980	55.717	60.925	66.649	72.939	79.850	87.442
17	44.501	48.884	53.739	59.118	65.075	71.673	78.979	87.068	96.022	105.93
18	50.396	55.750	61.725	68.394	75.836	84.141	93.406	103.74	115.26	128.12
19	56.939	63.440	70.749	78.969	88.212	98.603	110.29	123.41	138.16	154.74
20	64.203	70.052	80.947	91.025	102.44	115.38	130.03	146.63	165.42	186.69
21	72.265	81.699	92.469	104.77	118.81	134.84	153.14	174.02	197.85	225.03
22	81.214	92.503	105.49	120.44	137.63	157.41	180.17	206.34	236.44	271.03
23	91.148	104.60	120.20	138.30	159.28	183.60	211.80	244.49	282.36	326.24
24	102.17	118.16	136.83	158.66	184.17	213.98	248.81	289.49	337.01	392.48
25	114.41	133.33	155.62	181.87	212.79	249.21	292.10	342.60	402.04	471.98
26	127.99	150.33	176.85	208.33	245.71	290.09	342.76	405.27	497.43	567.38
27	143.08	169.37	200.84	238.50	283.57	337.50	402.03	479.22	571.52	681.85
28	159.82	190.70	227.95	272.89	327.10	392.50	471.38	566.48	681.11	819.22
29	178.39	214.58	258.58	312.09	377.17	456.30	552.51	669.45	811.52	984.07
30	199.02	241.33	293.19	356.79	434.75	530.31	647.44	790.95	966.71	1181.9
35	341.59	431.66	546.68	693.57	881.17	1120.7	1426.4	1816.7	2314.2	2948.3
40	581.83	767.09	1013.7	1342.0	1779.1	2360.8	3134.5	4163.2	5529.8	7343.9
45	986.64	1358.3	1874.2	2590.6	3585.1	4965.3	6879.2	9531.6	13203.	18281.
50	1668.7	2400.0	3459.5	4994.5	7217.7	10436.	15089.	21813.	31515.	45497.
60	4755.1	7471.6	11762.	18535.	29220.	46057.	72555.	114189.	179494.	281737.

〈부표 4〉 정상연금의 현재가치 $PVA(n,r) = \dfrac{1-(1+r)^{-n}}{r}$ 이자율(r)

기간(n)	1%	2%	3%	4%	5%	6%	7%	8%	9%	10%
1	0.9901	0.9804	0.9616	0.9615	0.9524	0.9434	0.9346	0.9259	0.9174	0.9091
2	1.9704	1.9416	1.9165	1.8861	1.8594	1.8334	1.8080	1.7833	1.7591	1.7355
3	2.9410	2.8839	2.8286	2.7751	2.7232	2.6730	2.6243	2.5771	2.5313	2.4868
4	3.9020	3.8077	3.7171	3.6299	3.5460	3.4651	3.3872	3.3121	3.2397	3.1699
5	4.8534	4.7135	4.5797	4.4518	4.3295	4.2124	4.1002	3.9927	3.8897	3.7908
6	5.7955	5.6014	5.4172	5.2421	5.0757	4.9173	4.7665	4.6229	4.4859	4.3553
7	6.7282	6.4720	6.2303	6.0021	5.7864	5.5824	5.3893	5.2064	5.0330	4.8684
8	7.6517	7.3255	7.0197	6.7327	6.4632	6.2098	5.9713	5.7466	5.5348	5.3349
9	8.5660	8.1622	7.7861	7.4353	7.1078	6.8017	6.5152	6.2469	5.9952	5.7590
10	9.4713	8.9826	8.5302	8.1109	7.7217	7.3601	7.0236	6.7101	6.4177	6.1446
11	10.368	9.7868	9.2526	8.7605	8.3064	7.8869	7.4987	7.1390	6.8052	6.4951
12	11.255	10.575	9.9540	9.3851	8.8633	8.3838	7.9427	7.5361	7.1607	6.8137
13	12.134	11.348	10.635	9.9856	9.3936	8.8527	8.3577	7.9038	7.4869	7.1034
14	13.004	12.106	11.296	10.563	9.8986	9.2950	8.7455	8.2442	7.7862	7.3667
15	13.865	12.849	11.938	11.118	10.380	9.7122	9.1079	8.5595	8.0607	7.6061
16	14.718	13.578	12.561	11.652	10.838	10.106	9.4466	8.8514	8.3136	7.8237
17	15.562	14.292	13.166	12.166	11.274	10.477	9.7632	9.1216	8.5436	8.0216
18	16.398	14.992	13.756	12.659	11.690	10.828	10.059	9.3719	8.7556	8.2014
19	17.226	15.679	14.324	13.134	12.085	11.158	10.336	9.6036	8.9501	8.3649
20	18.046	16.351	14.877	13.590	12.462	11.470	10.594	9.8181	9.1285	8.5136
21	18.857	17.011	15.415	14.029	12.821	11.764	10.835	10.017	9.2922	8.6487
22	19.660	17.658	15.937	14.451	13.163	12.042	11.061	10.201	9.4424	8.7715
23	20.456	18.292	16.444	14.857	13.489	12.303	11.272	10.371	9.5802	8.8832
24	21.243	18.914	16.935	15.247	13.799	12.550	11.469	10.529	9.7066	8.9847
25	22.023	19.524	17.413	15.622	14.094	12.783	11.654	10.675	9.8266	9.0770
26	22.795	21.121	17.877	15.983	14.375	13.003	11.826	10.810	9.9290	9.1609
27	23.560	20.707	18.327	16.330	14.643	13.210	11.987	10.935	10.027	9.2372
28	24.316	21.281	18.764	16.663	14.898	13.406	12.137	11.051	10.116	9.3066
29	25.066	21.844	19.188	16.984	15.141	13.591	12.278	11.158	10.198	9.3696
30	25.808	22.397	19.600	17.292	15.373	13.765	12.409	11.258	10.274	9.4269
35	29.409	24.999	21.487	18.665	16.374	14.498	12.948	11.655	10.567	9.6442
40	32.835	27.356	23.115	19.793	17.159	15.046	13.332	11.925	10.757	9.7791
45	36.095	29.490	24.519	20.720	17.774	15.456	13.605	12.108	10.881	9.8628
50	39.196	31.424	25.730	21.482	18.256	15.762	13.801	12.233	10.962	9.9148
60	44.955	34.761	27.676	22.623	18.929	16.161	14.039	12.376	11.048	9.9671

이자율(r)

기간(n)	11%	12%	13%	14%	15%	16%	17%	18%	19%	20%
1	0.9009	0.8929	0.8850	0.8772	0.8696	0.8621	0.8547	0.8475	0.8403	0.8333
2	1.7125	1.6901	1.6681	1.6467	1.6257	1.6052	1.5852	1.5656	1.5465	1.5278
3	2.4437	2.4018	2.3612	2.3216	2.2832	2.2459	2.2096	2.1743	2.1399	2.1065
4	3.1024	3.0373	2.9745	2.9137	2.8550	2.7982	2.7432	2.6901	2.6386	2.5887
5	3.6959	3.6048	3.5172	3.4331	3.3522	3.2743	3.1993	3.1272	3.0576	2.9906
6	4.2305	4.1114	3.9975	3.8887	3.7845	3.6847	3.5892	3.4976	3.4098	3.3255
7	4.7122	4.5638	4.4226	4.2883	4.1604	4.0386	3.9224	3.8115	3.7057	3.6046
8	5.1461	4.9676	4.7988	4.6389	4.4873	4.3436	4.2072	4.0776	3.9544	3.8372
9	5.5370	5.3282	5.1317	4.9464	4.7716	4.6065	4.4506	4.3030	4.1633	4.0310
10	5.8892	5.6502	5.4262	5.2161	5.0188	4.8332	4.6586	4.4941	4.3389	4.1925
11	6.2065	5.9377	5.6869	5.4527	5.2337	5.0286	4.8364	4.6560	4.4865	4.3271
12	6.4924	6.1944	5.9176	5.6603	5.4206	5.1971	4.9884	4.7932	4.6105	4.4392
13	6.7499	6.4235	6.1218	5.8424	5.5831	5.3423	5.1183	4.9095	4.7147	4.5327
14	6.9819	6.6282	6.3025	6.0021	5.7245	5.4675	5.2293	5.0081	4.8023	4.6106
15	7.1909	6.8109	6.4624	6.1422	5.8474	5.5755	5.3242	5.0916	4.8759	4.6755
16	7.3792	6.9740	6.6039	6.2651	5.9542	5.6685	5.4053	5.1624	4.9377	4.7296
17	7.5488	7.1196	6.7291	6.3729	6.0472	5.7487	5.4746	5.2223	4.9897	4.7746
18	7.7016	7.2497	6.8399	6.4674	6.1280	5.8178	5.5339	5.2732	5.0333	4.8122
19	7.8393	7.3658	6.9380	6.5504	6.1982	5.8775	5.5845	5.3162	5.0700	4.8435
20	7.9633	7.4694	7.0248	6.6231	6.2593	5.9288	5.6278	5.3527	5.1009	4.8696
21	8.0751	7.5620	7.1015	6.6870	6.3125	5.9731	5.6648	5.3837	5.1263	4.8913
22	8.1757	7.6446	7.1695	6.7429	6.3587	6.0113	5.6964	5.4099	5.1486	4.9094
23	8.2664	7.7184	7.2297	6.7921	6.3988	6.0442	5.7234	5.4321	5.1668	4.9245
24	9.3481	7.7843	7.2829	6.8351	6.4338	0.0726	6.7465	5.4509	5.1822	4.9371
25	8.4217	7.8431	7.3300	6.8729	6.4641	6.0971	5.7662	5.4669	5.1951	4.9476
26	8.4881	7.8957	7.3717	6.9061	6.4906	6.1182	5.7831	5.4804	5.2060	4.9563
27	8.5478	7.9426	7.4086	6.9352	6.5135	6.1364	5.7975	5.4919	5.2151	4.9636
28	8.6016	7.9844	7.4412	6.9607	6.5335	6.1520	5.8099	5.5016	5.2223	4.9697
29	8.6501	8.0218	7.4701	6.9830	6.5509	6.1656	5.8024	5.5093	5.2292	4.9747
30	8.6938	8.0552	7.4957	7.0027	6.5660	6.1772	5.8294	5.5168	5.2347	4.9789
35	8.8552	8.1755	7.5856	7.0700	6.6166	6.2153	5.8582	5.5386	5.2512	4.9915
40	8.9511	8.2433	7.6344	7.1050	6.6418	6.2335	5.8713	5.5482	5.2582	4.9966
45	9.0079	8.2825	7.6609	7.1232	6.6543	6.2421	5.8773	5.5523	5.2611	4.9986
50	9.0417	8.3045	7.6572	7.1327	6.6605	6.2463	5.8801	5.5541	5.2623	4.9995
60	9.0736	8.3240	7.6873	7.1401	6.6651	6.2491	5.8819	5.5553	5.2630	4.9999

찾아보기

저자 약력

이재실(李在實)

동경국제대학교 상학부 졸업(상학사)
동경국제대학교 대학원 졸업(상학석사)
동경국제대학교 대학원 졸업(상학박사)

동경국제대학교 총장 학술상 수상
문부과학성 정부장학생
경희대학교 아태지역연구원 연구전임강사
경희대학교 국제경영학부 객원교수
현, 경희사이버대학교 세무회계학과 교수

- 저서: 東アジアの国際協力(공저, 일본대학교 국제관계학부, 2002)
  원가관리회계(공저, 산문출판, 2008)
  진단학으로 본 기업경영(산문출판, 2009)

- 논문: 「기업경영학회」, 「품질경영학회」, 「유럽학회」,
  Bulletin of Business Research, Tokyo International Univ. 등에 논문 다수 발표

〈3판〉
IFRS
First Step
회계입문

2014년 9월 5일 1판 1쇄 발행
2016년 3월 1일 1판 2쇄 발행
2017년 8월 28일 2판 1쇄 발행
2022년 8월 25일 2판 3쇄 발행
2026년 2월 20일 3판 1쇄 인쇄
2026년 2월 25일 3판 1쇄 발행

●

저 자: 이 재 실
발행인: 한 정 주
발행처: 교육과학사

●

주 소: 경기도 파주시 광인사길 71
전 화: 031-955-6956~8
팩 스: 031-955-6037

●

Home-page : www.kyoyookbook.co.kr
E-mail: kyoyookbook@daum.net
등 록: 1970년 5월 18일 제2-73호
정 가: 24,000원
ISBN 978-89-254-2034-9